普拉提解剖学

〔美〕瑞尔·艾萨考维兹
〔美〕卡伦·克利平格 著
王会儒 主译

河南科学技术出版社
·郑州·

图书在版编目(CIP)数据

普拉提解剖学/（美）艾萨考维兹，（美）克利平格著；王会儒主译. —郑州：河南科学技术出版社，2016.5（2024.11重印）
ISBN 978-7-5349-6104-5

Ⅰ.①普… Ⅱ.①艾… ②克… ③王… Ⅲ.①健身运动—运动解剖 Ⅳ.①G804.4

中国版本图书馆CIP数据核字(2016)第029737号

出版发行：河南科学技术出版社
地址：郑州市郑东新区祥盛街27号　　邮编：450016
电话：（0371）65737028　　65788613
网址：www.hnstp.cn
策划编辑：马艳茹　李　林
责任编辑：李　林
责任校对：崔春娟
封面设计：张　伟
责任印制：朱　飞
印　　刷：郑州新海岸电脑彩色制印有限公司
经　　销：全国新华书店
幅面尺寸：175 mm × 255 mm　　印张：11.75　　字数：183千字
版　　次：2016年5月第1版　　2024年11月第6次印刷
定　　价：86.00元

如发现印、装质量问题，影响阅读，请与出版社联系并调换。

献给约瑟夫·普拉提和克莱拉·普拉提，

以及那些始终坚持梦想的普拉提老师。

参译人员名单

主　　译　王会儒

参译人员（按姓氏笔画排序）

王　铁　王亚洲　王会儒　卢煌莹　白佳润

刘亿骁　李洁如　张宏雨　侯敷法　徐厚朴

出版前言

近年来普拉提发展良好。20 世纪 90 年代中后期，是普拉提历史上的转折点。这个时期，普拉提由只为舞蹈家、歌手、杂技表演者和演员所崇尚的小众运动发展至家喻户晓的普及运动，它很快在好莱坞电影、电视广告、卡通片、综艺节目和深夜档节目中出现，练习普拉提成为一种潮流。

某种程度来说，发生这种现象的原因还是个未解之谜。但没人可以反驳普拉提在美国的发展之快——普拉提练习者在 2000 年仅为 170 万人，而到 2006 年已经发展至 1 060 万人。它在全球也都呈爆发性增长。

不过，所有的快速增长都有它的负面影响，普拉提也不例外。普拉提的快速教授方式随之而来。尽管我们都希望普拉提能通过理解性的方式教授，但快速教授方式作为普拉提发展的一部分也带来了一些积极成果——普拉提成功进入包括健身俱乐部、运动员训练计划、医疗站等在内的新领域。

要真正理解普拉提需要知道普拉提的来源。约瑟夫 · 普拉提（Joseph Pilates）于 1883 年 12 月 9 日出生在德国杜塞尔多夫附近，逝世于 1967 年 10 月 9 日。很不幸的是他未能亲眼见证梦想的实现。他坚定地相信利于全身健康的普拉提运动会被大众和健康专家所接纳。他将他的体系称作“控制术（contrology）”，希望全美国的学校都能教授它。他也希望他的方法能成为男性锻炼的主流方式。的确，在开始时大多是男性在练习普拉提，而近些年来更多是女性对普拉提的热情不断。好在约瑟夫 · 普拉提早年的学生和他的妻子将普拉提流传下来并成为普拉提的卓越教师。1926 年，普拉提先生在他的第二次美国旅行中与克莱拉相遇，克莱拉后来成为他工作和生活的终身伴侣。那些直接接受约瑟夫和克莱拉教育的第一代导师们为普拉提事业的进步发挥了重要作用。凯瑟琳 · 斯坦福 · 格兰特（Kathleen Stanford Grant）万里挑一，对笔者的发展和教学风格产生深远影响。瑞尔 · 艾萨考维兹（Rael Isacowitz）过去 30 年里在普拉提独立小组中有优异表现。

约瑟夫 · 普拉提没有留下过多手写资料来指导后世的普拉提学习者。所以图片、视频、文本等有限的档案材料都是非常珍贵的。不过口头和肢体语言使普拉提教学得以代代相传。约瑟夫 · 普拉提曾写过两部短篇著作，其中一本是《让控制术带您重返生活》(*Return to Life Through Contrology*),为《普拉提解剖学》的基本参考资料 ;《让控制术带您重返生活》中出现的锻炼动作为《普拉提解剖学》中大多数锻炼动作的基础。笔者希望《普拉提解剖学》能够像解剖学一样普及。《让控制术带您重返生活》是最接近普拉提之源的作品，而《普拉提解剖学》则是连接不同的普拉提锻炼方法和全球各个角落的普拉提专家和爱好者们的桥梁。

在个人工作室、学术机构、健身中心和医疗站中都能见到普拉提。从种子运动员到生病或受伤的活动能力受限者，从幼儿到老人，它的练习者都收益颇丰。普拉提极强的可接受度是其神奇之处，也是其如此受欢迎的原因之一。

《普拉提解剖学》是由两位专业知识不同但有许多共同点的作者所著。瑞尔 · 艾萨考维兹对普拉提早期教师怀有崇高敬意，并在过去的 30 年中对普拉提进行了广泛的研究。他创办了一个普拉提锻炼中心，并在过去的 21 年中开办和指导了享誉国际的普拉提教育组织。他的知识技能让他得以周游各国讲学。凯伦 · 克利平格（Karen Clippinger）有在优秀的科研中心和大学中 30 年的解剖教学经验。她因对解剖学概念的深刻了解而知名，并在国际上多个著名场馆讲学。她的工作着重于普拉提的复兴与学术性理解，这使她成为该领域的领头人。他们两人在运动科学上都有着丰富的经验，曾是运动员和舞蹈家。他们因都在科研、表演、运动、教学上有超过 60 年的经验，所以有许多共同点。他们的思想交流起于 17 年前，从那时起他们便进行热烈而富有启迪性的沟通交流。

在世界各地旅游讲学使他们对普拉提在各国发展状况拥有最先进的国际视野。从中国到俄罗斯、从澳洲到南非、从美国到欧洲，他们同人们分享知识，献身普拉提事业。现在很多国家的民众都接触过普拉提，他们希望《普拉提解剖学》能作为连接普拉提专家和爱好者们的工具。

普拉提发展趋势要求普拉提专家们对解剖学知识有基本了解。《普拉提解剖学》涵盖了一些普拉提学校教授的锻炼方法，简要描述了基本动作的解剖学原理并将其轻松应用在不同的变式动作和给特殊对象的改良动作上。它不论是对初学者还是理疗师或其他人体解剖学学者来说都是非常有用的，每位读这本书的人都能从中受益。书中精美的插图展现了目标肌群的工作、罗列了关键肌群；任何程度的读者都可在运动中运用到技巧要点和补充说明中的解剖学知识。本书意在让每个人拥有牢固的解剖学基础，能更加全面地进行普拉提锻炼。不过最重要的是——注意安全，练得开心！

目录

1 普拉提的六个关键原则

普拉提不是某些特定动作的随机选择，它不仅是一项运动，而且是一个调节身体和精神的体系。它能够增强体质，提高身体的灵活性和协调能力，减少压力，提高注意力，使人感觉健康和快乐。普拉提适合每个人。

在笔者研究普拉提解剖学之前，普拉提已有很多不同的锻炼方法。有些普拉提模式主要关注身体锻炼方面的问题，而有些则是强调身心方面的锻炼。约瑟夫·普拉提强调，普拉提的原始形式是一个关注生活方方面面的体系。从视频片段的显示中可以看出，约瑟夫·普拉提不仅展示了有关运动锻炼和身体活动的知识，还对人们的日常活动，如睡觉、洗漱等也提出了自己的建议。尽管这部书的大部分内容将会对每项运动所涉及的锻炼部位进行分解，并在此基础上进行分项分析，但是如果不对这种方法的原则及其与身心的关系做出解释，对于这个体系、它的创立者，以及这项产业来说都是不公正的。

普拉提的基本原则

尽管约瑟夫·普拉提没有将自己的方法明确地标注为原则，但是从他的文本内容、原始视频和其他档案资料中可以清楚地了解：因为普拉提的学派不同，其所呈现的原则和方法可能会有些许的差别；但是，呼吸、专注、中心区、控制、精准和流畅，以及那些形成了很多普拉提方法的基本原则，被认为是此体系的基础。

呼吸

虽然所有的基本原则都同等重要，但是呼吸原则及它所涉及的其他很多东西的重要性远远大于其基础和关键功能。“呼吸”是研究普拉提方法的基础。“呼吸”可以被描述成“力量中心的燃料”，也就是驱动普拉提的引擎。正如约瑟夫·普拉提说的那样，这个力量中心可以是身体、思想、精神。这样来看，“呼吸”可以被看作是贯穿所有的基本原则的轴线，并在某种程度上将这些原则串联在了一起。

对于生命本身而言，“呼吸”很重要。呼吸常常被当作是身体的本能反应，其实，在呼吸中，呼吸肌（骨骼肌）起至关重要的作用。解剖学知识是了解呼吸运动的基础，学习呼吸运动的解剖学知识便于在锻炼中运用最佳的呼吸技巧或方法。

专注

“专注”是指对一个特定目标集中注意力，在这里是指对一项特定普拉提运动的熟练掌握。普拉提的目的是让练习者在他当前技术水平范围内，能够尽可能正确地完成这些动作，这就需要专注。在开始练习动作之前，要在大脑里回忆一遍所有的要点，以便准确做出每一个动作，这也许会花上几秒甚至一两分钟。在这一过程中，要意识到呼吸的模式及将要起作用的身体部位。在做动作的过程中要调整身体及保持正确的姿势和稳定性，就必须在动作持续期间内保持注意力的集中。

中心区

“中心区”的概念有几层意思，包括重心和中心等，最主要的是指人体的重心。重心是能将物体的重量均匀分布的一个点——在这个点上，人体能够在各个方向平衡地悬于空中。

不同的人重心不同，重心的位置会明显地影响练习者对一个动作的感觉及做此动作的难易程度。因此，认为一个人不能够成功地完成一个动作的原因是缺乏力气是错误的，失败的原因可能与这个人的身体结构及重量分布有关。当直立且双上肢于身体两侧垂直向下时，普通人的身体重心位于第二骶椎之前，即在一个人身高的11/20处。但其有明显的个体差异。

中心区也指核心及核心肌肉，在普拉提中指力量中心（powerhouse）。它还有更深奥的含义，指内在的平衡感，或者是所有运动散发出的永恒的能量。这将在第2部分中进行详细探讨。

控制

“控制”是指在执行动作中所做出的调控。它是锻炼过程中所需要的一种能力，在掌握一项技能的时候能自然而然地获得乃至提高这种能力。当练习者第一次做动作时，就要学会运用控制，随着技能的增强，这种控制会变得越来越熟练。当同样一个动作分别由控制水平高的人和控制水平低的人完成时，会发现两者之间存在明显的差别：通常情况下，控制水平高的人出现的错误会更少、更小，动作会更标准，协调能力会更强，平衡感会更好，能够花费更少的力气多次成功地重复一个动作，避免过度的肌肉紧张；控制水平低的人正好与之相反。而精确熟练的控制需要大量的练习，这些练习能够帮助提升关键锻炼部位所需的力量和灵活性，同时使动作更加精确熟练。精确熟练的控制可以使得在锻炼时花费较少的有意注意力，这样就能省出部分注意力，使一些细节做得更好，并在必要的时候做出微小的调整。

精确

“精确”是区分普拉提和其他很多运动的关键，它是一种执行动作的方式、态度。一般来说，普拉提运动与其他养生运动相比没有多大区别，但在执行动作的方式上有着自己的不同。

控制学的知识能够极大地帮助实现精确，练习者会知道哪些肌肉正在工作或者应该工作，会正确地摆放身体以做出恰当的姿势，并且明确所做动作的目标。动作做得越精确，目标实现的可能性就越大，从中获益也就越多。

精确是普拉提运动方法的关键，也是学习过程中不断进行修正的关键。

激活特定的锻炼部位及为了运动而综合所需的连带部位都需要精确。精确决定是否锻炼了目标肌肉，是否达到了目的。

流畅

流畅是要努力达到的重要品质。流畅是指动作的流利、连贯和持续。萝曼娜·克雷扎诺夫斯卡（Romana Kryzanowska）将普拉提技术描述成“来自一个强大中心的运动流”。流畅需要对这项运动有深入的了解，需要激活精确的锻炼部位及合理安排时间。随着大量的练习，熟练度增加，每个动作都应该流畅。

流畅有更深奥的含义，这层含义用米哈莉·克斯克森米哈莉（Mihály Csíkszentmihályi）的话来解释再好不过了，即“流畅是一个人因为感到充满活力，全身心投入并有成就感而沉浸在他所做的事情当中的一种精神状态”。

在这本书中，在练习时要做到这六大基本原则，在日常活动中也要如此。这六个原则的共同特点是每个原则都有不同的身体和心理层面。这些原则将身心联系在了一起，有助于理解解剖学的知识，对生活有更大的影响。

将这些原则应用到普拉提实践及生活中的方式因人而异，例如，有些人更注重身体部分，他们用普拉提来提高自己的运动水平，强健肌肉，或者帮助恢复损伤的身体。另外一些人可能更加注重精神方面，他们用普拉提来缓解压力，或者帮助提高注意力。不管何种方式，练习普拉提最重要的是每个动作的执行。对整个体系的练习不能仅仅停留在对本书中描述的运动步骤的简单模仿，而应专注学习如何执行动作及根据自己目前身体与心理的敏锐度而运用这六大原则。

深入了解呼吸的科学知识

呼吸是本部分提到的第一个原则。很多普拉提专业人士认为，呼吸在普拉提技术的实践中是最为重要的。对于一个特定的或给定的呼吸模式是否必要，有时会有争议，但是，很少有人会质疑呼吸对运动的重要性，更好地了解呼吸有助于从这本书中获益更多。

呼吸系统最主要的功能就是为身体组织运送氧气，排出二氧化碳。呼吸最重要的作用是将二氧化碳（细胞新陈代谢的产物）排出体外，呼吸至少包括四个过程。前两个过程是外呼吸，是将外部的空气吸入肺部（肺通气），然后通过肺部进入血液（肺换气）。本书将重点讲述这两个过程。后两个过程包括通过循环系统将气体传送给像肌肉这样的身体组织，以及用来实现毛细血管血液和组织细胞之间的氧气与二氧化碳的互换。

呼吸系统的详细分析

成人的肺重约等于本人体重的1/50，男性平均为1 000~1 300 g，女性平均为800~1 000 g。

肺结构紧凑，和胸廓的大小相匹配。由于大量气管延伸的网络及数以百万计的充满气体的气泡（肺泡）的存在，肺部组织如果铺开的话，其总面积相当于一个单人网球场或中型游泳池。这种独特的结构使得肺能够有一个巨大的表面，因此也能更好地实现其气体交换的重要功能。

从结构上来看，呼吸系统可以分为两大部分——上呼吸道和下呼吸道。上呼吸道（图1.1a）由相互连接的腔与管道（鼻腔、口腔、咽、喉）构成，其不仅为下呼吸道提供了一个气流通道，而且在气体最终到达下呼吸道之前对其进行净化、加温和加湿。下呼吸道（气管、支气管、细支气管和肺泡）（图1.1b）包括大约3亿个肺泡及与它们相关的大量的毛细血管网，这种结构可以进行气体交换。肺泡壁比一张纸巾还要薄，这就使氧气能够很容易地从肺泡进入肺部细小的毛细血管中，同时使二氧化碳通过简单的渗透从肺毛细血管进入肺泡。

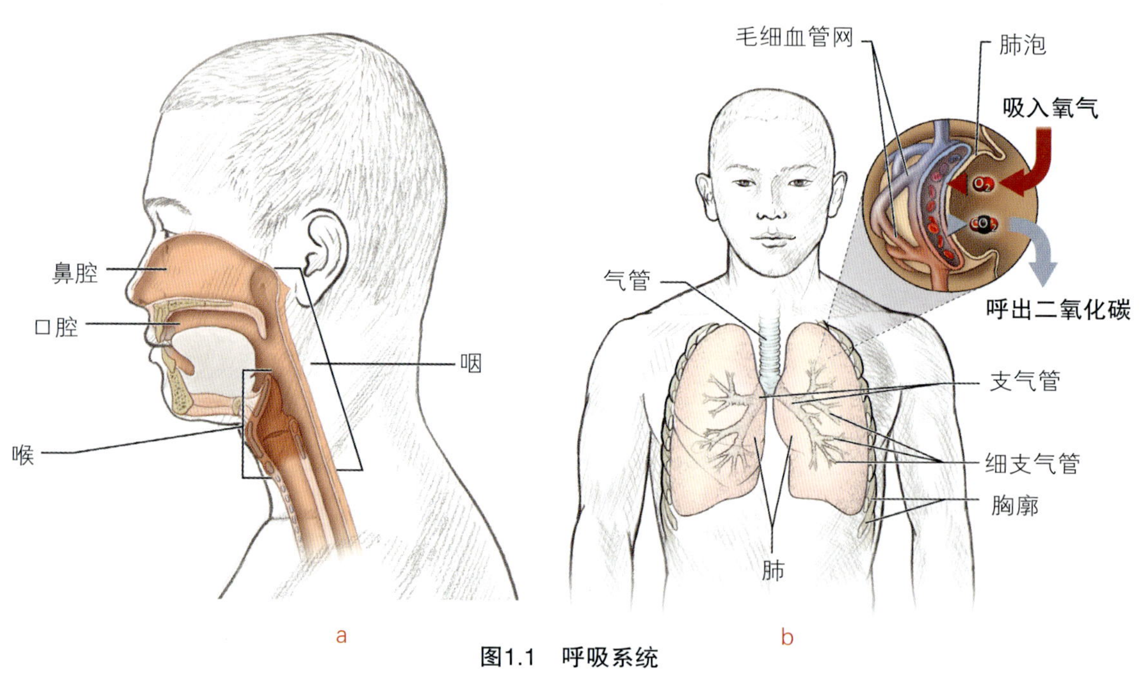

图1.1　呼吸系统

a.上呼吸道　b.下呼吸道，肺泡及肺泡和毛细血管之间的气体交换

呼吸方法

肺部的气体交换，通常叫作呼吸，包括两个阶段。使空气进入肺部的过程叫作吸气，将气体排出肺部的过程叫作呼气。本质上来讲，肺部的气体交换是因胸廓体积变化导致气压变化，从而引起气体流动的机械过程。胸部的结构（胸骨、肋骨、软骨和椎骨）极大地促进了胸廓体积及气压的变化。肋骨与脊柱相连，在吸气时能够向上向外移动，在呼气时能够向下向内移动。

吸气

吸气是由呼吸肌运动引起的，尤其是膈。当圆顶状的膈收缩时，其形状会变平，使得胸廓变长（图1.2a），这时，肋间外肌会将胸廓抬起并使胸骨向前运动。胸廓中部和下部体积增大时，肋骨向两侧移动；而胸廓上部体积增大时，肋骨则更多的是向前后方向移动（图1.2b）。吸气使胸廓的体积增大，从而使肺泡内的气压（肺内压）比外界大气压（外界空气对身体施加的压力）低，于是空气便进入肺部直到肺内压与外界大气压相等。

另外一种身体机制也帮助了肺部的扩张，这个机制与两层胸膜（脏胸膜和壁胸膜）之间的压力有关。脏胸膜覆盖于肺的表面，壁胸膜覆盖于胸壁内侧及膈。在两层胸膜之间存在一定的空间，这个空间叫作胸膜腔。胸膜腔是密闭的，内有少量液体。胸膜腔的负压会使肺扩张，肺向外移动，使脏胸膜与壁胸膜贴附在一起。

当需要更多的肺部气体交换时，如剧烈运动或者肺部疾病，会有很多其他的肌肉帮助完成呼吸过程。例如，在呼吸的过程中，斜角肌、胸锁乳突肌、胸大肌和胸小肌都能用来进一步抬升肋骨；竖脊肌可以帮助把胸椎弯曲变直，这样胸部的体积会更大，进入的空气也会更多。

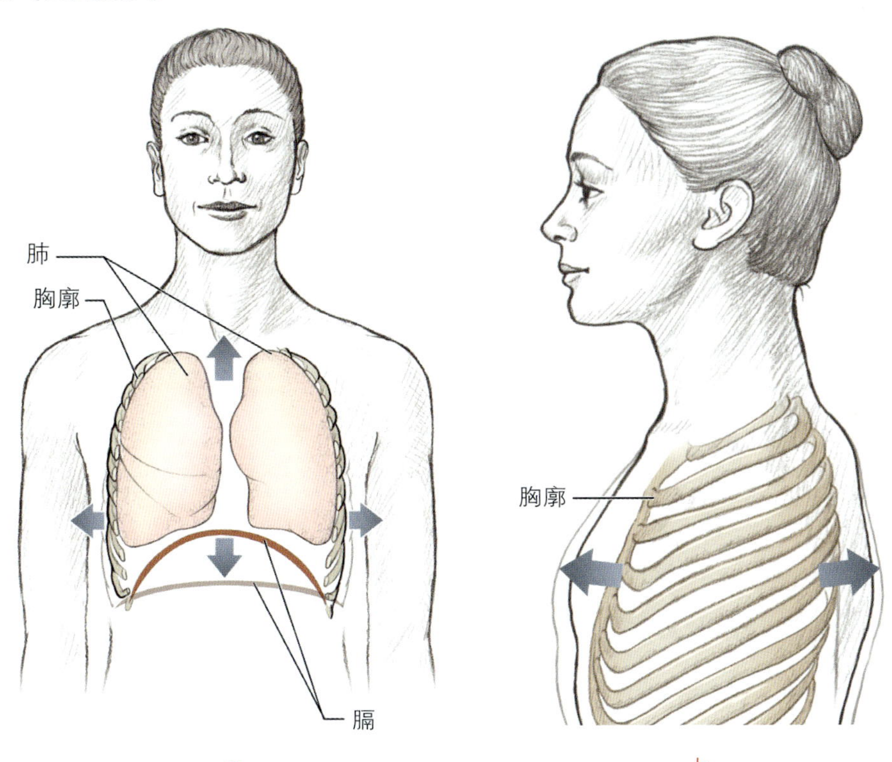

图1.2　吸气时胸廓体积的变化

a.前面观，显示由于肋骨和膈的收缩，胸廓下部横向扩张
b.侧面观，显示由于肋骨和胸骨的收缩，胸廓上部向前和向后扩张

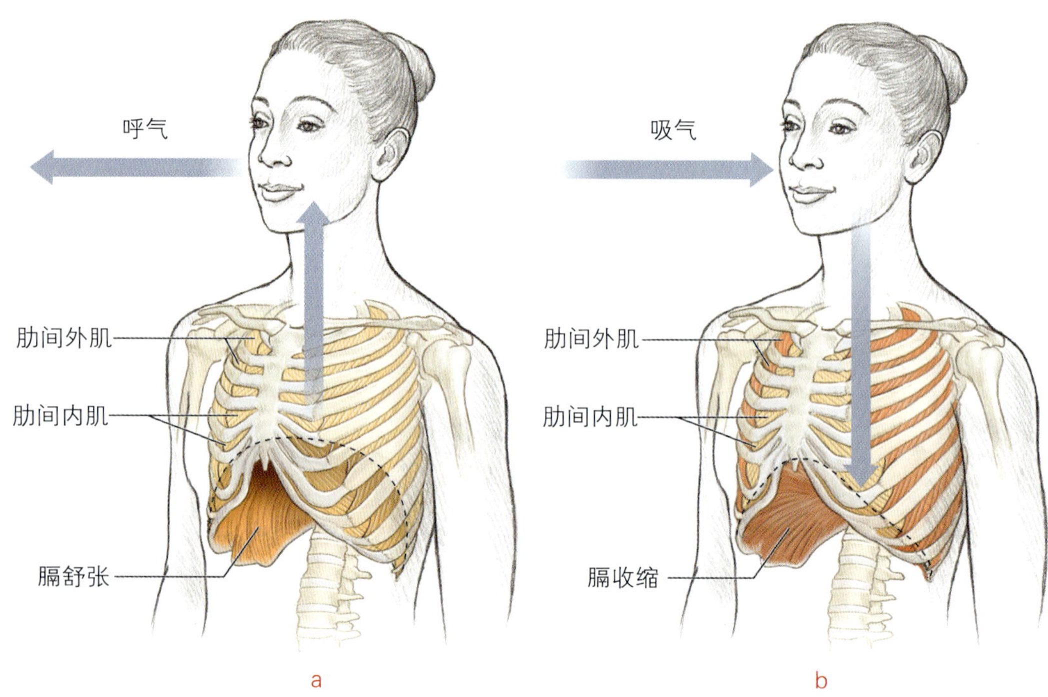

图1.3　膈、肋间外肌、肋间内肌的共同作用

a.被动呼气时，膈呈拱形，肋间外肌与肋间内肌呈放松状态
b.吸气时，膈收缩（扁平状），肋间外肌收缩，肋间内肌放松

呼气

平静呼吸时，呼气是一个被动的过程，是由肺部组织的弹性反冲及呼吸肌放松时的变化而发生的。随着膈的放松，膈会向上运动进入胸部；随着肋间肌的放松，肋骨会向下运动（图1.3），这样一来，胸廓的体积会缩小，而肺内气压会变大，使得气流从肺部排到体外的大气中。

然而，在主动呼吸时，如当人体需要更多的肺部气体交换时，就会有很多肌肉进行主动收缩。例如，腹肌收缩可以使腹内压推动膈向上移动，并帮助其他肌肉（如肋间内肌、腰方肌和背阔肌）内收而压迫胸廓。

普拉提练习中的呼吸

几个世纪以来，许多不同的文化都认为练习呼吸或者自主控制呼吸的模式有益于身体健康，增强体质，主要体现在有助于更好地放松，减少压力从而降低血压，提高注意力，使某些肌肉更加灵活，有益于呼吸与循环，以及降低患心血管疾病的风险。尽管已经有一些关于各种控制呼吸技术的潜在积极影响的研究，我们仍然需要更多的研究来更好地了解这些益处并创造出最佳的练习方法。

不过，我们不能忽视其他运动的深奥呼吸原理，如瑜伽、太极拳、跆拳道、卡泼卫勒舞、舞蹈、游泳、举重等。一些锻炼体系努力利用呼吸的不同效果促进身体、心理和精神的健康。

普拉提采取横向呼吸、设定的呼吸模式及主动呼吸，以促进身体有更大的获益。

横向呼吸

横向呼吸又叫肋间呼吸，是指在吸气与呼气时保持深腹肌持续向内拉的同时，胸廓向两侧扩张（图1.4）。这与那种吸气时膈降低并且腹肌放松从而可以向外伸展的呼吸方式（通常称膈式呼吸）是相反的。

在练习普拉提时使用横向呼吸可以保持腹肌的收缩。在普拉提运动中，保持一个稳定的核心对于成功完成动作及保护身体非常重要。这绝不意味着膈式呼吸运动是消极的，或者膈不再对呼吸起重要作用，只是说横向呼吸是普拉提练习的首选。

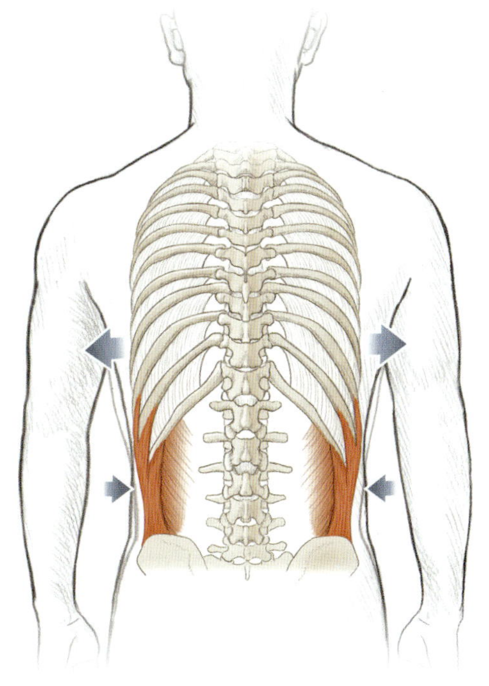

图1.4　胸廓扩张

当横向呼吸吸气时，胸廓扩张，脊柱中部周围收紧作为支撑

设定的呼吸模式

本书中的普拉提运动有一套设定的呼吸方式，吸气在运动的某些阶段进行，呼气则在另外一些阶段进行。这种呼吸模式的目的是防止屏气，尤其当运动量大的时候，屏气可能会导致过度的肌肉紧张并有使血压升高的潜在危险（瓦尔萨尔瓦动作，又称堵鼻鼓气法，Valsalva maneuver）。在完成需要花费大力气的动作时，进行呼气可以防止屏气。

设定的呼吸模式可影响参与运动的肌肉。例如，呼气可以促使腹横肌的激活（详见第2部分）。

呼吸模式可以帮助建立一个特定的普拉提运动节奏。普拉提中的每项练习都有其各自的特点，有些动作的某个阶段需要慢速、平稳地完成，而有些动作则需要快速、有力地完成。这些使普拉提运动丰富多样，并且使它更加接近人们的日常活动。

主动呼吸

主动呼吸能够极大地影响一项运动的活力。在一些常见的运动中，如百次呼吸，气体不仅在呼气时被有力地呼出，而且练习者在做动作的某些阶段强调主动收缩腹肌和肋间内肌。就吸气而言，强调在做动作的某些阶段在肋间外肌的作用下将气体吸入体内。例如，百次呼吸是连续五拍的呼气和连续五拍的吸气，而每一拍都代表进一步收缩目标肌肉。

主动呼吸因人而异，工作压力大的人应采用更加放松、柔和的呼吸模式。对于有些人来说，主动呼吸可以激活锻炼部位并且为普拉提运动注入更多活力。

普拉提夫妇早期的一位学生，罗恩·弗莱彻（Ron Fletcher），也是普拉提运动最优秀的老师之一，发明了一种呼吸方法，叫作冲击式呼吸。他认为："呼吸塑造运动，并决定运动的活力。"冲击并不是用力，而是为伴随每项运动的呼吸提供声音和节律。就像是给气球充气，然后让气体通过一个小口尽可能久地持续、平稳地流出。这个概念让人想起了约瑟夫·普拉提的呼吸计——一个转轮。吹动转轮是为了让其以持续不变的速度转动。罗恩·弗莱彻曾说："吸气和呼气都有各自的目的，在吸气之前要先将体内的空气排出。"他还说："吸气是为运动而吸。"

垫上运动的基本要求

不论是运动本身，还是将运动在工作与生活中进行融合与练习，垫上运动都是普拉提运动的基础。在练习普拉提的过程中，要始终遵循以下基本要求，这样才能取得最佳的效果。

首先，要认真学习每个基于呼吸模式的基本运动模式，仔细观察图解中显示的身体位置，并认真阅读文字说明。

在练习动作时，注意力要高度集中，这样可以帮助实现中心感和控制力。在进行易记的、正确的、可靠的运动时，这两种能力可以使动作习惯化。注意一些提示，它有助于实现普拉提运动固有的准确性。反复练习，直到熟悉动作中的细微差别。在一个特定的动作模式中，每个动作都需要复杂精细的时间安排及激活正确身体部位的肌肉。

当掌握了时间安排并运用了所有的原则时，动作便会自然流畅。这时，要注意由一个动作向另一个动作的转换，以实现动作整体上的流畅。

结合解剖学知识学习普拉提是非常有用的。当然，成功的关键是练习，只要不断地练习，加强巩固这些动作，您一定会喜欢上普拉提这种神奇的运动。

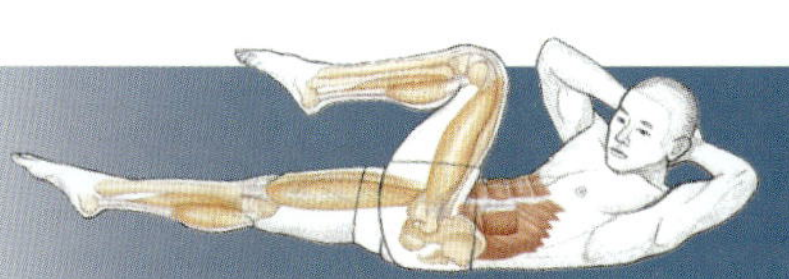

脊柱、核心和身体调整对齐 2

身体调整对齐可以理解为身体各部位的相对位置，如头相对于肩膀的位置。静态身体调整对齐就是当身体处于静止时的相对位置；而身体在运动中的位置则称动态身体调整对齐。静态、动态身体调整对齐在普拉提中都十分重要。普拉提可以改善身体调整的意识，达到运动和姿势的理想调整状态。

骨骼

为了充分了解身体调整对齐，我们需要好好了解一下人体的“砖瓦”——206块骨骼，是它们决定了身体调整对齐。骨骼可以分为两大类：中轴骨和附肢骨。中轴骨（图2.1黄色部分）由颅骨、椎骨、肋骨和胸骨组成。从名字就可以看出来，在人站立时，中轴骨构成了人体中央垂直的轴，让四肢附着在其上。

附肢骨，顾名思义，就是组成四肢的骨骼。附肢骨可分为两类：上肢骨和下肢骨。上肢骨（图2.1绿色部分）的每一侧都包括1块锁骨，1块肩胛骨，1块肱骨（上臂骨），1块桡骨和1块尺骨（小臂骨），8块腕骨、5块掌骨和14块指骨（组成手的骨骼）。下肢骨（图2.1蓝色部分）的每一侧都包括1块髋骨，1块股骨，1块胫骨和1块腓骨（小腿中小一点的骨骼），7块跗骨、5块跖骨、14块趾骨（组成脚的骨骼）。成人的髋骨由髂骨、坐骨和耻骨组成。

脊柱

脊柱保证了中轴骨几种基本动作的完成。它的运动、静止和身体调整对齐在普拉提中是非常重要的。

主要的椎骨

脊柱是由33块椎骨构成的长列。如图2.2所示，椎骨从顶部到底部越来越大。椎骨可分成五个部分。前三个部分在图中用颜色重点标记，包括24块椎骨，对脊柱的基本动作有着巨大的影响。

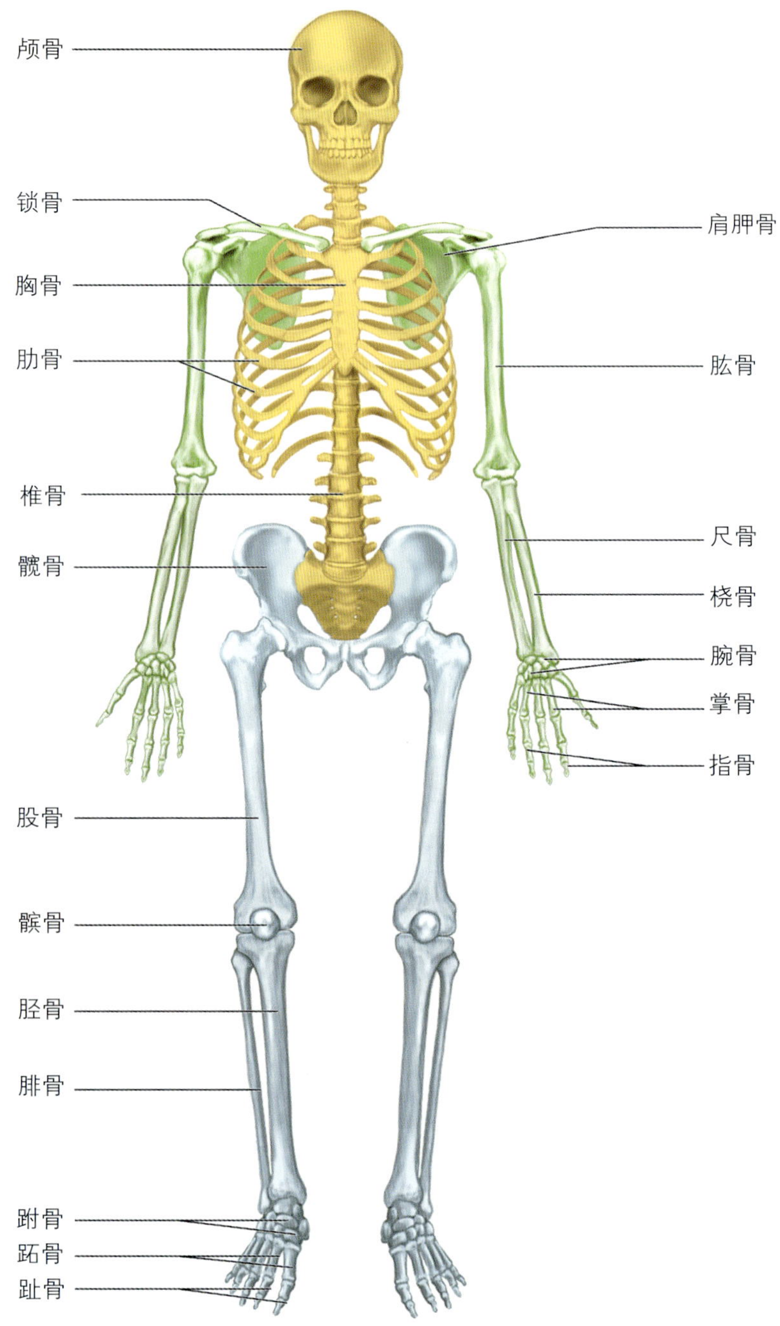

图2.1　人体骨骼前面观

中轴骨：黄色　上肢骨：绿色　下肢骨：蓝色

• **颈椎（绿色）**：从头部下方到颈部底部的7块椎骨就是颈椎。虽然是最小最轻的椎骨，但对头和颈的运动起重要作用。

• **胸椎（蓝色）**：接下来的12块椎骨，就是胸椎。它从颈部下方一直延伸到最后一块肋骨，从上到下逐渐增大。它们的特别之处在于和肋骨相连接。胸椎是胸部和上背部运动的关键。

• **腰椎（黄色）**：胸椎下面的5块椎骨构成腰椎，它们从最后一根肋骨延伸排列到骨盆带。这些椎骨很强壮，也比颈椎和胸椎粗大，起承重的作用。腰椎对腰背部的运动有重要作用。

• **骶骨**：腰椎下面的5块椎骨就是骶椎。它们在成人身体中融合成三角形的骶骨，不能各自独立运动。骶骨的两侧连接髋骨，起到稳定骨盆的重要作用。因为这些椎骨融合在一起构成骶骨，所以骶骨的活动和最后一块腰椎有关。最后一块腰椎与骶骨间的连结称腰骶连结。这个关节对腰背部及骨盆的体位有着极为重要的影响。

• **尾骨**：最后4块（也有人是3块或5块）椎骨是尾椎。它们退化融合成为一个小的三角形的骨称尾骨。

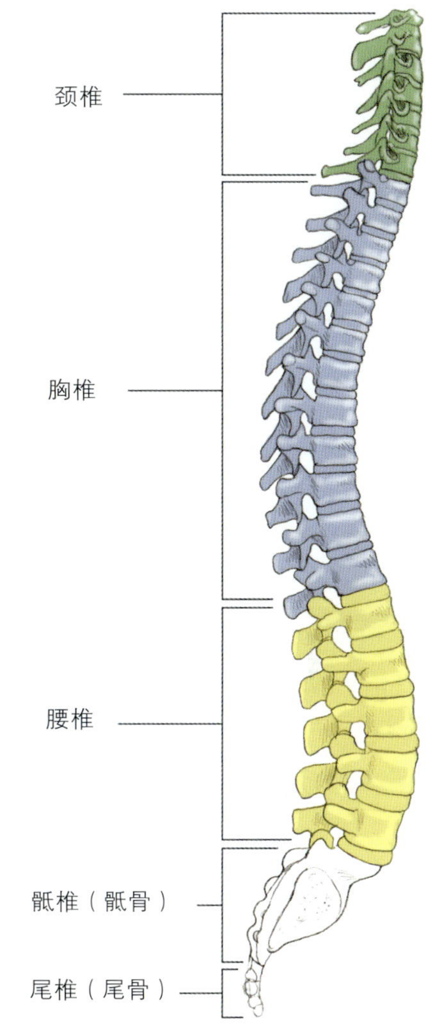

图2.2 脊柱的区域划分和脊柱曲线（右侧观）

如图2.2所示，脊柱不是直的；从侧面看，每部分都有自己特定的弯曲。颈椎和腰椎都向前凸，其他部分都向后凸。理论上，这些弯曲都有正常的大小和幅度，相互之间连在一起，处于平衡之中。这些弯曲既能加大脊柱的运动幅度，也能有效抗震缓震。

椎骨间的连结

胸椎、腰椎和颈椎（除了最上面的两个椎骨）都是通过一系列的关节和上下的椎骨连结起来的。这种连结保证了连续不断的椎骨间的活动范围。如图2.3所示，每块椎骨前面的圆形部分（椎体）通过椎间盘，构成了软骨连结。椎间盘外面有一圈纤维组织，叫作纤维环（灰色的部分），里面还有胶状物质——髓核（紫色部分）。髓核中含有很多水分，而且椎间盘的连结也是靠着椎骨间的小"水垫子"来完成。这对脊柱的缓震和保护十分有益。

椎骨的后部通过名为关节面的小关节相连，这样能让椎骨进行小范围的滑动。椎骨凸起（关节突）连在一起构成关节面，影响脊柱的运动。关节面有助于胸椎的扭转，却限制了腰椎的扭转。

脊柱的运动还受到各椎骨之间韧带的影响。这些韧带决定了一块椎骨在确定方向上可以运动的范围，有利于保持稳定和平衡，并可防止椎间盘的突出。

很多因素都会导致脊柱的运动受限、幅度过大或者不对称，如力量不平衡、身体不灵活、平时习惯的姿势和伤病等。普拉提的目的之一就是以一种平衡、对称的方式，尽可能运动脊柱的每一个部分。

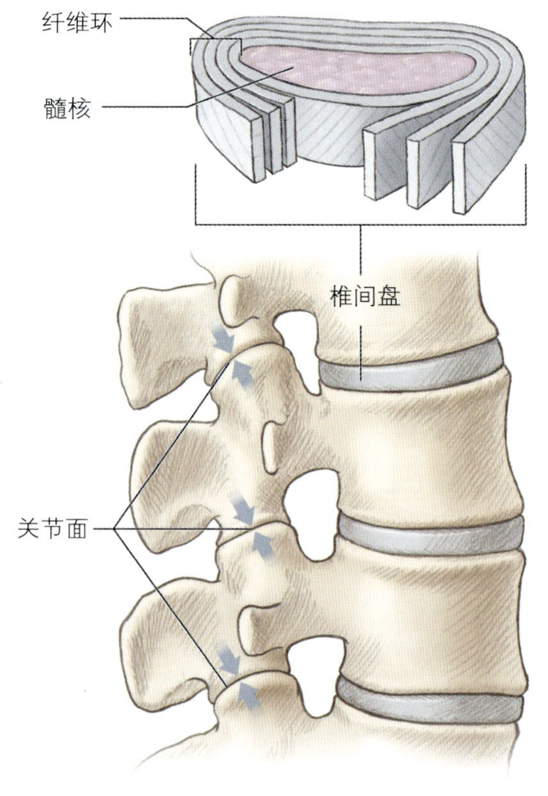

图2.3　脊柱的关节

脊柱的运动

图2.4展示了普拉提中，一些脊柱运动幅度较大的动作。脊柱前屈就是脊柱向前弯，如弯腰摸脚趾，或者仰卧起坐中躯干向前屈曲；后伸是指从前屈到直立或者是从直立向后弯（图2.4a）。向后伸展超越直立的动作也叫作过伸展。脊柱向右侧弯叫作右侧屈，回到直立位置或者接着向左弯叫作左侧屈（图2.4b）。转动头或者上半身使面部或者胸部朝右叫作右旋，向中央或者左转动叫作左旋（图2.4c）。

脊柱的主要肌肉

脊柱周围有很多肌肉，它们的作用大都是使脊柱运动或者保持静止。其中最重要的两个肌群就是腹肌和脊柱伸肌。在特定情况下，髂腰肌和腰方肌也十分重要。

腹肌

腹肌的作用非常重要，它可以塑造平坦的小腹，加强运动技巧，解决特定的姿势问题，还可以降低几种背伤的风险。人体有四对腹肌：腹直肌、腹外斜肌、腹内斜肌和腹横肌。所有腹肌都由一条竖直穿过腹肌中间的带状腱（白线）连接起来。不过，这些肌肉纤维的位置和方向还是有很大不同的。如图2.5a所示，腹直肌自上而下位于腹部中央。与之相反，腹外斜肌斜对着腹部中央，它的肌肉纤维自腹直肌起始。腹内斜肌较腹外斜肌位置深，它上层的纤维延伸向腹部中心，同时其肌肉纤维横对着腹直肌。

当腹直肌、腹外斜肌和腹内斜肌两侧同时收缩时，它们能使脊柱弯曲，其中腹直

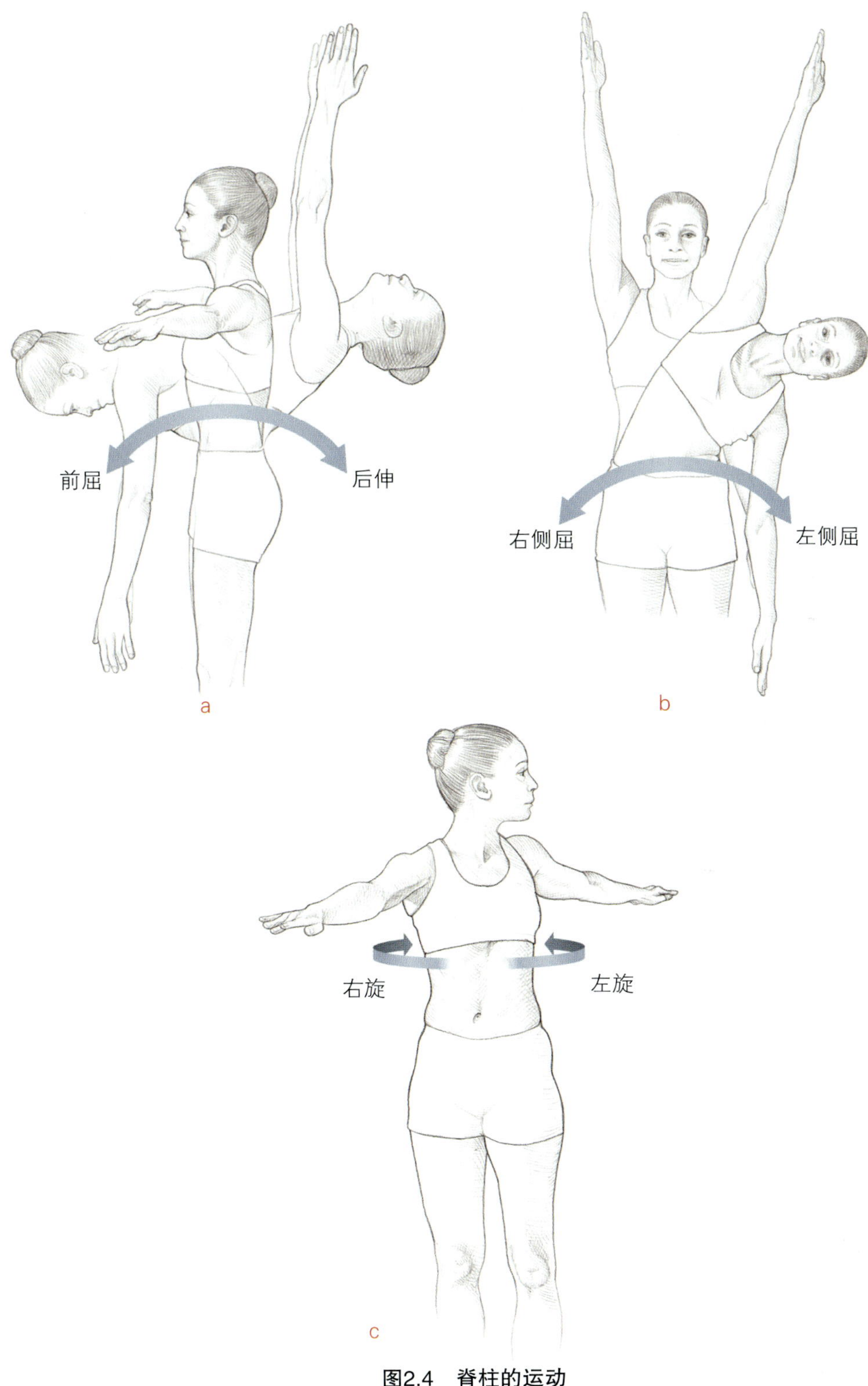

图2.4 脊柱的运动

a.前屈和后伸 b.右侧屈和左侧屈 c.右旋和左旋

肌作用更大一些。当这三种肌肉都只有一侧收缩时，它们能使脊柱向一侧弯曲，其中斜肌的作用更大。一侧斜肌收缩引起转动：腹外斜肌使身体转向反方向、腹内斜肌转向同侧。当做卷腹的运动时，如卷腹抬起（第48页），这三种肌肉的两侧都发挥作用，让脊柱进行特定的卷曲。尽管腹直肌起到了帮助身体离开垫子的作用，但在转向左侧时，如卷腹旋体（第58页），只需要右侧的腹外斜肌和左侧的腹内斜肌就可以做出特定的动作。

腹横肌是位置最深的腹肌。如图2.5b所示，它的肌肉纤维在腹部呈水平走向。因此，腹横肌不能使脊柱做屈曲的动作，它只是有助于转体。它的基本功能是维持姿势，收缩可以使腹部整体向内，起到类似束腹的效果。腹横肌能很好地保护脊柱，在四肢做动作之前，保证脊柱和骨盆的平衡和稳定。腹横肌收缩还有助于呼吸的进行。因此在普拉提中，呼气可以用来激活腹横肌。在普拉提的多种教授方法中，都强调了腹横肌的运用。

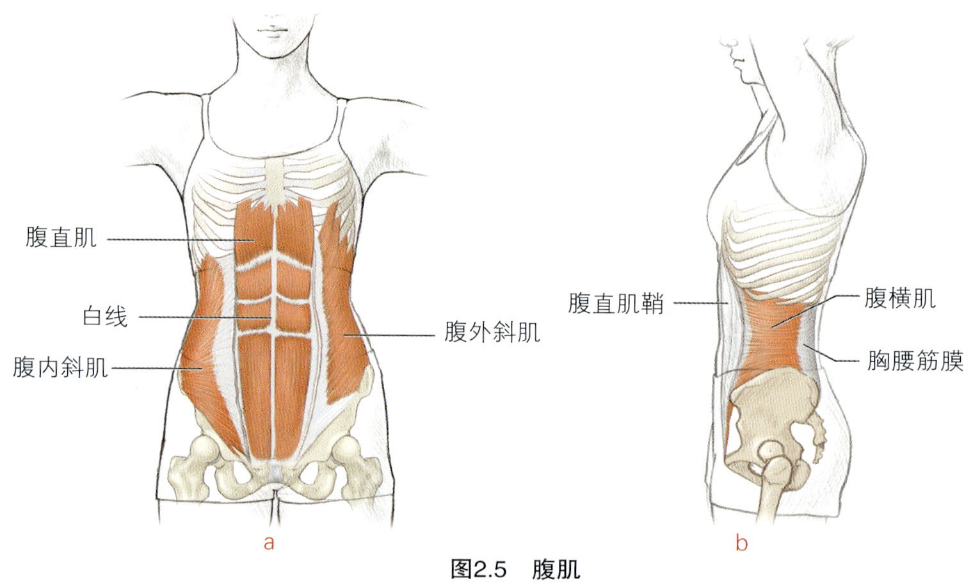

图2.5　腹肌

a.左侧的腹外斜肌、腹直肌、右侧的腹内斜肌前面观　b.腹横肌侧面观

脊柱伸肌

成对的脊柱伸肌位于躯干的背面，它们在伸展脊柱或者背部时共同发挥作用。这些重要的肌肉曾经被人们忽视，认为它们的作用只是加强腹肌。而事实上，它们是完美动作的关键，能预防背伤、骨质疏松症和特定的姿势问题，还有助于背伤之后的恢复。脊柱伸肌可分为三大肌群：竖脊肌、半棘肌和深层脊柱周围肌肉。如图2.6所示，竖脊肌是脊柱伸肌中最强壮的肌群，由棘肌、最长肌和髂肋肌三束肌肉组成。半棘肌在竖脊肌的深面，只存在于胸椎以上的位置。锻炼这块肌肉有助于防止跌倒。深层脊柱周围肌肉包括棘间肌、横突间肌、回旋肌和多裂肌，功能与腹横肌大体相似，作用主要是保持脊柱稳定及参与相邻椎骨间的运动（节段性运动）。多裂肌作为这个肌群中的一员（图2.6），对脊椎的稳定和回复有着十分重要的作用。多裂肌跨过很多椎骨，并且由于其与椎骨的连接，所以与其他肌肉相比有潜能产生更多的力。因此，运用这块肌肉是重中之重。

在功能方面，这三个肌群（竖脊肌、半棘肌和深层脊柱周围肌肉）的两侧同时收缩可以使脊柱伸展，但如果只有一侧收缩（除了棘间肌）可使身体向一侧侧屈。竖脊肌（除了棘肌）的一侧收缩能使身体向同侧转动，不过半棘肌和深层脊柱周围肌肉的部分肌肉（回旋肌和多裂肌）能使身体转向相反方向。当做俯卧背部伸展（第60页），竖脊肌、半棘肌和深层脊柱周围肌肉能使脊柱向特定方向伸展，此时竖脊肌最为关键。但当身体向右转动时，如游泳（第161页），右竖脊肌的两束、左半棘肌、左多裂肌和左回旋肌同时作用，使脊柱伸展的同时离开垫子向特定方向转动。

竖脊肌：
棘肌
最长肌
髂肋肌
半棘肌
多裂肌
腰方肌

图2.6　脊柱伸肌和腰方肌（脊柱背面观）

腰方肌和髂腰肌

腰方肌和髂腰肌对脊柱来说都有很重要的作用，这在普拉提中尤其明显。如图2.6所示，腰方肌自骨盆延伸到腰椎和最后一对肋骨。腰方肌一侧收缩时，身体会向同侧侧屈。

髂腰肌（图2.7a）是十分重要的肌肉，我们对它的基本认识就是它可以使腿向前抬高（髋关节弯曲）。在图2.7b中可以看到，它与脊柱紧密连接，既能保持腰椎正常的弯曲，还能有助于腰椎的侧屈。我们会在第3部分详细讨论髂腰肌。

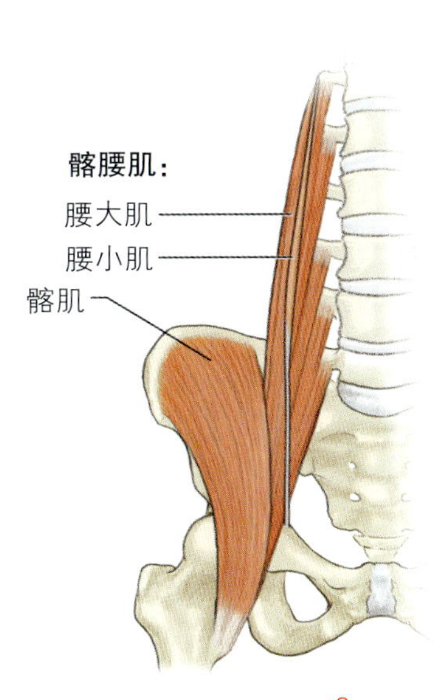

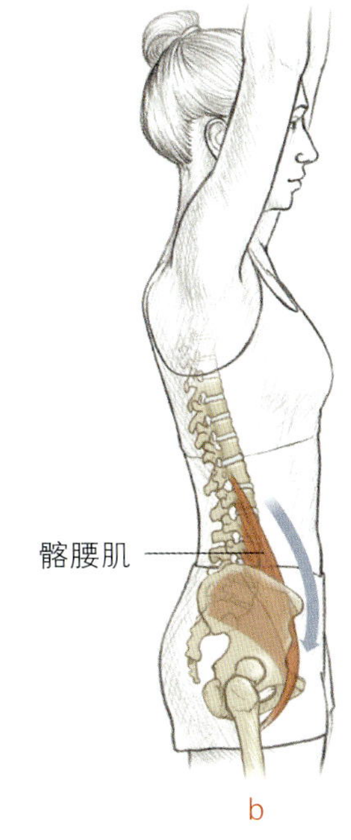

图2.7　髂腰肌

a.髂腰肌主要由腰大肌和髂肌组成（前面观）

b.髂腰肌有助于保持腰椎的弯曲（侧面观）

在普拉提中运用脊柱肌肉

辨识普拉提中运用的肌肉经常让人感到复杂和困难。辨认肌肉很重要的一点是弄清楚特定动作中重力和身体的联系。此外，为了完成普拉提的动作要求，运用其基本原理，很多普拉提动作都需要很多脊柱肌肉的同时作用和相互配合。

重力对脊柱肌肉运用的影响

在做垫上练习时，身体的位置和重力对脊柱肌肉的运用有很大的影响。当躺在垫子上，面朝天花板（仰卧位）时，脊柱的弯曲就需要抵抗重力的影响，这时，对腹肌是个不小的挑战。因此，普拉提中很多想要锻炼腹肌力量和耐力的运动，都涉及仰卧位，如第5部分的一些运动。为了达到增强腹斜肌力量和耐力的目的，我们可以在仰卧位的脊柱屈曲中加入转体，或者在侧卧位时做侧屈的动作。侧卧位也能做很多反重力的动作，这些会在第8部分讲到。侧屈还能很好地锻炼腰方肌和脊柱伸肌。在包含侧屈的动作中做一些小的改变，还有助于腿、臀和脊柱的锻炼。而在俯卧位（腹部朝下，脸面对垫子）时，脊柱的伸展是反重力的，所以对脊柱伸肌是个挑战。普拉提的垫上练习中，很多想要锻炼脊柱伸肌力量和耐力的动作都涉及俯卧位，这些会在第9部分着重讲解。

脊柱肌肉的收缩

做普拉提时，常常会有多组肌肉同时收缩的情况，这个过程叫作协同收缩。俯卧背部伸展（第60页）就是一个很好的例子。尽管脊柱伸肌是这个过程中主要的发力肌肉，但腹肌的收缩能防止腰背部伸展过度，并能保护脆弱的腰椎。

一些较为复杂的垫上练习包括动作中不同步骤因身体姿势与重力关系的改变，迫使练习者对脊柱肌肉的运动做一些改变和修正。例如，折叠刀（第108页），这个动作中腹肌的主要作用是在转体的同时使脊柱做屈曲的动作，但当腿和躯干朝向天花板的时候，脊柱伸肌的收缩就会起很大作用。普拉提中，肌肉的收缩很常见，也很重要。肌肉收缩既能帮我们把动作做到最好，也可以保护我们，降低背部受伤的风险。

力量中心

力量中心，或者说力量核心，是形容从胸廓底部，前至髋关节后至臀部底部的一个区域。约瑟夫·普拉提十分强调力量中心，认为这是所有普拉提动作都会锻炼到的身体中心。很多普拉提练习都特意强调核心力量的加强，这要求在一组给定的练习中持续不断地锻炼核心力量。如果力量中心能经常得到锻炼，四肢会更加协调，动作会更加连贯自如。一些普拉提从业者，还有很多舞者、健身教练和康复工作者，也把这个作为核心和重点，称动作中特定姿势的稳定平衡和运动为核心稳定性。核心稳定性可以理解为在四肢或者全身做动作时，保持骨盆和脊柱在特定姿势保持稳定不变形的能力。一些在特定动作中不能保持稳定的人，或者过度弯腰、晃动骨盆的人，常常被认为核心力量弱，核心稳定性、核心掌控能力差。

在普拉提术语中，力量中心包括腹肌、腰背部和骨盆，以及骨盆周围影响运动和平衡的基本肌肉。

每侧髋骨都通过其后面的骶髂关节与骶骨相连。髋骨还通过前面的耻骨联合（PS）直接相连。这些强有力的连结使髋骨、骶骨和尾骨构成了一个完整的单元，我们称之为骨盆带。组成髋骨的三块骨骼有可辨认的骨性标志。

骨盆和髋关节的骨性标志

骨骼有一些非常明显的特征，如压痕、开口、线和突出等，这些被称为骨性标志。下面提及并在图2.8中显示出来的，都是在重要体位和平衡时能辨认出的骨性标志。

- **髂嵴**。髂骨是髋骨上很大的翼状的部分。如果把手从腰部缓慢下移，最先感觉到的弧形边缘即为髂嵴。髂嵴是髂骨的上缘。
- **髂前上棘**。如果把手放在髂嵴上，并慢慢往下摸，能感到每块髋骨的前面都有一块凸起。这对突出就被称作髂前上棘。
- **耻骨联合**。耻骨构成了每块髋骨的前面和下面。每块耻骨都通过前面的耻骨联合与髋骨相连。对着镜子侧站，就可以看到耻骨联合，其在骨盆下部几乎最靠前的位置（图2.8）。
- **坐骨结节**。坐骨是每侧髋骨下部和后部非常强健的骨骼。每侧坐骨的最下面都有一个粗糙的突出，称坐骨结节。坐姿时，坐骨结节与凳面接触。把手放在臀部下面，身体慢慢从后倾到坐直，能感受到坐骨结节对手指的压迫。

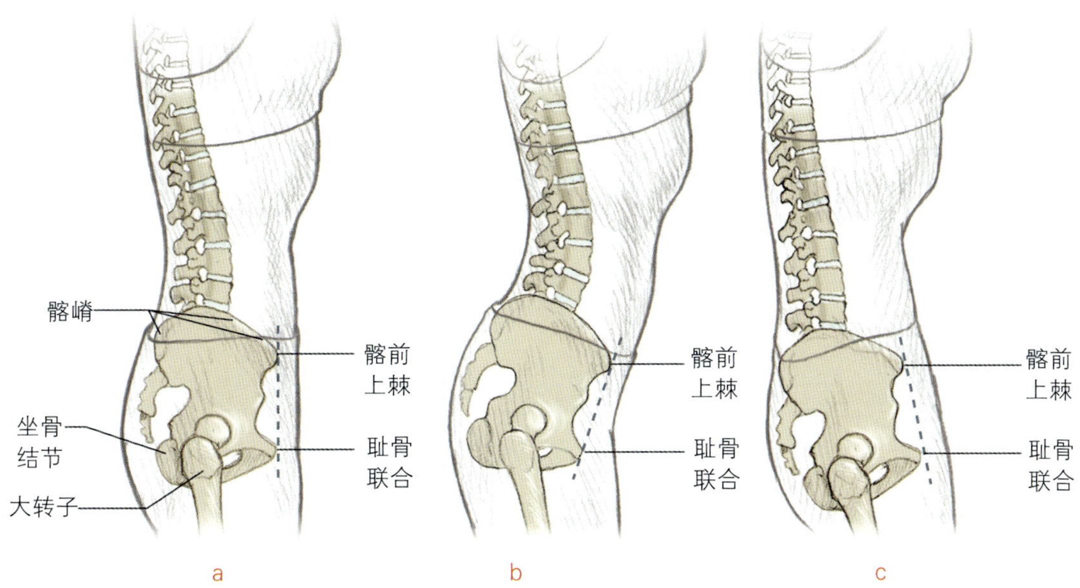

图2.8 骨性标志及站立骨盆线（侧面观）

a.骨盆中立 b.骨盆前倾 c.骨盆后倾

- **大转子**。髋关节由骨盆的空窝（髋臼）和股骨头构成。股骨头下方狭细部分是股骨颈。股骨颈与股骨体交界处的外上方有一个较大的隆起，隆起朝着股骨头指向外。这个隆起就是大转子。站立时，大转子的尖端和股骨头的中心大致平齐。大转子不是骨盆的一部分，在此处讲到这个骨性标志是因为左右大转子之间的连线可以用以标记力量中心的下缘。把大拇指置于一侧髂嵴中点或稍偏下，中指指尖向下置于大腿边缘，此时做腿的内旋和外旋动作，可以感到大转子在中指下转动。

骨盆的运动和调整

学会辨认骨盆中立位、骨盆前倾和骨盆后倾，以及在特定的普拉提练习中完成这些动作，是普拉提训练中的重要目标。骨盆常作为一个整体运动，它的很多大动作都与腰骶关节有关。腰骶关节将腰背部和骨盆联系在一起。直立侧对镜子做动作时，可注意观察骨盆的动作和腰椎相关的变化。把食指放在髂前上棘上，有助于体会它们之间的联系。

骨盆中立（图2.8a）时，髂前上棘（骨盆前面最顶端的突出）垂直对准耻骨联合（下骨盆的前面）。如果垂直于耻骨联合放置一张纸，左右髂前上棘都能触碰到这张纸。在骨盆中立位时，腰椎大概也在中立位，呈自然弯曲，而非弯曲过小或者过大。

与之相比，如果骨盆的顶端转向前，两侧髂前上棘都会在耻骨联合的前面，即骨盆前倾（图2.8b）。骨盆向前增加了腰椎弯曲的程度（伸展或过度伸展）。

如果骨盆的顶端转向后，两侧髂前上棘都会在耻骨联合的后面，即骨盆后倾（图2.8c）。在骨盆后倾的时候，腰背部的弯曲会减小、变平，甚至转向相反方向。骨盆后倾的程度取决于脊柱的运动。

骨盆还可以在其他平面上运动。它可以向两侧倾斜。当右髂前上棘比左髂前上棘低时，称骨盆右侧倾。与之相反，当左髂前上棘比右髂前上棘低时，称骨盆左侧倾。面对镜子，很容易观察这些骨骼在运动中的变化。骨盆还可以扭转。当右髂前上棘在左髂前上棘之前时，称骨盆左旋。当左髂前上棘在右髂前上棘之前时，称骨盆右旋。

虽然这些动作传统上来讲都是站立姿势下完成的，但它们也被应用于普拉提中许多其他姿势，如仰卧、俯卧、坐、跪或者四肢撑地等。普拉提的起始姿势或者需要骨盆中立位的姿势，理想状态下，两侧髂前上棘应在一条线上，这样髂前上棘是水平方向的侧倾而不是扭转。

力量中心的骨盆肌肉

很多附着于骨盆的肌肉都附着于脊柱和胸廓。这些肌肉可以使骨盆单独运动或者和脊柱一起运动。所以，腹直肌和腹外斜肌的收缩都能使骨盆前倾的同时弯曲脊柱。而脊柱伸肌可使骨盆前倾的同时伸展脊柱。髂腰肌能使骨盆前倾的同时伸展腰椎。腰方肌能使骨盆侧倾的同时侧屈脊柱。普拉提的众多益处之一就是它糅合了很多种动作，这些多姿势的动作能锻炼很多核心肌肉。例如，卷腹抬起（第48页）就是通过腹肌的作用使脊柱弯曲；骨盆卷动（第46页）强调通过腹肌使骨盆后倾。

在很多实例中，骨盆肌肉的潜在作用是防止动作走形，确保核心稳定性。例如，当髂腰肌收缩，在百次呼吸（第70页）动作中支撑起腿部的重量时，腹肌的潜在作用是产生后倾，防止意外的前倾，确保骨盆稳定，保护腰背部。再如，在腰方肌使骨盆顶部和胸廓间保持一定的距离时，它在普拉提中的一个常用的重要作用就是保持骨盆水平。

还有很多附着于骨盆的肌肉，相比对于骨盆运动的作用，它们对髋关节运动的作用更为重要。臀大肌和盆底肌即属此类，但它们仍被列在力量中心。

臀大肌是非常重要且有力的肌肉，在跳、骑车、爬楼梯和上坡等运动中发挥重要作用。在这些运动中，臀大肌是臀部的伸肌（详见第3部分），但它也能使骨盆后倾，保持核心稳定性。因为随着年龄的增长，臀大肌会渐渐失去活力。所以最初的普拉提强调臀大肌的收紧，鼓励练习者夹紧臀部。随着年龄增长，人们很容易放弃有效的臀大肌锻炼。尽管很多人都承认锻炼臀大肌非常重要，但很多普拉提学校对此仍不够重视，他们倾向于做一些提升稳定性和平衡能力的每日性训练。这种训练方法中较为典型的就是在臀大肌间断的收缩中加一些核心力量，如腹肌的锻炼。

如图2.9所示，盆底肌由肛提肌和尾骨肌组成，其构成了盆腔漏斗形的结构。这个肌肉悬带（盆底肌像一个“吊网”，尿道、膀胱、阴道、子宫、直肠等脏器被这张“网”紧紧吊住）在尾骨和骨盆前面伸展，位于骨盆的两个侧壁之间。盆底肌为男性的直肠末端、前列腺和尿道，以及女性的直肠、阴道和尿道提供支撑。盆底肌的平衡能力和激活作用是保持核心稳定性的重要因素。膈和盆底肌同时收缩能保证腹腔脏器在腹盆腔内，同时腹横肌可以增强脊柱稳定性。研究表明，盆底肌和腹横肌有很紧密的联系。盆底肌收缩能促进腹横肌的收缩，反之亦然。盆底肌的力量还能防止尿失禁。在美国，1/4的女性盆底肌存在问题。男性在前列腺手术前进行盆底肌锻炼，有助于术后的排尿控制。

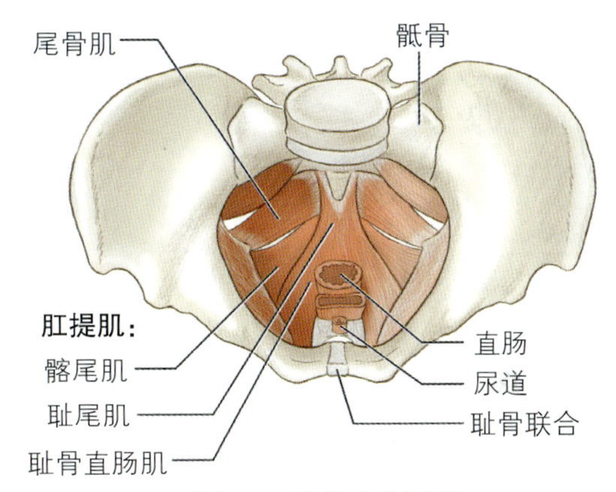

图2.9　骨盆底前面观

肛提肌由髂尾肌、耻尾肌、耻骨直肠肌和尾骨肌组成。

尽管约瑟夫·普拉提的方法中并没有特别强调盆底肌的运用，现在的一些普拉提学校开始将盆底肌锻炼纳入到他们的常规锻炼中来。在医学界，有一种被推荐用来锻炼盆底肌的方法：收缩盆底肌10秒，同时张嘴呼气；然后放松10秒；重复15次，每天做3组。而女性应该从收缩盆底肌开始，就好像防止放屁一样，然后再尝试收紧阴道附近的肌肉，最后考虑向上向腰背部方向收紧阴道，这有助于对盆底肌的特定刺激和活化。在普拉提练习中，不论男女都被鼓励规范地锻炼盆底肌，尤其是在刺激腹横肌之前或者完成其他练习的时候。目前，何为最佳的盆底肌活化锻炼方法依然存在着争议。

全身的基本调整

对于身体的绝大部分部位来说，各种姿势相似的名称和影响体位的肌肉都是可以合理推测出来的。本部分主要讲述一些在普拉提中堪称关键的特定体位。这些体位的完美姿势会经常涉及健康的关节运用，防止过度使用肌肉或者给关节过大的压力。能够造成体位问题的原因有很多，尽管已经探讨一些改进和提升的建议，但是确认推荐的方法是否都适合自身身体状况很重要，因为这有助于排除除了力量、灵活性、不平衡和刺激特定肌肉的方法不是最优之外的其他原因。

站立调整

理想的站立调整是头、躯干和骨盆一直到脚依次排成一条线，维持这个姿势所需要的肌肉活动很少。从身体的侧面观上可以注意到人的身体标志和铅垂线（把铅锤或其他重锤悬挂于细线上，使它自由下垂，沿下垂方向的直线叫作铅垂线）、垂直线（如镜子的垂直缝）之间的联系。

侧对着铅垂线或者垂直线，让线的末端正好落在脚踝的前面。在标准的站立调整中，下面的外部标志将沿着垂直线在其右侧（图2.10a）：

- 耳垂。
- 肩膀尖的中间。
- 胸廓的中间。
- 大转子（在腹外侧的突出）。
- 膝盖中间前面的区域。
- 脚踝前面的区域。

当些标志的位置都能完美地符合图2.10所示，就代表着下面根本的体位目标都达到了。

- 脚中立位，不要旋前或者旋后。
- 膝盖挺直但不过度直立，以免导致其后弯（膝盖过度伸展）。
- 骨盆中立位，不前倾，也不后倾。
- 脊柱保持正常的弯曲，不过大也不过小。
- 肩胛骨中立位和肩膀打开，不向前转。
- 头自然在肩上方，不前伸。

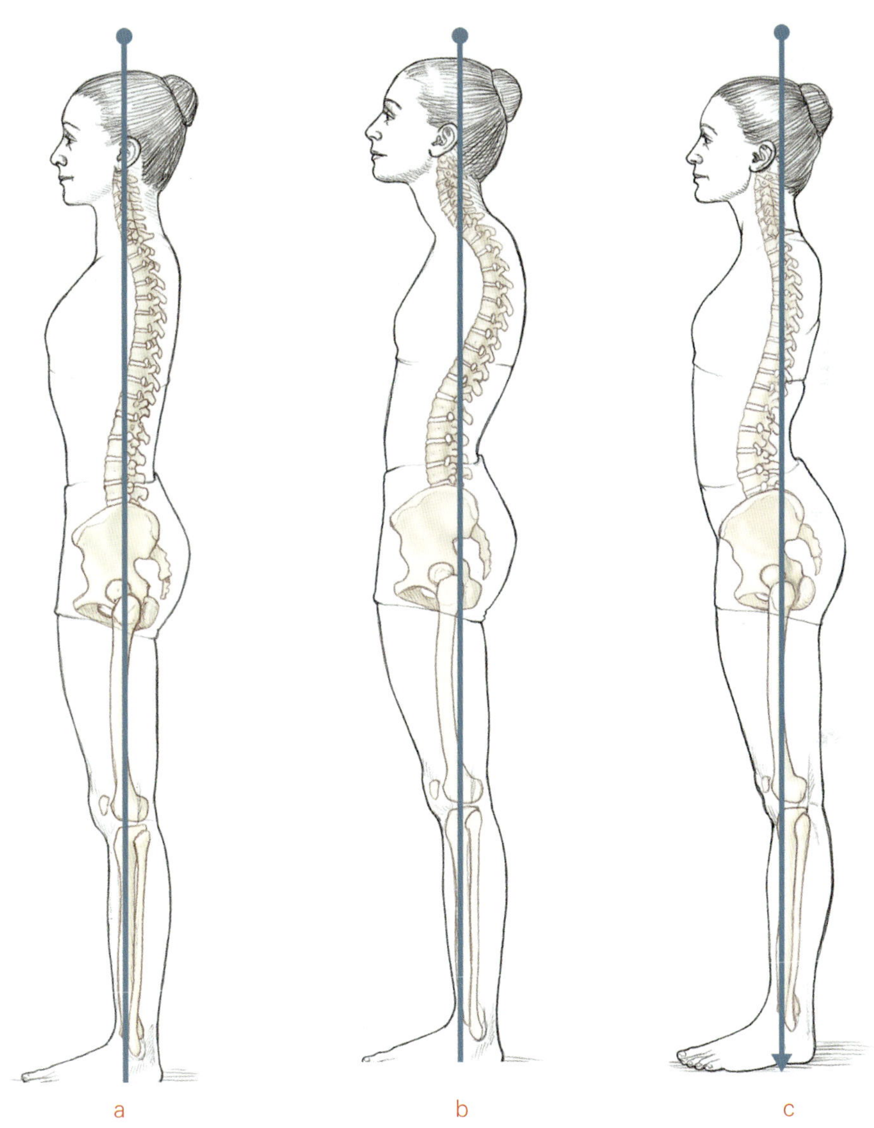

图2.10　理想的站立体位和常见的偏离（侧面观）

a.理想站立调整和铅垂线　b.头前倾和驼背　c.腰椎前凸

常见的脊柱调整偏离

调整问题中常见的一大类，就是脊柱特定区域的过度弯曲。颈椎弯曲（颈椎曲度）的加大经常和调整问题联系在一起，称为头前倾，表现为下巴凸向前，耳垂在铅垂线和肩膀的前面（图2.10b）。胸椎弯曲的增加称为驼背，是典型的和衰老有关的问题。力量的增长和上脊伸肌的使用会改善这种状况，至少在早期有效果。腰椎前凸是指腰背部的弯曲过大，通常伴随着骨盆前倾（图2.10c）。一般情况下，这种会增加腰背部发病风险的姿势问题，可以通过增强腹肌力量、增加腹肌使用和提升下脊伸肌、髂腰肌的灵活性来解决。

处理这些常见的脊柱调整偏离时，有一点很重要，那就是要明白我们的目标并不是过度矫正、消除脊柱的正常弯曲。这样的行为只会让腰椎，甚至有时候还有其他部位产生新的脊柱问题。

肩胛的动作和调整偏离

肩胛带由锁骨和肩胛骨组成。肩胛带不像骨盆带，通过骶髂关节和脊柱紧密连结；肩胛骨在胸廓上滑动，仅仅通过肌肉和脊柱相连。肩胛带和中轴骨唯一的骨性连结是胸锁关节。胸锁关节是锁骨和胸骨间的小关节。因为这些有限的连结，肩胛带的运动很大程度上依靠肌肉，所以肌肉的不平衡很容易导致体位问题。肩胛带的运动可简化为肩胛骨的运动（图2.11）。

上提肩胛包括朝向耳朵上提肩胛骨；肩胛下降是指肩胛骨向腰部下沉（图2.11a）。肩胛外展是指肩胛骨向远离脊柱方向运动；肩胛内收是指肩胛骨朝向脊柱运动（图2.11b）。肩胛上旋是指肩胛骨的上端向前扭转；肩胛下旋是指肩胛骨向后扭转（图2.11c）。

当手臂上抬时，肩胛骨应保持协调的姿势，使肱骨头位于肩关节的关节窝。这个动作最常见的调整问题之一就是向体侧或体前抬起手臂。手臂上抬很自然地伴随着肩胛骨向上扭转，但很多人加入了过度的肩胛骨上提。这个问题可以通过协调能下降肩胛骨的肌肉来解决，包括前锯肌和斜方肌下部肌束（图2.12）。

正如骨盆一样，在很多时候，肩胛部肌肉的功能总是和维持姿势或者防止不标准的肩胛动作有关，所以它们主要用于维持稳定性而不是做动作。例如，在卷肩这个姿势中，肩膀向前转，肩胛骨是孤立的。这种情况通常可以通过增强肩胛内收肌肉的力量和使用肩胛内收肌来解决，其中就包括斜方肌。稳定性在用手臂支撑身体的普拉提锻炼中是非常有用的。例如，当在垫子上通过手臂从坐姿使骨盆离开垫子（背撑式抬腿，第121页），重力趋向于使肩胛骨明显地提升。肩胛下降肌（包括前锯肌和斜方肌下部肌束）有力的收缩能使肩胛骨保持在中立位，防止肩膀遭受伤病，并且使得肩膀的肌肉都能发挥它们特定的功能。

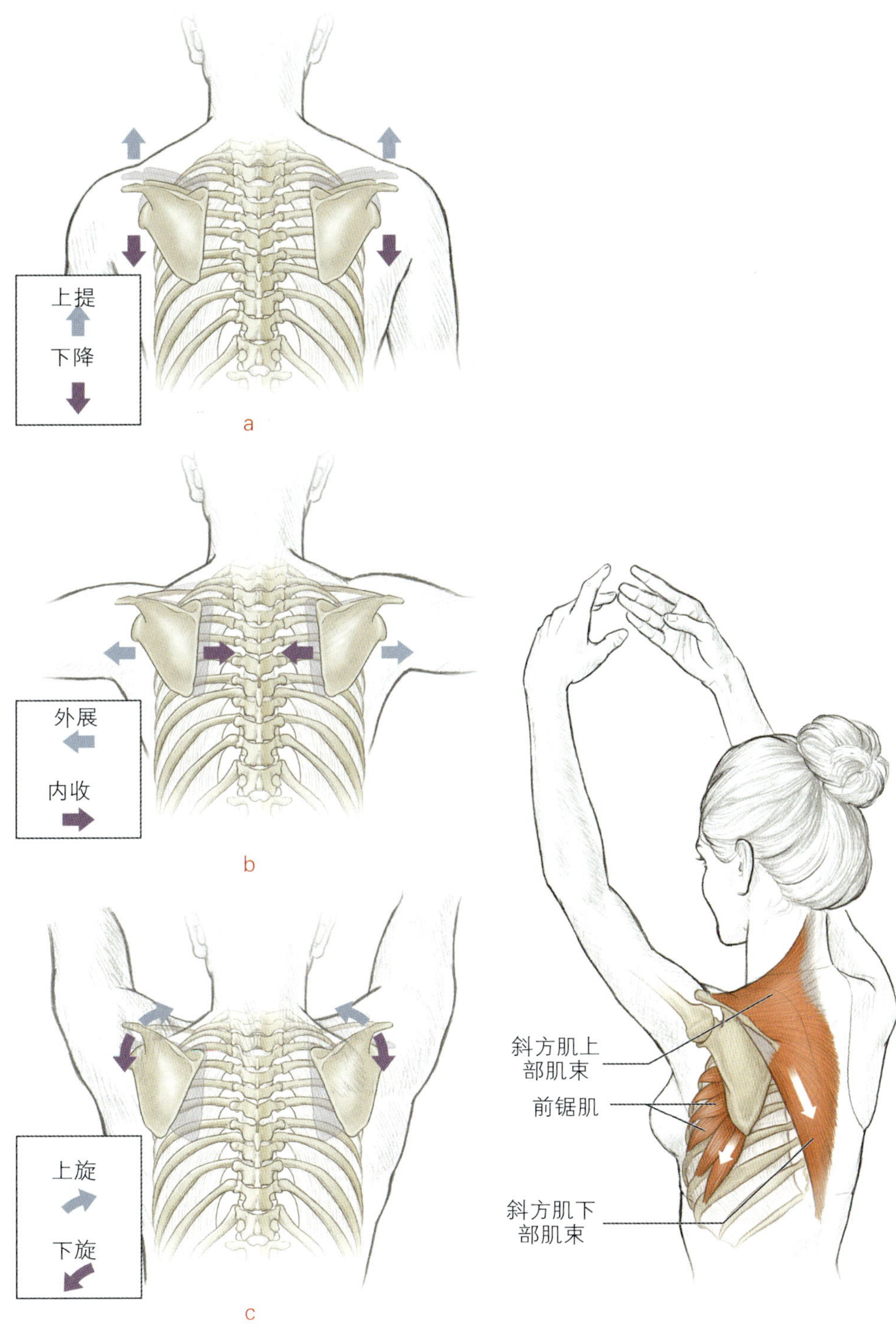

图2.11　肩胛骨的运动（躯干背面观）

a.上提和下降　b.外展和内收　c.上旋和下旋

图2.12　可以降低肩胛骨的肌肉

运用前锯肌和斜方肌下部肌束来防止手臂举过头顶时肩胛的过度提升。

在普拉提垫上锻炼中将身体调整与动作结合

本书中的很多普拉提练习都是用来增加肌肉力量的，这些肌肉一般都对身体调整和核心稳定性有着十分重要的作用。但是，只锻炼肌肉并不能取得理想的效果。学会正确的身体调整，保持核心稳定，磨炼出快速做出正确身体调整的技能，学会在本书的锻炼和生活的其他合适活动中运用各种身体调整也很重要。研究显示，如果通过合适的方式对特定的肌肉进行重复性的锻炼，经过一段时间身体就会自动运用这些方法。

普拉提中很多常见的提示都会要求在给定的练习中完成一些静止或者动态的身体调整练习。这些提示或者指导，提供了很多较为实用的方法，来实践第1部分和本部分中的许多原理。本书中一些练习的提示会在本节中讨论。其他的会在每部分介绍中提到，或者在第4部分到第9部分中随着特定的动作进行讲解。在最初的普拉提练习中，会反复强调许多要领。想创造在功能性运动中更加符合需求的训练方法的想法，导致当下各种各样的方法都或多或少以一种改进或者不那么严苛的形式糅合了一些提示。这种功能性的强调，促进了在适合的练习中加入骨盆或者脊柱的中立姿势附加提示的发展。

- **内收肚脐或者腹壁**。这些提示是来反驳常见的腹肌锻炼中胀腹的错误，鼓励腹部水平或者内凹。内收肚脐时，可以想象有一根绳子连在肚脐上，向着脊柱的方向牵拉肚脐。可以通过穿束腹带使腹壁内收，使腰围小一点。如果感觉很难控制这些肌肉，把一只手放在下腹，向外鼓腹壁，感受错误的姿势；然后再内收腹壁，此时手会随着内收的腹壁下凹。想象用手向脊柱按压小腹，就像在沙滩上按出一个洞一样。这条让腹壁收缩的提示已经被证实在恢复腹横肌和实现平坦完美小腹方面有很好的效果。

- **让脊柱贴着垫子**。仰卧的时候，用力内收腹壁，以使腰椎离垫子很近甚至贴上垫子。当然这和脊柱的生理性弯曲还有灵活性有关。在垫子上，脊柱收缩中的变化能被用来保持核心稳定性。例如，在百次呼吸（第70页）中，当双腿从垫子上抬起来的时候，如果腹肌稳定性不足就会引起骨盆前倾，腰背部弓起、离开垫子；这样就有可能使腰背部受伤。像这种情况，可以将腿抬高（越接近垂直，锻炼越容易），最好达到能使下脊柱贴近甚至贴上垫子，同时骨盆保持稳定。这个提示有意地减小了腰椎的弯曲程度，通常骨盆稍稍后倾有助于防止腰椎过度伸展。

- **拉动腹肌**。向上拉动腹肌（腹直肌、腹斜肌）的下部连结可使骨盆后倾。这条提示经常用来鼓励需要滚动的练习中的骨盆后倾和腰椎卷曲，如后滚（第89页）。这一提示也用来避免或限制骨盆前倾，尤其在四肢做动作或者后背弓起的时候，如双腿踢（第158页）。

- **保持胸廓向下向后**。保持躯干稳定时很容易犯收紧脊伸肌的错误，这样会使胸廓向前。在很多练习中，腹肌与胸廓间的上部连结能够将胸廓前部稍稍下拉，防止胸廓向前，使胸廓在正常的中立位。脊柱卷曲中，将胸廓向下向后拉有助于做到脊柱的最大卷曲，达到完整的C弯曲。

- **“C”形弯曲。**卷曲脊柱的常见错误是仅卷曲颈部和上胸椎，脊柱的其他部分仍旧保持平坦或者过度伸展。另一个频繁发生的问题是多数的卷曲都发生在胸椎，因为胸椎自然凹向前，这样做会使大部分人静态体位时就容易过度弯曲（驼背）。“C”形弯曲的目的之一是卷曲腰椎。因为腰椎自然向后凹而且经常绷紧，所以这里的卷曲是很有挑战性的。卷曲腰椎有助于在拉腹壁时分担前面乃至整个脊柱的弯曲，因此头、脊柱和骨盆可以形成一个凸向后的“C”形。

- **伸长颈部。**颈部的过度屈曲是一个常见的调整问题，以至于下巴在静态或动态时前突（头前倾姿势）。伸长或者拉伸脖子能避免这种情况。仰卧时，让下巴稍稍向下向后，同时头轻轻向前。这样头的后部与垫子接触的位置会移向颅底。颈伸肌参与这个动作。

- **下巴靠向胸前。**伸长脖子和下巴靠向胸前经常联系在一起。在最初的普拉提中，在包括脊柱弯曲这样的动作中，屈颈使下巴靠向胸骨的同时，后颈伸得过长。把头放低一点，靠近胸骨有助于更好地运用和锻炼腹肌，同时能在很多腹肌锻炼中降低对颈部肌肉的压力。但是，当前的很多方法都只是鼓励对这一练习适当运用。这样才能使头部与胸椎的弧（在下巴和胸骨之间，能放入小的拳头或者柠檬）协调。

- **每次动一块椎骨，或者保证每块椎骨连续运动。**一个非常常见的错误就是椎骨大区域大区域地运动，造成动作不稳或者脊柱平坦的问题。一块椎骨连着一块地连续运动旨在使每一块参与的椎骨都完成了动作。例如，在引体屈身（第66页）中，躯干离开垫子时，椎骨应该从顶端到底端依次离开；回躺时反之。

- **保持骨盆和腰椎中立位。**前面的大部分提示都在强调脊柱的屈曲，这些屈曲通常伴有骨盆后倾。但现在的一些训练法认为过于强调屈曲也是不可取的，这些方法提倡训练核心肌肉共同收缩，来保持脊柱自然弯曲，认为这样做有助于在每天众多不含脊柱屈曲的动作中，保持脊柱的稳定性。事实上，如果我们的目的是中立位，腹肌和脊伸肌的共同收缩很有必要的，这样能让腰椎保持自然弯曲、髂前上棘和耻骨联合保持中立位。在仰卧的时候，想象在收缩腹壁的同时使坐骨远离胸廓，腹肌和脊伸肌共同收缩控制骨盆后倾和腰椎变平。在一些训练中，通过臀屈肌和腹肌的收缩保持骨盆中立位。在普拉提中，一些训练还鼓励在涉及上脊柱屈曲的练习中保持骨盆中立位，如卷腹抬起（第48页）。这对于学会单独控制骨盆中立位及建立骨盆中立位意识都是非常有帮助的。不过，涉及腰椎显著弯曲的训练如引体屈身（第66页），自然而然地伴有骨盆后倾，如果这时候还要保持骨盆中立位可能会对腰背部带来额外的压力。

- **坐得高一点。**坐姿中常见的调整错误就是让整个脊柱塌下来，腰椎弯曲增大，骨盆后倾。坐姿时，可以想象把上背部和头耳后的部分向着天花板提起来，躯干的重量则由坐骨承受。自然地用上背部伸肌和腹肌使胸椎提升，不会使胸廓向前。另一个可取的方法和上一节讲的多少有些相似，就是想象轻轻牵拉腹肌下部反复向下向上来培养对腹横肌的运用，同时持续提升骨盆后部的中心，培养对多裂肌的运用。腹横肌和多裂肌共同收缩给下脊柱提供了有力的支撑，还能保持腰椎的正常弯曲。髂腰肌有保持腰椎正常的弯曲，同时防止上脊柱靠后的作用。骨盆向前屈（髋关节弯曲）的同时想象骨盆内部上提，有助于刺激髂腰肌。

- **保持平板背。**平板背指的是从侧面看躯干直立，一侧的肩膀、胸廓和骨盆成一条直线的姿势。平板背可以用于躯干在跪、手和脚撑地或坐姿等多种姿势中的描述。这个词并非不夸张，因为脊柱仍旧保持着自然弯曲，但是练习者要有种坐高的感觉。完成平板背姿势需要腹肌和脊伸肌熟练收缩。

- **让肩胛骨下降到中立位。**这一条提示是用来防止手臂动作时，肩膀上提的常见错误体位的。在抬起手臂做动作之前，想象你通过肩胛下降肌肉将肩胛骨向下拉。但是我们不要让肩胛骨下降过度，而是要随着肩胛上提建立肩胛的中立位姿势。这就需要提升肌肉的斜方肌上部肌束和下降肌肉的斜方肌下部肌束达到一种平衡（图2.12）。还要注意保持肩膀和耳朵之间的距离。这要通过减轻斜方肌上部肌束的收缩来防止在手臂上举时肩胛骨的过度提升。

- **伸展及延长手臂和腿部。**伸展四肢常用于完成想要的长线（long line）和很多普拉提动作。伸展时，四肢的关节在直线上，而非弯曲或过度伸展。当躯干保持直立、手臂上举、腿伸长时，如引体屈身（第66页）的起始动作，想象有人轻拉您的手指，同时还有人向反方拉您的脚趾，注意要保证有很强的核心稳定性。

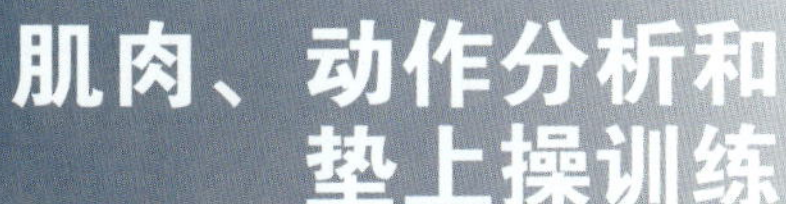

3 肌肉、动作分析和垫上操训练

了解肌肉在指定运动中的运动方式有助于把第1部分和第2部分所讨论的知识应用于普拉提。第2部分重点讲脊柱在普拉提中的运动，本部分将会加上上肢和下肢关节的运动和力量。本部分将描述肌肉如何产生单个的动作及参与复杂的全身运动，解释垫上操训练的原理。

关节及其动作

骨与骨之间借纤维结缔组织、软骨或骨相连，形成骨连结。骨连结即关节。骨连结的方法与连结的表面形状用于分类关节的不同类型。不同类型的关节，拥有不同的运动功能，每个关节可做出的运动都使用专业术语。

关节类型

有三种不同的关节类型：纤维关节、软骨关节和滑膜关节。相邻的骨只靠纤维连结的关节称为纤维关节，如颅缝。当相邻的骨是靠软骨连结时，这种关节被称为软骨关节，如椎骨之间的连结。相邻椎骨之间由椎间盘连结（图2.3，第12页）。滑膜关节两骨之间不是直接相连的，滑膜关节在两骨间有一个小腔隙。这个小腔隙被称为关节腔，腔内有滑液。滑液的浓稠度和蛋白相似，也是润滑关节不可缺少的成分。关节囊是纤维组织，它包围关节，封闭关节腔。构成滑膜关节的还有韧带，它是牢固的纤维组织。

滑膜关节对做大动作特别重要。按照关节的形状，滑膜关节可以被分为六种不同的类型。其中，有两种类型（球窝关节和屈戌关节）对四肢运动特别重要。构成球窝关节的两骨中，一骨的头呈球形，为关节头；另一骨的骨面凹陷形成关节窝。球窝关节是身体最灵活的关节，它们存在于四肢根部，如肩关节和髋关节都是球窝关节。屈戌关节是由一个线轴状骨面和一个凹陷骨面所组成。肘关节、踝关节和膝关节都是典型的屈戌关节。

人体解剖姿势与关节运动术语

描述关节运动的术语对于分析动作和产生动作的主要肌肉很重要。运动术语是以解剖姿势为基础定义的。

人体解剖姿势（图3.1）是指身体直立，面向前方，两眼平视正前方，两足并拢，足尖向前，双上肢下垂于躯干的两侧，掌心向前。这是运动中的起始位或零位。双臂垂放于两侧为0°，手臂抬至与肩膀同高时为屈曲90°。

关节有六种基本动作。这六种基本动作可分为三组：屈曲和伸展（图3.2a和b）、内收和外展（图3.2 c）、旋外和旋内（图3.2d）。每一组基本在相同的解剖平面，但方向相反（注：运动解剖学中，面指水平面、冠状面和矢状面）。

这些动作还不足以用之前所描述的基本关节运动术语来表示，所以有更多针对关节的特殊术语来表达。例如，第2部分对脊柱、盆骨和肩关节运动形式的描述。除基本运动形式外，还有两组关节运动的特殊形式：肩关节水平外展和内收，踝关节跖屈和背屈。

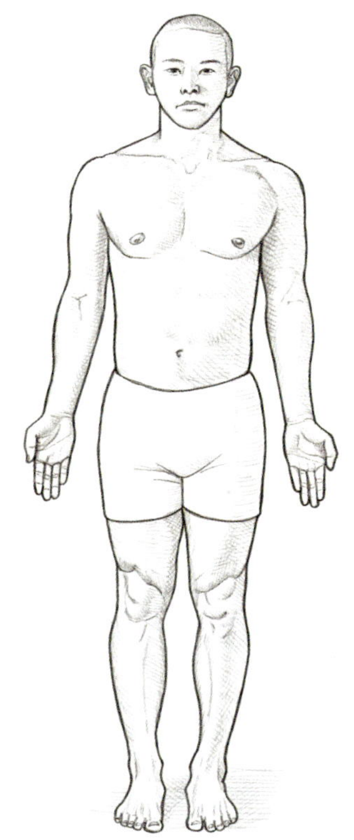

图3.1　解剖姿势

屈曲和伸展

屈曲是指弯曲关节，相关节的两骨之间的角度变小，如屈肘和屈膝。伸展是指伸直关节，相关节两骨间的角度变大，或由屈曲回到人体解剖姿势，如伸膝和伸肘。屈曲与伸展发生在人体解剖姿势相对的前方和后方，超出人体解剖姿势称作过伸。描述踝关节运动的术语有背屈和跖屈。背屈是指足尖上抬，足背向小腿前面靠拢；跖屈是指足尖下垂（图3.2）。

内收和外展

外展是指远离身体中线的活动，如抬手（展肩）、抬腿（展髋），内收是指外展的反方向动作， 或由外展回到人体解剖姿势。为了更好地记住这些要领，把外展想象成伸开翅膀的感觉，把内收想象成将刚刚伸开的翅膀收回去。因为脊柱位于身体中心，所以用左侧屈与右侧屈两个特殊术语来描述脊柱的类似动作（图2.4，第13页）。

旋外和旋内

关节沿垂直轴进行的运动称为扭转，旋外是指围绕骨中心轴向后外侧扭转，如将腿转离身体中心部（髋关节旋外）。旋内是指围绕骨中心轴向前内侧扭转，或由旋外回到人体解剖姿势（图3.2d）。因为脊柱位于身体中心，所以用左旋和右旋两个特殊术语来描述其动作（图2.4，第13页）。这是两种围绕垂直轴扭转的运动。

用于描述肩关节运动的术语肩关节外展和内收不包括在以人体解剖姿势为基础的分类中。进行这组动作时，手臂在肩膀的高度，平行地面移动。移离身体中心为水平外展；移近身体中心为水平内收。大腿与髋关节成一直线水平移动时，也可用水平外展和内收来描述。

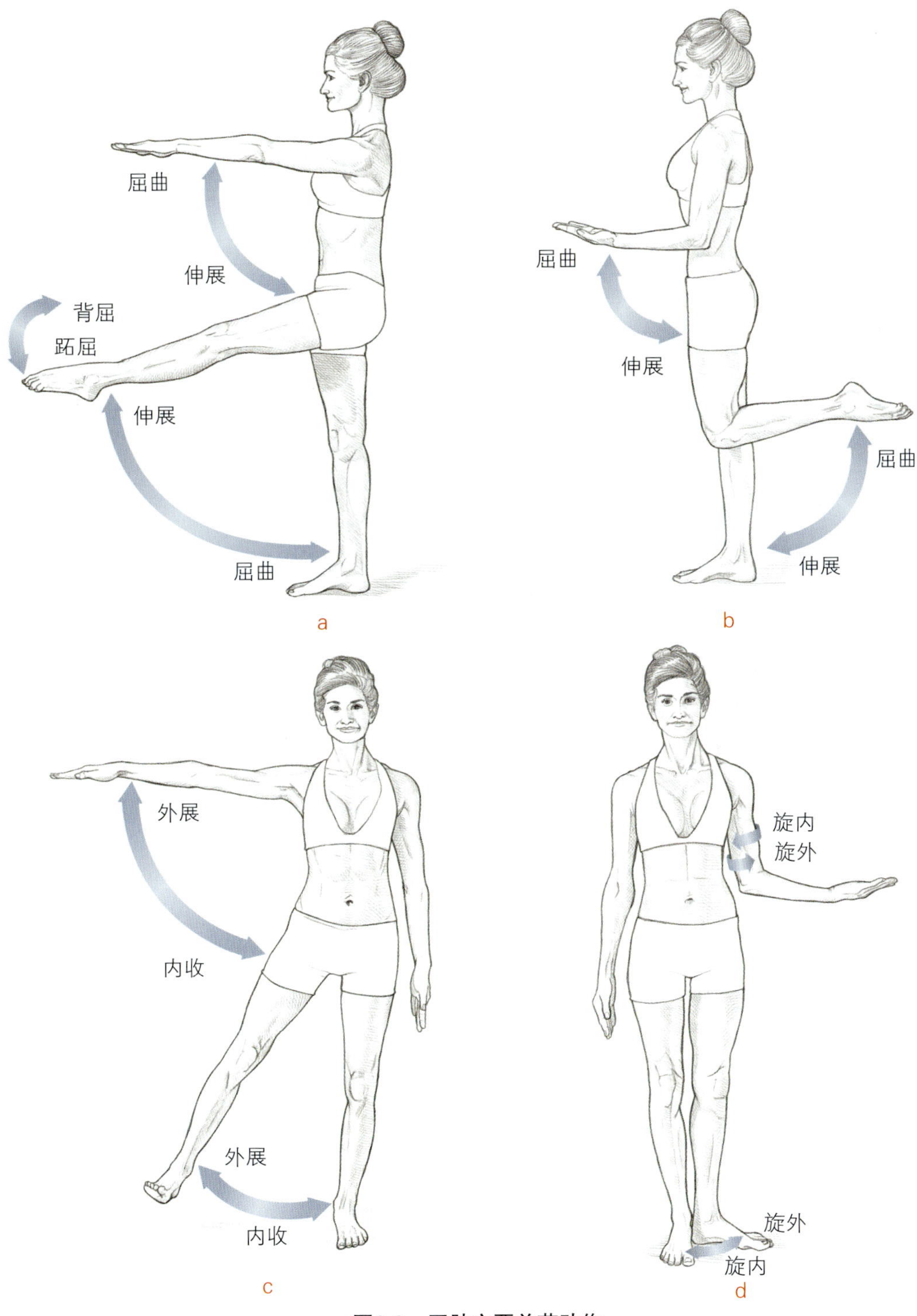

图3.2　四肢主要关节动作

a.肩关节和髋关节（伸展–屈曲），踝关节（背屈和跖屈）　b.肘关节和膝关节（屈曲–伸展）
c.肩关节和髋关节（外展–内收）　d.肘关节和踝关节（旋内–旋外）

肌肉及其动作

肌肉细胞是唯一能产生主动张力与收缩力的细胞。收缩力是指肌肉变短的能力。人体有三种肌肉组织：平滑肌、心肌和骨骼肌。对于普拉提练习者来讲，只需要了解骨骼肌。骨骼肌附着于骨，可随人的意志而收缩。骨骼肌由肌腹和肌腱组成，并借肌腱附着于骨。肌腱无收缩功能；肌腹有收缩功能，色红、柔软。

关节处肌肉的运动可以想象为肌肉从一骨的附着处被拉向另一骨的附着处。这种想象便于学习相同部位的肌肉所能做出的不同动作。例如，一般情况下，在髋关节、脊柱、肘关节和肩关节的大肌肉中，位于身体前部的肌肉产生屈的动作，位于身体后部的肌肉产生伸的动作；髋关节和肩关节身体侧面的肌肉产生外展的动作；髋关节朝向身体内侧和中线的肌肉产生内收的动作。位于同一部位的肌肉通常会承担一组动作。例如，阔筋膜张肌位于髋关节前侧部，能产生屈和伸的动作。膝关节弯曲与其他关节弯曲的方向相反，所以它周围的肌肉也呈现出与其他关节周围肌肉相反的关系。膝关节前方的肌肉产生伸膝的动作，后方的肌肉产生屈膝的动作。

以简明扼要为宗旨，在接下来的第4~9部分垫上运动中将重点介绍产生关节运动的主要肌肉。肌肉及其相应动作将列表讲述。表格还包括产生每个动作的主要肌肉和次要肌肉。主要肌肉是指对所产生动作特别重要或有效的肌肉。次要肌肉是指产生动作的力量小于主要肌肉或用于维持特定姿势的肌肉，如高速运动时或需要大量力量时维持关节姿势的肌肉。

脊柱周围肌肉

脊柱的主要关节和周围肌肉第2部分中已有介绍，表3.1是脊柱运动及参与运动的主动肌的总结。

表 3.1　脊椎的动作和主动肌

运动	主要主动肌	次要主动肌
脊柱屈曲	腹直肌 腹外斜肌 腹内斜肌	髂腰肌（在特定的环境下）
脊柱伸展	竖脊肌：棘肌、最长肌、髂肋肌	半棘肌 深层脊柱周围肌肉：横突间肌、棘间肌、多裂肌、回旋肌
脊柱侧屈	腹外斜肌（同侧） 腹内斜肌（同侧） 腰方肌（同侧） 竖脊肌（同侧）：棘肌、最长肌、髂肋肌	半棘肌（对侧） 深层脊柱周围肌肉（对侧）：回旋肌、多裂肌
脊柱扭转	腹外斜肌（对侧） 腹内斜肌（同侧） 竖脊肌（同侧）：最长肌、髂肋肌	半棘肌（对侧） 深层脊柱周围肌肉（对侧）：回旋肌，多裂肌

下肢的肌肉

下肢主要关节的运动及参与运动的主动肌见表3.2与图3.3。

因为髋关节是球窝关节，所以能产生旋内和旋外的动作。股直肌和深处的髂腰肌起于髋部的前面，是屈曲髋关节的主要肌肉。

大腿内侧肌群包括耻骨肌、长收肌、短收肌、大收肌和股薄肌。它们是髋关节收肌。除大收肌，其他肌肉都可辅助髋关节屈曲。大收肌位置深，因为其附着于坐骨结节，其下束纤维可辅助髋关节伸展。

缝匠肌位于大腿前面，经大腿前面斜向下内，止于胫骨上端的内侧面。从髋部外侧看去，缝匠肌像一条长的扁带子。缝匠肌有屈、外展和外旋髋关节的作用。阔筋膜张肌位于大腿上部前外侧，有屈、外展和内旋髋关节的作用。

表 3.2　下肢主要关节的运动及参与运动的主动肌

运动	主要主动肌	次要主动肌
髋关节屈曲	髂腰肌 股直肌	缝匠肌 阔筋膜张肌 耻骨肌 长收肌和短收肌（下部） 股薄肌
髋关节伸展	臀大肌 腘绳肌：半腱肌、半膜肌、股二头肌	大收肌（下束纤维）
髋关节外展	臀中肌 臀小肌	阔筋膜张肌 缝匠肌 髂腰肌（上部）
髋关节内收	长收肌 短收肌 大收肌 股薄肌	耻骨肌
髋关节外旋	臀大肌 深部外旋肌群：梨状肌、闭孔内肌、闭孔外肌、下孖肌，上孖肌，股方肌	缝匠肌 股二头肌
髋关节内旋	臀中肌（前束纤维） 臀小肌（前束纤维）	阔筋膜张肌 腘绳肌：半腱肌、半膜肌
膝关节屈曲	腘绳肌：半腱肌、半膜肌，股二头肌	腘肌 股薄肌 缝匠肌 腓肠肌
膝关节伸展	股四头肌：股直肌、股内侧肌、股中间肌、股外侧肌	阔筋膜张肌（上部）

续表

运动	主要主动肌	次要主动肌
踝关节背屈	胫骨前肌 趾长伸肌	踇长伸肌 第三腓骨肌
踝关节跖屈	腓肠肌 比目鱼肌	胫骨后肌 踇长屈肌 趾长屈肌 腓骨长肌 腓骨短肌

从后方观察臀部，可以很容易看到臀肌。位于臀部外周的臀中肌和臀小肌的主要功能是外展髋关节。臀肌的前部纤维还可以产生髋关节的旋内动作。位于臀部浅层的臀大肌，作用是使髋关节伸展和旋外。臀大肌下有六块旋外肌肉，它们分布在骨盆和股骨大转子之间。

腘绳肌（半腱肌、半膜肌和股二头肌）位于大腿后部，作用是伸髋关节和屈膝关节。当腿伸直时位于较前部的腘绳肌（股二头肌）还可以辅助髋关节的旋外。半腱肌和半膜肌可以辅助髋关节旋内。

膝关节被称为改进版的屈戌关节，能够屈曲和伸展。腘绳肌是重要的膝关节屈肌，股四头肌是重要的伸肌。股四头肌由股直肌、股内侧肌、股中间肌和股外侧肌组成。股直肌穿过髋关节，它不仅可以伸膝关节还可以屈髋关节。经过膝关节的髋关节或踝关节的主要肌肉，可以辅助膝关节的运动。位于腿后部深处的腘肌，有辅助屈曲膝关节的作用，并在走路和膝关节深屈时具有维持稳定性的作用。

踝关节是屈戌关节，运动形式有背屈和跖屈。位于小腿前的胫骨前肌和趾长伸肌是踝关节背屈的主要肌肉。穿过踝关节的踇长伸肌和第三腓骨肌有辅助踝关节背屈的作用。腓肠肌起自股骨内、外侧髁的后面，有内、外侧两个头，在小腿中部合成一个肌腹；比目鱼肌比腓肠肌位置深，肌腹平坦。这两块肌肉的主要作用是跖屈踝关节。跖屈踝关节的辅助肌肉包括沿踝关节外侧走行的腓骨长肌和腓骨短肌，以及横穿踝关节的胫骨后肌、踇长屈肌和趾长屈肌。

上肢的肌肉

上肢主要关节的运动与参与运动的主动肌见表3.3与图3.4。

肩关节是球窝关节，能完成屈曲和伸展、内收和外展、旋内和旋外的运动。参与肩关节运动的主要肌肉有胸大肌（覆盖胸廓前壁的大部）、三角肌（形成肩膀的圆润轮廓）、背阔肌（位于背部，是全身最大的扁肌，需要大圆肌辅助）。

身体前的三角肌前束和胸大肌上（锁骨）部共同参与屈曲肩关节、旋内和水平内收的运动；胸大肌下（胸骨）部具有旋内、水平内收，以及当手臂抬至前方时伸展肩

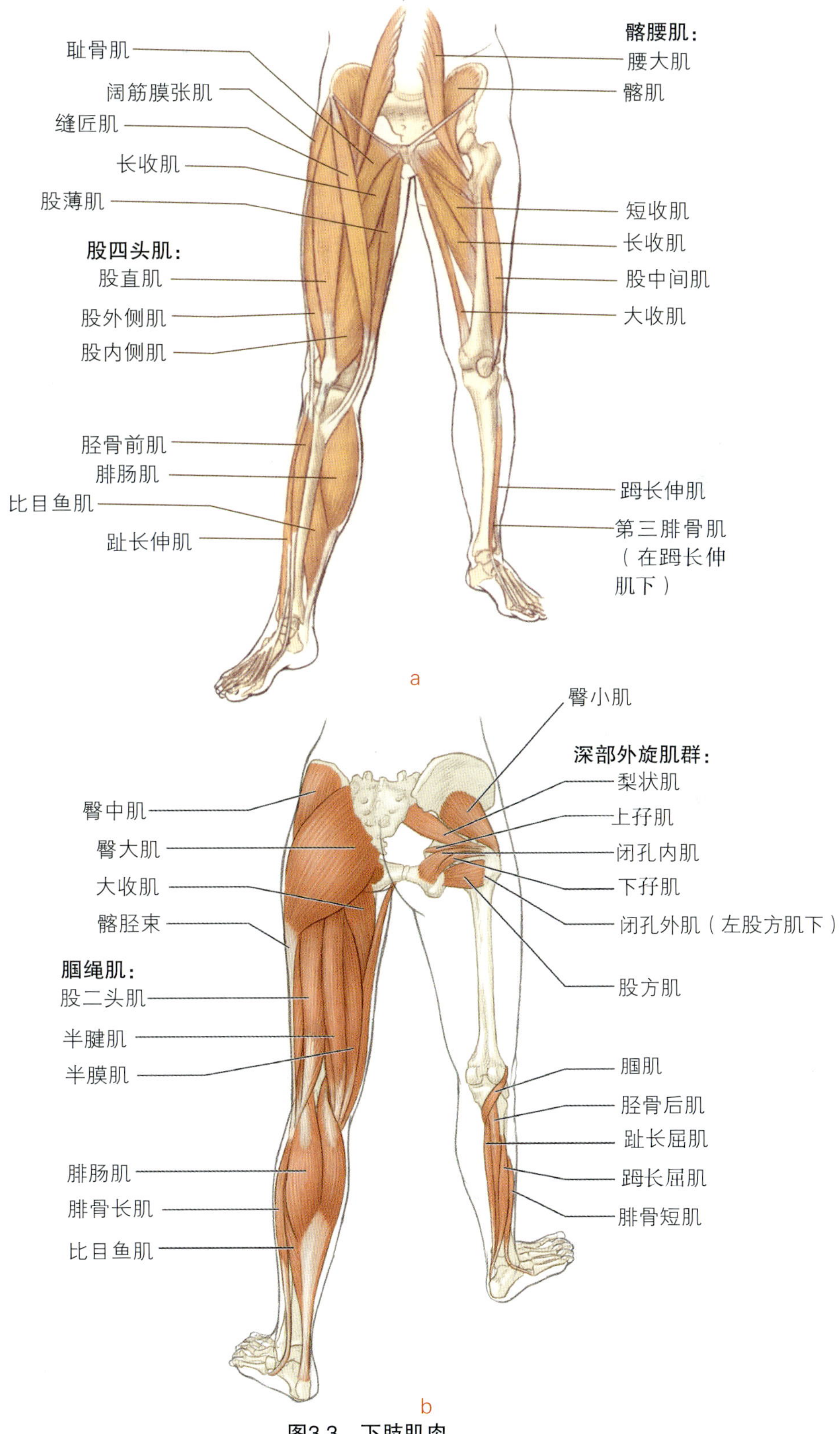

图3.3　下肢肌肉

a.前面观　b.后面观

关节的作用。外侧的三角肌中束是肩关节外展的主要肌肉，三角肌前束是辅助肌肉。

背部的三角肌后束、背阔肌和大圆肌都有伸展和水平外展肩关节的作用。三角肌后束还有使肩关节旋外的作用。背阔肌和大圆肌止于肱骨前面，还有使肩关节旋内的作用。

与髋关节不同，肩关节没有特有的内收肌群；其前部肌肉只有与后部肌肉的前部肌共同收缩才能产生内收的动作。胸大肌与背阔肌是常用的一组内收肩关节的强壮肌肉，其他肌肉组起辅助作用。

除了这些肌肉，肩袖和肩胛肌以不太明显的方式辅助肩关节的运动。肩袖由四块小肌肉组成，位于肩胛骨和肱骨上端之间，主要功能是维持肩关节的稳定。冈上肌是肩关节外展的主要肌肉，小圆肌和冈下肌有使肩关节旋外的作用，肩胛下肌有使肩关节旋内的作用。小圆肌和冈下肌也可产生水平外展的特殊动作。回旋套力量强壮对肩关节正确运动很重要，并可避免肩关节损伤。虽然传统普拉提垫上运动不强调单独加强这些肌肉的力量，但现在在用弹性带增加阻力的练习中有对这些肌肉的锻炼。例如，身体扭转（第144页）要求用手臂支撑身体，就能增强回旋套力量与稳定性。

肩胛肌位于身体背部，产生肩胛骨的动作，而不是肱骨。而肩胛骨的动作（图2.11，第23页）与肩关节的动作自然联系，并能优化肩关节的动作。斜方肌和菱形肌可使肩胛骨向脊柱靠拢，使肩胛骨内收。前锯肌和胸小肌在身体前面，产生与肩胛骨内收相反的动作。肩胛提肌位于颈部两侧。肩胛提肌、菱形肌和斜方肌上部肌束的作用是上提肩胛骨。斜方肌下部肌束、前锯肌下部肌束和胸小肌有下降肩胛骨的作用。肌肉在肩胛骨的附着处决定其产生扭转的类型。前锯肌和斜方肌产生上旋；其他肌肉，特别是菱形肌，产生下旋。

肘关节为屈戌关节，可以屈曲和伸展。肱二头肌和肱肌（位于肱二头肌深层）位于上臂的前面，是屈肘关节的主要肌肉。肱桡肌和旋前圆肌横穿肘关节前方，主要产生前臂的动作，也可以辅助屈肘。肱三头肌位于上臂后方，是伸肘关节最有力的肌肉。肘肌位于肘关节后方，辅助伸肘关节。肱二头肌和肱三头肌的部分肌束穿过肩关节，因此可以辅助肩关节运动。

参与全身运动的肌肉

功能性运动，如走路、跑步或复杂的垫上运动，不是靠一块肌肉独自完成的，而是需要许多肌肉共同完成。学习肌肉收缩类型、在不同运动中的作用可以帮助更好地理解全身运动。

肌肉收缩类型

通常情况下，可以通过肌肉变短判断肌肉收缩，但不是所有的肌肉收缩都可以通过肉眼观察。肌肉细胞都拥有张力，根据收缩肌肉的力量与对抗力量的比例，肌肉可收缩、舒张或保持原样。肌肉收缩分为动态收缩和静态收缩。

表 3.3　上肢主要关节运动及参与运动的主动肌

运动	主要主动肌	次要主动肌
肩关节屈曲	三角肌前束 胸大肌（锁骨端）	喙肱肌 肱二头肌
肩关节伸展	背阔肌 大圆肌 胸大肌（胸骨端）	三角肌后束 肱三头肌（长头）
肩关节外展	三角肌中束 冈上肌	三角肌前束 胸大肌 肱二头肌（当肩关节旋外时）
肩关节内收	胸大肌与背阔肌	三角肌后束 三角肌前束 大圆肌 喙肱肌 肱二头肌（短头） 肱三头肌（长头）
肩关节旋外	冈下肌 小圆肌	三角肌后束
肩关节旋内	肩胛下肌 大圆肌	三角肌前束 胸大肌 背阔肌
肩关节水平外展	冈下肌 小圆肌 三角肌后束	三角肌中束（后段纤维） 大圆肌 背阔肌
肩关节水平内收	胸大肌 三角肌前束 喙肱肌	肱二头肌（短头） （当肘关节伸展时）
肩胛上提	斜方肌上部肌束 肩胛提肌 菱形肌	
肩胛下降	斜方肌下部肌束 前锯肌下部肌束	胸小肌
肩胛外展	前锯肌	胸小肌
肩胛内收	斜方肌 菱形肌	肩胛提肌
肩胛上旋	前锯肌 斜方肌	
肩胛下旋	菱形肌	肩胛提肌 胸小肌
肘关节屈曲	肱二头肌 肱肌	肱桡肌 旋前圆肌
肘关节伸展	肱三头肌	肘肌

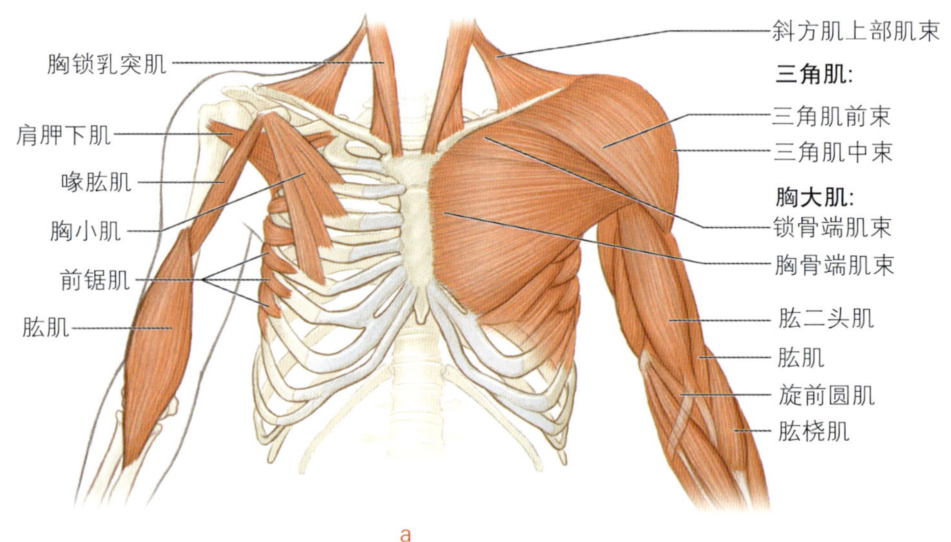

a

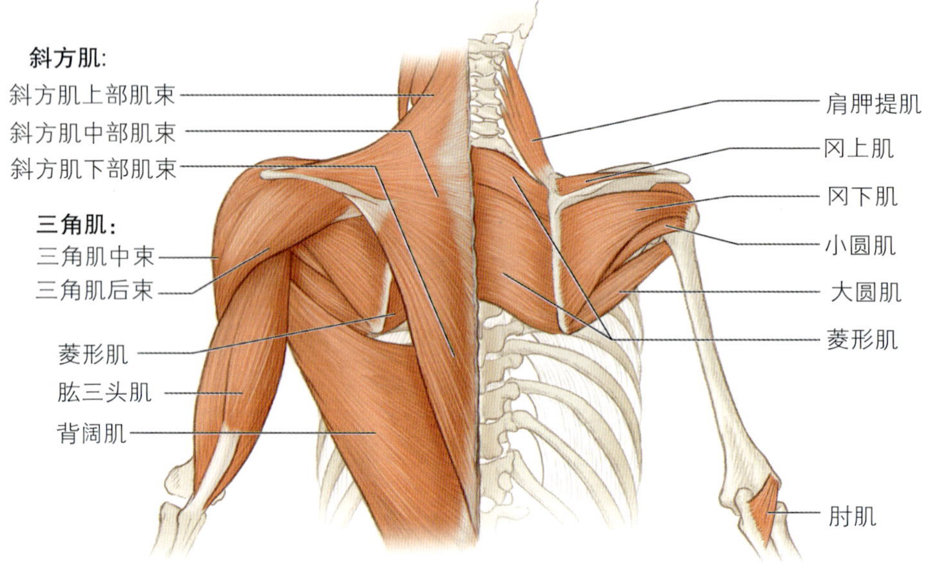

b

图3.4 上肢肌肉

a.前面观 b.后面观

动态收缩

动态收缩曾称等张收缩，发生于明显的关节活动及肌肉长度改变时。动态收缩可以是向心性收缩，也可以是离心性收缩。向心性收缩包括关节运动时肌肉缩短，关节运动方向与主要肌肉收缩方向一致。当重力为阻力时，关节运动方向与重力方向相反，产生向心性收缩。这种情况通常发生于上抬的动作。例如，卷腹抬起（第48页）的练习中，腹肌向心性收缩，屈曲脊柱，上提躯干使其离开垫子。

离心性收缩时肌肉变长，如肌肉在骨附着处的距离变长，关节运动与主要肌肉运动方向相反。当重力为阻力时，关节运动方向与重力的方向相同。这种情况通常发生于下降的动作。例如，卷腹抬起的练习中，腹肌离心性收缩来控制躯干下降接近垫子的动作。

以上内容对分析动作和优化普拉提垫上运动很重要。人们可能会认为，在卷腹抬起中，躯干下降的过程中脊柱伸肌使脊柱伸展。然而，如果伸肌运动的话，头和躯干会撞到垫子上。与上抬躯干的肌肉相同，脊柱屈肌或腹肌离心性收缩平稳下降躯干使其回到垫子上。离心性收缩也常发生在快速运动改变方向前的身体减速过程。

静态收缩

静态收缩也称等长收缩，人们肉眼观察不到肌肉长度的变化和关节运动，肌肉收缩的作用是与阻力抗衡，保持身体静止。普拉提中经常会用到静态收缩，以防止身体出现不需要的动作或帮助身体做出想要的姿势。例如，在伏地挺身（第127页）的练习中，膝关节、髋关节和脊柱的肌肉都有静态收缩，以使肩关节、骨盆和膝关节保持在直线水平。

肌肉的作用

肌肉有许多的潜在的作用。在不同的运动中，肌肉的作用不同。

原动力或主动肌。主动肌可以分为主要主动肌和辅助主动肌。主要主动肌是运动中发挥主要作用的肌肉。辅助主动肌是运动中起辅助作用的肌肉。

运动中与主动肌作用相反的是拮抗肌。在很多运动中，拮抗肌不运动，反而是在休息。在某些类型的动作中，缺乏拮抗肌的对抗表示更高技巧和能更高效地运动。一些普拉提垫上运动归于此类，其目的是使主动肌在更佳的时间用适当的力量，使拮抗肌无须停止或帮忙控制动作。然而身体要保持稳定时（身体减速或要求极度准确时），拮抗肌往往与主动肌共同工作，称为协同收缩。协同收缩是常常运用于普拉提垫上运动，如第2部分所描述的腹肌和脊柱伸肌的收缩。

协同肌能中和主要运动肌肉的负作用。第2部分有这样一个例子，上提肩胛时，斜方肌下部肌束作为协同肌中和斜方肌上部肌束过度上提肩胛的作用（图2.12，第23页）。

稳定肌是通过等长收缩来对抗动作的力量，以支撑或稳定身体。第2部分讲述的腹肌收缩保持核心稳定性是重要的普拉提垫上训练动作。

力偶

不同位置、一起作用产生同一个动作的肌肉，称为力偶。一个很重要的普拉提垫上运动力偶是腹肌—腘绳肌力偶（图 3.5）。腹肌与骨盆相连，腹肌收缩可以使骨盆后倾。腘绳肌与骨盆的后下方相连，也可使骨盆后倾。虽然腹肌和腘绳肌在骨盆的不同位置，但是可以共同作用产生一个动作。在像骨盆卷动（第46页）这样的练习中，腹肌–腘绳肌力偶是用来做出骨盆后倾这个动作的。但是在很多普拉提垫上训练中，腹肌–腘绳肌力偶的作用是避免盆骨过度前倾（图3.5a）和保持盆骨中立位（图3.5b）。

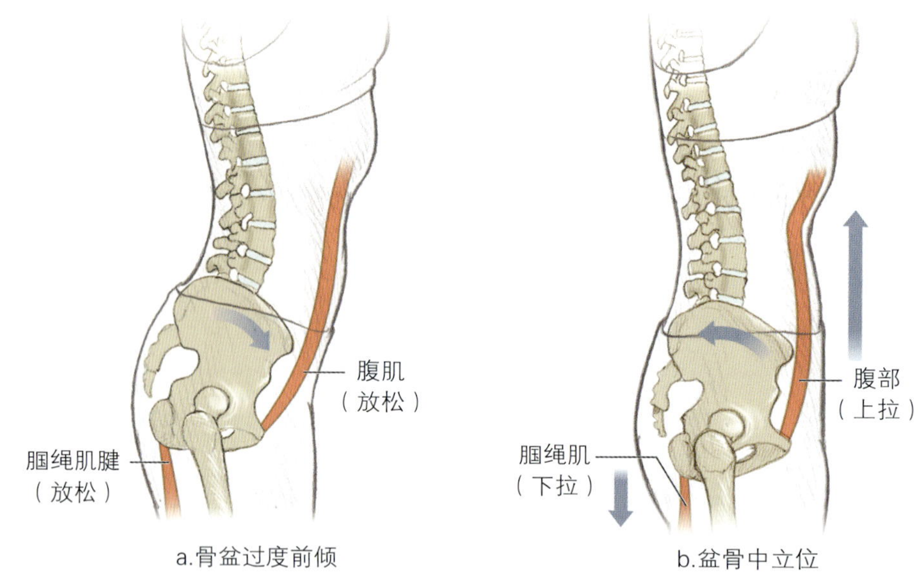

图3.5　腹肌–腘绳肌力偶

a.腹肌和腘绳肌放松，力偶是无效的

b.力偶扭转骨盆回到中立的位置

垫上运动的分析

最常用的分析方法是通过观察关节的运动推测参与运动的肌肉。对于普拉提垫上运动，重力是主要的外部阻力。为了推测参与运动的肌肉，必须观察普拉提训练中关节在不同阶段的运动，以及关节运动和重力的关系。如果关节运动与重力方向相反，参与运动的肌肉是向心性收缩。如果关节动作重力方向相同，参与运动的肌肉是离心性收缩。

以俯卧背部伸展（第60页）为例。通过观察可以发现，脊柱是主要运动的部位。在躯干上提阶段，脊椎伸展。因为这一阶段的脊柱运动方向与重力相反，所以参与运动的脊柱伸肌向心性收缩。在躯干下降阶段，脊柱屈曲。因为这一阶段的脊柱运动方向与重力相同，所以参与运动的脊柱伸肌离心性收缩。脊柱伸肌有竖脊肌、半棘肌、深层脊柱周围肌肉。像俯卧背部伸展这样简单上提和下降脊柱的运动中，在上提时向心性收缩以伸展脊柱的肌肉，下降时也会离心性收缩屈曲脊柱（图3.6）。

除了分析主动肌，更全面的动作分析还包括稳定肌或协同肌。当拮抗肌对稳定、减速或运动的精确度有很重要的作用时，也应被包括在内。有些运动会运用大量主动肌、拮抗肌进行动态牵张，以提高身体的柔韧性。另外，肌肉比较紧的人，拮抗肌可能会约束动作的后段，限制动作的完成。

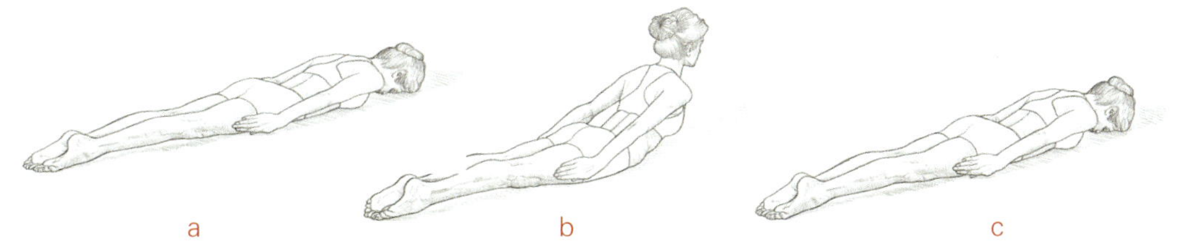

运动阶段	关节运动	收缩类型	主动肌
上抬阶段（a到b）	脊椎伸展	向心性收缩	脊椎伸肌（竖脊肌，半棘肌，深层脊柱周围肌肉）
下落阶段（b到c）	脊椎屈曲	离心性收缩	脊椎伸肌（竖脊肌，半棘肌，深层脊柱周围肌肉）

图3.6　俯卧背部伸展解剖分析

以下原则可帮助分析垫上运动。第一条原则强调找出运动的主动肌。最后两条原则提供了因主要肌肉强度与灵敏度的不够而无法做出正确动作的例子，以及修正的方法。

- **肌群与具体肌肉**。动作分析首先要考虑是哪组肌肉参加了运动（如脊柱屈肌、髋关节屈肌），然后考虑参加运动的肌群包括哪些肌肉（表3.1~3.3）。这样做比较容易分辨参加运动的肌肉。
- **不同位置的运动术语**。虽然运动术语是基于解剖姿势的，但在身体空间位置发生改变时，运动术语不变。所以无论练习者是站、坐或躺，向前上抬手臂都叫屈曲肩关节。
- **运动的方向和位置**。通过眼睛观察分析运动的参与肌肉时，不应关注关节的位置，而应关注关节的运动形式。例如，在引体屈身（第66页）第二阶段，把手臂从头上朝着天花板移动，相对于胸部，上肢是向后方移动，这时的运动形式是肩关节伸展。
- **开链运动和闭链运动**。运动链是指一系列的关节运动。大部分发生在四肢的运动，末端（手或足）可以自由地在空间移动，如向前上抬手臂，这就是开链运动。与之相反，四肢末端的动作固定，如俯卧撑，被称为闭链运动。虽然运动形式不同，但在分析运动时，都应分析四肢（这里是上肢）相对于躯干的运动方式。这两个例子中，肩关节屈肌都是主要的主动肌。很多训练方式都有闭链运动，因为其需要多关节协调运动，对提高日常活动有价值。

• **改变重力的影响**。一些垫上运动很复杂。改变与重力的关系不仅需要改变肌肉功能，还需要控制动作的肌肉收缩。例如，在弓身挺腰式（第99页）的练习中，髋关节屈肌向心性收缩抬腿（图3.7a）。然而，当腿与躯干垂直时，重力将使髋关节屈曲而非伸展，所以髋关节屈肌需要维持腿的稳定性，使其不会掉向垫子。髋关节伸肌等长收缩可以保持髋关节的角度（图3.7b）。当腿达到过头的位置时，髋关节伸肌离心性收缩控制腿向垫子下降（图3.7c）。最后，当骨盆回到垫子上，腿再次与躯干垂直时，重力将使髋关节伸展，髋关节屈肌离心性收缩控制腿下降至垫子的速度（图3.7d）。根据动作的观察分析，知晓重力在动作的不同阶段对身体局部的作用，了解哪些肌肉参与运动很有必要。

图3.7 肌肉收缩与重力的关系

a.髋关节屈肌向心性收缩抬腿与躯干垂直 b.髋关节伸肌等长收缩保持髋关节的角度，同时脊柱屈曲和肩关节伸展 c.髋关节伸肌离心性收缩控制腿向垫子下降 d.髋关节屈肌离心性收缩控制腿下降至垫子的速度

• **转矩**：当肌肉收缩时，大多数滑膜关节会产生扭转、屈曲、外展、旋外、背屈等扭转运动。产生扭转运动的有效力称为转矩。转矩是扭转运动的力量的总和，是从力线到扭转轴的垂直距离。在普拉提垫上运动中，转矩对训练效果和训练安全性都很重要。本质上，双上肢的重量相同，双下肢的重量也相同。 但是动作不同（移近或移离躯干），转矩和需要的肌力则显著不同。因此，卷腹抬起（第48页）时，双手抱头后比双手放在身体两侧对腹肌更有挑战性。

转矩对下肢的训练更重要，因为下肢比上肢的重量重。例如，百次呼吸（第70页），双腿离垂直轴越远（图 3.8），产生的力量和转矩越大，需要越多的髋关节屈肌收缩力来抗衡转矩。如果腹肌力量不够的话，髋关节屈肌，特别是髂腰肌会过度收缩，导致前倾骨盆和腰椎过伸，有损伤腰背部的可能。因此，当进行任何使腿部远离垫子的运动时，选择能保持骨盆和腰椎稳定的腿的高度，既能保护自己远离伤害又能从运动中获益。

图3.8 从腿接近垂直轴（a）到腿远离垂直轴（b），转矩增加了

• **多关节肌肉及其柔韧性**。像腘绳肌这样的肌肉，当它们拉伸两个或更多的关节时，很容易到达伸展性的极限。腘绳肌有伸髋和屈膝的作用，肌肉细长，很多垫上运动都会用到腘绳肌，如坐姿（脊椎伸展，第87页），将腿抬至头上（弓身挺腰式，第99页），或腿抬离垫子，身体保持V形（分腿滚动，第96页）。腘绳肌柔韧性不足的人通常可用其他方式代偿，如可稍微屈曲膝关节，或在分腿滚动时把抓脚踝上方改为抓小腿肚，这样身体的姿势不会过度变形，而且也能收到预期的效果。

了解垫上运动的描述

具体的普拉提垫上运动在第4~9部分由以下方式进行描述。

• **动作名称**。本书尽可能使用由约瑟夫·普拉提在《让控制术带您重返生活》中使用的动作名称。有些动作名称会给出目前培训机构较为广泛引用的名称。《让控制术带您重返生活》中没有提到的动作名称，在“索引”中以“*”号标注。

• **运动等级**。根据运动的复杂性和难度，分为基础、中级和高级三种。然而个体的差异会大大影响同一运动的难度。因此，根据自己的身体和运动情况，来判断运动的等级十分重要。

• **动作要领**。在“动作要领”这一模块，描述每个运动的基础步骤及呼吸模式。这一部分使用简单的位置术语和关节运动术语，即使解剖知识相对薄弱的读者也不难理解。动作步骤配有插图，方便读者理解。大部分插图中练习者的姿势和动作与《让控制术带您重返生活》相似，有少数根据现在对安全性和身体姿势的科学理解做了调整。例如，《让控制术带您重返生活》中百次呼吸（第70页）的起始位置是双腿与垫子垂直，而本书的起始位置为双腿与垫子成60° 角。这样做的好处是减少双腿产生的转矩，从而有助于减少腰背部的潜在压力。

• **目标肌肉和辅助肌肉**。目标肌肉即前文所讲的主要肌肉。通常情况下，介绍普拉提的书籍只分析从起始姿势开始运动的肌肉（目标肌肉），而忽略那些维持姿势的肌肉。本书不仅分析目标肌肉，还分析稳定肌和协同肌。

为了便于理解，本书重点讲述脊柱、髋关节、膝关节、踝关节和肘关节的肌肉。对于肩关节，本书重点讲述其屈曲、伸展、外展和内收。虽然肩关节在上肢运动时会有轻微的旋外或旋内，但本书不作为重点讲述。在上肢运动中，肩关节运动自然伴有肩胛骨的运动，肩胛骨的运动对保持肱骨头处于关节窝内和维持最佳的技术很重要。本书仅在肩胛骨可维持直线姿势的运动中对其进行介绍。

因为约瑟夫·普拉提没有在其著作中强调盆底肌的训练，所以本书只在骨盆卷动（第46页）中对盆底肌进行介绍，让读者自己选择是否要专注于盆底肌的训练。深层核心稳定肌肉（包括腹横肌和多裂肌）在垫上运动中的作用也没有在本书中重点介绍。

如前所述，参与运动的肌肉分为目标肌肉和辅助肌肉。在插图中，目标肌肉以暗红色表示，辅助肌肉以橙黄色表示。

在每个练习的介绍中，先介绍目标肌肉，这样便于读者关注这些特别重要的肌肉。通常情况下，“目标肌肉”中发挥主要和次要作用的肌肉都会列出，而“辅助肌肉”只列出发挥主要作用的肌肉。“目标肌肉”中，发挥主要作用肌肉的组成在括号内列出，而发挥次要作用肌肉的组成则不再列出。例如，如果脊柱伸肌是目标肌肉，竖脊肌的组成肌肉——棘肌、最长肌和髂肋肌会在括号内列出，而半棘肌、深层脊柱周围肌肉的组成肌肉则不再列出。这种方法既提供了普拉提垫上运动参与肌肉的细节，又避免叙述过于烦琐冗长。

普拉提运动的关键肌肉是表3.1、3.2和3.3中的主要主动肌和次要主动肌。但是，在有些普拉提运动中，可能会出现主要主动肌发挥次要作用，而次要主动肌发挥主要作用的情况。在这种情况下，普拉提动作中列出的肌肉可能与上述表格中提供的略有不同。

此外，普拉提垫上运动中的最重要肌肉选择比其他训练方式（如重量训练）更主观和复杂。重量训练中，举起重物的肌肉即是目标肌肉。普拉提垫上运动除重力外没有其他外在阻力，肌肉锻炼的程度依赖于练习者的健康水平，因此肌肉锻炼的效果备受争议。正如第2部分所描述的，普拉提中许多运动强调动作的细节与核心稳定性，随着四肢的运动，对核心稳定性的增强要大于肌力的增加。尽管困难，也要在既定训练里锻炼相关肌肉，锻炼过程中尽可能达到肌肉力量和耐力的训练标准。最常被锻炼到的肌肉是脊柱屈肌（腹肌）。

需要大范围运动的练习中，像腘绳肌腱或髋关节屈肌这样的肌肉或肌群可能承受动态牵张，有提高灵活性的潜在好处。潜在益处在“补充说明”中讲述。

- **技巧要点**。这一部分内容有助于读者以最佳的方法进行锻炼。这部分会用到更多的解剖专业术语精确描述关节运动和相关肌肉。这些内容是为了培养练习者的提高意识和便于练习者更好地控制肌肉。“技巧要点”还包括每个动作的动态内容。这些内容通常是以想象结尾，想象有助于读者体会文字或科学描述较少的动作。“技巧要点”有助于应用第1部分和第2部分讲述的原则。

- **补充说明**。这部分包括潜在益处和重要的运动概念。有些情况下，也会讲述相似动作的不同点。在高危动作中会有警示的内容。

- **可选动作**。有些练习者力量、柔韧度和协调性不够，这一部分提供的动作可以弥补这些缺陷。例如，如果力量不够，可以抬高双腿使其离垂直线近一些，也可以把手臂靠近躯干，这样四肢的转矩会变小。如果腘绳肌腱的柔韧度不够，可以屈曲膝关节。如果协调性不好，可以先专注练习类似的简单动作，也可以把动作分为几个阶段，分开练习。这些改良练习有助于成功掌握普拉提的基础原则和避免运动损伤。

- **变式**。为了尊重约瑟夫·普拉提的原著，从第4部分开始的大多数运动都是按《让控制术带您重返生活》中所描述的进行讲述。可是，因为如今很多普拉提动作都有了变化，具体的变化会在这一部分讲述。变化包括呼吸节奏、身体姿势、动态或重复的次数。

身体意识和安全

普拉提的重点在于如何做出准确的动作，而不是急于执行最难的动作。应重点学习动作技能，建立身体协调意识；不要只注重动作的外形或突然停止动作，以避免运动损伤。

有些情况下，用优化技术完成一个普拉提运动或等到力量、柔韧度和协调性都提高并不适合您身体。为了使读者了解以往的观点和最原始的普拉提系统，这本书包括《让控制术带您重返生活》中的所有垫上运动。有些运动专家和医学专家认为其中有的动作不适用于大众或风险性较高。例如：需要把抬高双腿的动作，如“V”形悬体（第83页）；脊柱过伸展的动作，如弓形摇摆（第163页）和天鹅潜水（第166页）；把全身的力量放在脖子上的动作，如倒置平衡（第106页）和折叠刀（第108页）。后者，对于骨质疏松的人有椎体骨折的风险。虽然这通常发生在年长的女性中，但有些年轻女性也会出现椎体骨折。此外，基因、运动史、饮食失调或医疗条件都是可能让年轻、看似健康的人有受伤的因素。

因此，开始练习普拉提前应和医生讨论有什么运动您应该避开的，特别是上述几种运动。除此之外，还要观察自己的身体。如果感到关节不舒服，应停止锻炼。如果是轻微的不舒服，检查一下自己的姿势，做出正确的修正，减小动作的范围或利用适合的改良方式。如果身体还是感到不适或更严重了，应立刻停止运动并咨询医生这个动作是否适合您，了解怎样调整会让这个动作更适合您。如果您不确定某个动作是否适合自己，不要强行锻炼，安全永远是最重要的。把握好能做的运动，放弃那些现在不适合您的运动。在身体素质提高和动作熟练后，您可能会惊讶地发现，之前让您感到轻微不舒服的动作不再让您感到不舒服了，甚至变成您最喜欢的动作了。

预备。预备期间要和医生一起选择适合自己的运动。仔细回顾第1部分中垫上运动的推荐方法。运动前，做5~10分钟的热身运动，热身运动要包括大肌肉组的重复运动，可以快走。快走可以适当加快心率和升高体温。

开始前。在垫上的合适位置上站好，在脊柱或四肢运动前先考虑核心稳定性。对于很多练习来说，考虑核心稳定性意味着内收腹壁，这样会激活腹横肌。其他的练习包括同时收缩腹肌和脊柱伸肌，以维持腰背部和骨盆中立位，或使动作沿既定的方向移动。普拉提练习中，不管做什么动作都要有强烈的中心感。

开始练习。按所描述的方法完成动作时，要保持中心感。对普拉提初学者，练习应该从第4部分中所描述的基础运动开始，逐渐增加随后各部分的运动。学会基本的动作后，应加入第1部分中所描述的基础原理。要经常复习第1部分的内容，重点看横向呼吸和基础原理。然后逐渐更加精确地使用第2部分讲述的核心稳定性和身体调整原则。当动作变得更稳定、流畅和控制更精准时，可以增加更有难度的动作。第10部分讲述的是如何制订运动计划，可以根据自身情况对参考模板进行修改。

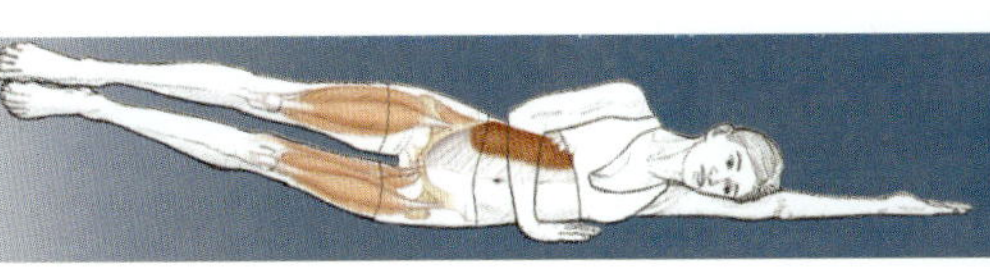

垫上操基础运动 4

本部分主要讲述基础的垫上运动，这些练习关注的是第2部分讨论过的力量中心。作为热身运动，它们为接下来更具挑战性的普拉提练习做好准备；同时，它们使练习者更加关注自己的内心世界，忘掉每日生活中的烦恼与压力，让内心变得平静。

虽然基础运动看起来简单，但作用不小。这些基础运动符合热身运动的生理原则，在平衡方面与后来出现的很多传统垫上运动相比，复杂程度低，挑战性小。另外，基础运动的动作可以慢一些，并且在运动时，可以逐渐从小幅度增加到大幅度，这样做的好处是容易调整难度。因此，这些运动可以使人们关注动作执行的更深层、更细节的要素，正是这些要素将普拉提与很多其他运动体系区分开来。

本部分相关的运动技术有：激活盆底肌与腹横肌，腹肌与腘绳肌协同收缩置骨盆于合适的位置，使脊柱弯成字母“C”的形状，激活腹斜肌，以及当伸展背部的时候收缩腹肌。本部分学习目标是学会并不断练习这些运动技术，以便将它们运用到相关的练习中去。记住，普拉提强调的是如何完成动作，执行动作的质量和准确度非常重要，因此仅仅简单地模仿运动的步骤是不够的。每项运动下面的练习注释里的“技巧要点”和“补充说明”，对于从每项练习中获得最佳益处是至关重要的。

尽管本部分的这些练习并没有出现在《让控制术带您重返生活》中，不是传统技术的一部分，但是在很多普拉提学派中却是练习的经典项目，而且在垫上运动中经常使用。虽然本部分所有的运动都是基础的练习，但是仍将这些运动按照从易到难的顺序进行了排列。因此，开始时是收腹，身体保持平稳，平躺并弯曲脊柱；接着是侧躺并侧弯；之后是脊柱扭转；最后，当躯干肌充分准备好之后再进行脊柱伸展。

由于这些只是运动开始前的准备动作，所以每个动作完成时的高度要低，以便调整强度；我们所关注的是运动前的热身及技巧的内在联系，而不是获得最大的力量。尽管建议在学习这些运动所需要的技术时按照本部分给出的顺序进行，但是，一旦达到一定的熟练程度，一些练习的顺序和位置可以根据个人习惯进行调整。

骨盆卷动

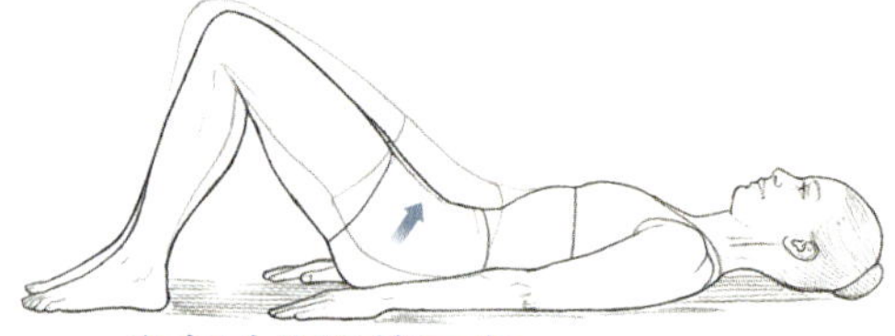

准备动作和第二步

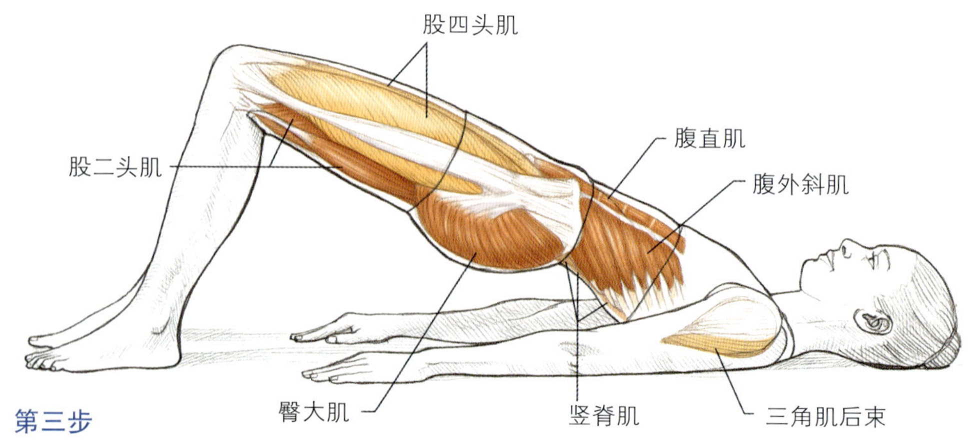

第三步

动作要领

1.*准备动作*。平躺在垫子上，双膝弯曲，脚掌平放，两脚分开同臀宽，双手放于身体两侧，掌心向下，关注自己的内心，并有意识地放松颈部、肩膀和腰背部肌肉。全过程保持骨盆中立位的姿势。

2.*呼气*。内收腹壁，缓慢卷曲骨盆，并且使背的下部、中部、上部依次离开垫子。

3.*吸气*。稍稍抬高身体的上部，让肩关节、骨盆和膝关节形成一条直线。

4.*呼气*。慢慢降低身体，依次降低每一块椎骨，回到起始位置。按照这个顺序重复10次。

目标肌肉

脊柱屈肌：腹直肌、腹外斜肌、腹内斜肌。

脊柱前稳定肌：腹横肌。

盆底肌：尾骨肌、肛提肌（耻尾肌、耻骨直肠肌、髂尾肌）。

髋关节伸肌：臀大肌、腘绳肌（半腱肌、半膜肌、股二头肌）。

辅助肌肉

脊柱伸肌：竖脊肌。

膝关节伸肌：股四头肌。

肩关节伸肌：背阔肌、大圆肌、三角肌后束。

技巧要点

1.在第二步中，开始呼气时，向上提盆底肌，并朝着脊柱的方向内收腹壁。这样会先使用到腹横肌，然后其他腹肌会使骨盆倾斜，接着使脊柱从下向上卷曲并离开垫子。

2.双脚贴紧垫子，抬起骨盆底部的同时轻轻地将坐骨朝着膝关节的方向拉伸。这个动作主要使用髋关节伸肌，尤其是腘绳肌，膝关节伸肌辅助将大腿从起始位置抬起。

3.做第三步时，将胳膊贴紧在垫上，这样肩关节伸肌可以帮助抬起上身，同时，注意使用上脊柱伸肌使躯干上部、肩关节和膝关节成一条直线。

4.在整个运动过程中，膝关节保持向前。

5.*想象*。为了完成第二步中骨盆与脊柱的动作，可以把胸廓与耻骨之间的空间想象成一个浅的碗槽，使腹壁内收接触到碗槽内部，然后通过将碗底边缘朝着胸廓方向抬起，缓慢地摇动碗槽。

补充说明

骨盆卷动有助于学会深层盆底和腹横肌的使用，继而按照既定方式连接骨盆与脊柱，并协同收缩力量中心的肌肉。

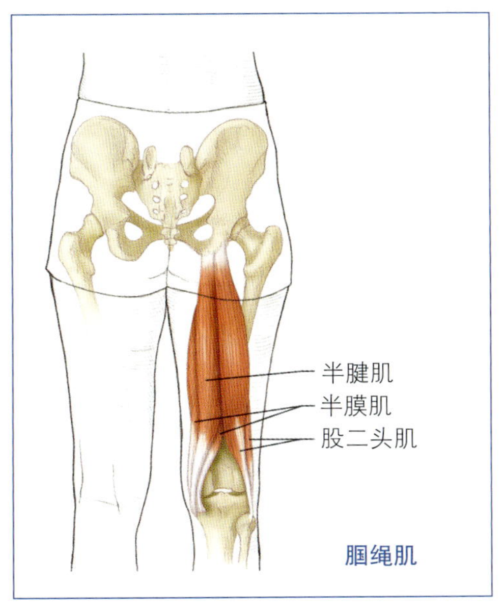

腘绳肌

注意腘绳肌的使用。恰当地收缩腘绳肌对练习中既定骨盆与脊柱的连结至关重要，腘绳肌由三块肌肉组成，它们从坐骨到膝关节依次排列在大腿的后部（右图）。在这种运动及与此相似的其他仰卧式普拉提运动（通过抬起骨盆而不是移动双腿的运动）中，腘绳肌使髋关节进行伸展。注意抬起骨盆的底部，有助于使用这些重要的肌肉，并可避免出现像僵硬地抬起整个身体及拱起后背下部这样的错误。腘绳肌与腹肌的协同收缩对于帮助向后扭转骨盆的顶部使之后倾有着非常重要的作用，这项功能在运动的前半部分可以卷曲骨盆，在运动的后半部分可以使骨盆保持中立位并有助于防止脊柱过度前凸。

卷腹抬起

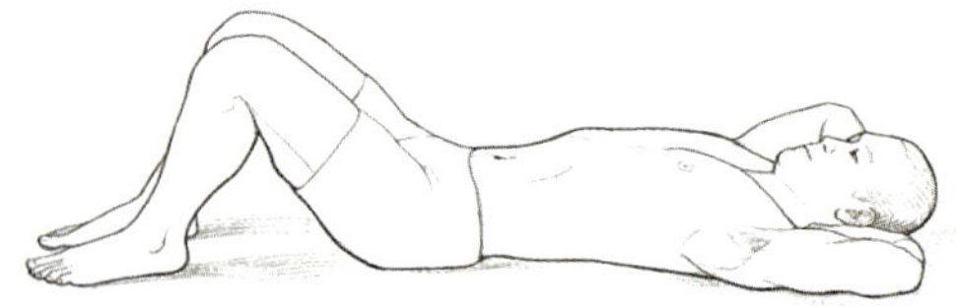

准备动作

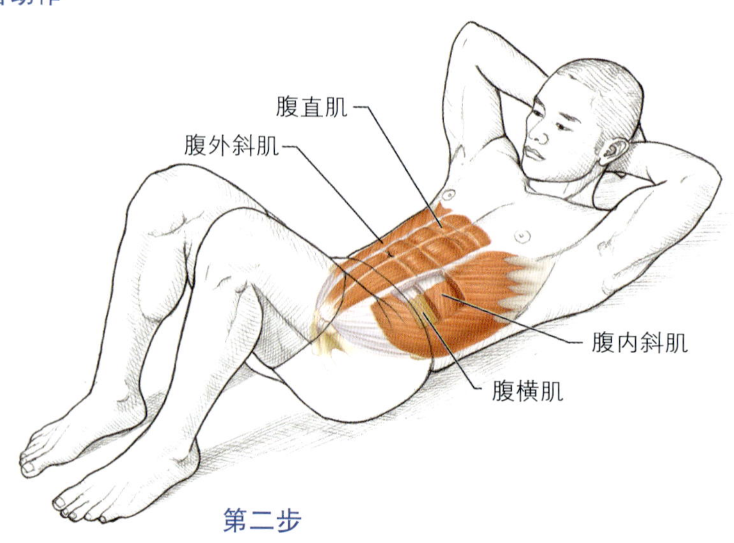

第二步

动作要领

1.*准备动作*。仰卧于垫上，双腿屈曲，脚掌放松，双脚之间及双膝关节之间的距离为一拳左右，双手交叉放在头后，屈曲肘关节并使之朝外，下巴微向胸部内收。

2.*呼气*。慢慢卷曲头部和躯干上部。如上图所示，当肩胛骨离开垫子的时候，腰部与垫子紧挨。进一步收缩腹肌，使躯干更加卷曲。

3.*吸气*。稍停，保持。

4.*呼气*。慢慢下降躯干及头部，回到起始位置。重复上述动作10次。

目标肌肉

脊柱屈肌：腹直肌、腹外斜肌、腹内斜肌。

辅助肌肉

脊柱前稳定肌：腹横肌。

技巧要点

1.在做第二步时，应注意以下问题：①开始呼气时，朝着脊柱的方向内收腹壁，这样可以在使用腹直肌、腹外斜肌和腹内斜肌之前使用腹横肌使骨盆向后微斜，继而使脊柱弯曲。②当头抬起来的时候，下巴与胸部之间要保持一定的距离，利用腹肌使胸廓下部沿着骨盆的方向向下运动。

2.为了找准腹肌，当上身抬起进行弯曲时，保持肘部后伸并与肩膀成一条直线，避免肘部向前摆动。在这一过程中，不要伸头部，不要使用过大的力气抬起上身。

3.在第三步中，在保持动作的停顿中，注意横向呼吸（见第1部分），这样腹壁可以保持收缩状态，而且在吸气的时候上身也能保持同样的高度。

4.在第四步中，用腹肌控制上身的下落直至回到起始的位置，让脊柱一节节地由下到上回落于垫子上。

5.*想象*。为了完成预定的脊柱弯曲动作，想象上身弯曲好似环绕着一个健身球。身体均匀地卷曲，而不是某个地方用力。

补充说明

卷腹抬起虽然简单，但可使练习者学会有效使用腹肌获得力气的方法，以完成更具挑战性的腹肌练习。

“C”形弯曲。在脊柱弯曲成字母“C”的形状时，需要注意：由于胸廓与骨盆间的腹肌跨度，这个动作对腹肌来说负担过重，所以需要背部的上端与下端最大限度地弯曲，而不是颈部与臀部过度地弯曲。实现预定的脊柱弯曲度，同时收缩腹壁使之尽可能地下凹，这便叫脊柱的“C”形弯曲。

上身进一步弯曲时，骨盆应保持在中立位，不要向后倾斜。这需要腹肌与脊柱伸肌熟练地协同收缩。

仰卧抬腿

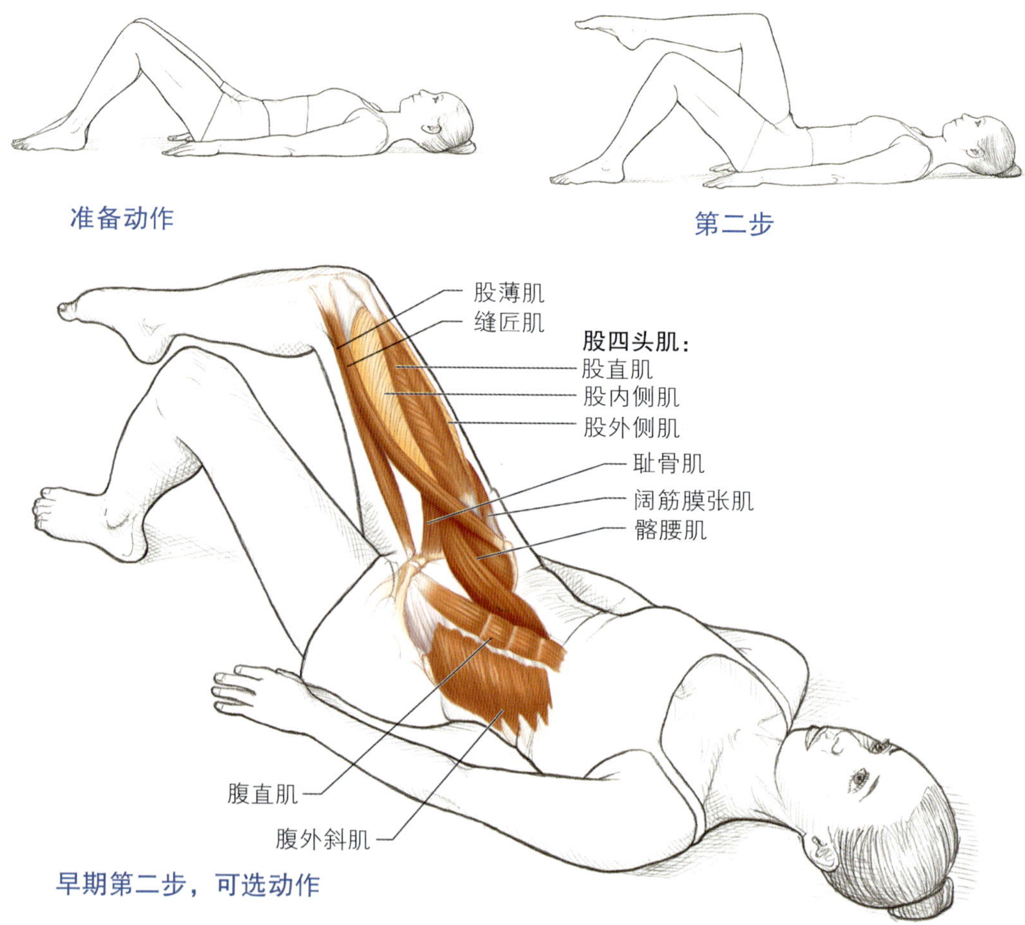

动作要领

1.*准备动作*。平躺，双膝弯曲使小腿与大腿之间成90° 角。双脚平放，双脚之间距离一拳左右，胳膊放于身体两侧，掌心向下。

2.*呼气*。抬起一腿，直至膝关节位于髋关节的正上方（膝关节屈曲90°），大腿与垫子垂直。

3.*吸气*。膝关节保持90°直角的同时腿落下，直到脚趾触及垫子。同一条腿重复上述动作5次。将整个脚掌降落到垫子上。同法进行另一条腿的运动。

目标肌肉

髋关节屈肌：髂腰肌、股直肌、缝匠肌、耻骨肌、阔筋膜张肌、股薄肌。

脊柱前稳定肌：腹直肌、腹外斜肌、腹内斜肌、腹横肌。

辅助肌肉

膝关节伸肌：股四头肌。

技巧要点

1.在做第二步的动作时应注意：①当髋关节屈肌使腿抬起时，注意保持骨盆静止不动，并使身体的重量均匀地分布于骨盆两侧。②在第三步中，腿偏离中心下落。在腿抬起与降落的时候，避免将重量转移到骨盆的另一侧。

2.收缩膝关节伸肌使膝关节保持90° 的直角，并防止小腿由于重力而下落。

3.在运动中，髋关节相对独立，腿在抬起与降落的时候，膝关节的角度、胸廓及骨盆的位置都没有变化。

4.*想象*。为了完成预定动作，可以把腿想象成一本精装书的硬封面，其可以非常容易地打开、合上，而对书的主体却没有任何影响。在这个运动中，活动腿的时候应该感到十分轻盈。

补充说明

仰卧抬腿虽然简单但很有用。重点是使用腹肌使下肢运动的同时保持上身静止。

髋关节弯曲同时保持躯干稳定。在仰卧抬腿中，腹肌起稳定作用，不是动力源。由于很多髋关节屈肌的上端附着于脊柱的下部及骨盆的前部，当它们强制收缩来抬高腿的时候，也会使背的下部弯曲，并使骨盆向前倾斜，除非腹肌为骨盆与脊柱提供充分的稳定作用。研究显示，当肢体运动的时候，腹横肌的纤维几乎是水平的，可以起到非常重要的稳定作用。因此，朝脊柱的方向收缩深层腹壁有助于使用这些肌肉来保持骨盆的中立位。培养使用腹肌和其他力量中心肌肉来保持上身稳定的技巧是普拉提运动的重要目标，并且对一些高级的、具有重要影响的普拉提动作的恰当执行非常关键。

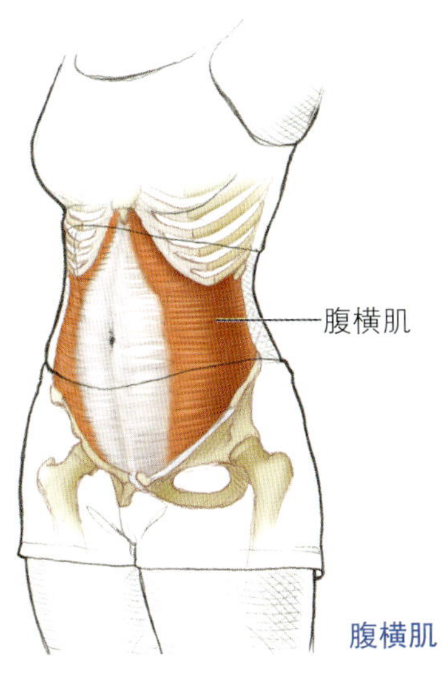

腹横肌

侧卧提腿

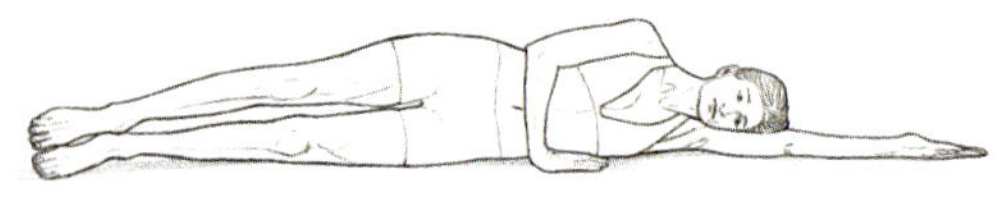

准备动作

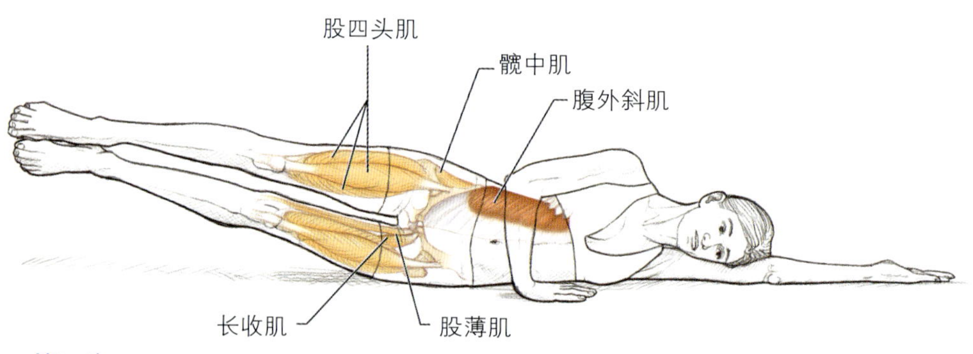

第二步

动作要领

1.*准备动作*。侧卧，手臂与双腿伸直贴在垫子上，并与躯干保持在一条直线上。头部放于贴在垫子上的手臂上。另一只手臂弯曲，置于身前，掌心向下，手指指向头部的方向。

2.*呼气*。双腿朝着天花板的方向整体上提，然后通过侧弯脊柱进一步上提腿部。

3.*吸气*。下落双腿使它们刚好位于垫子上而不接触垫子。重复上述动作10次。降低双腿，回到起始姿势。另一侧重复相同的动作。

目标肌肉

下脊柱侧屈肌：腹外斜肌、腹内斜肌、腰方肌、竖脊肌（棘肌、最长肌、髂肋肌）、半棘肌、深层脊柱周围肌肉（多裂肌、回旋肌、横突间肌）、髂腰肌。

辅助肌肉

上腿的髋关节外展肌：臀中肌、臀小肌。

下腿的髋关节内收肌：长收肌、短收肌、大收肌、股薄肌。

膝关节伸肌：股四头肌。

踝关节跖屈肌：腓肠肌、比目鱼肌。

技巧要点

1.在第二步中，让下方的腿紧贴上方的腿，使用髋关节内收肌将双腿整体向上提起。运动时，膝关节伸肌使膝关节伸直，同时踝关节跖屈肌使脚背绷直。

2.在做准备动作时，注意保持上身静止；在腰部抬起离开垫子时髋关节运动，然后，进一步地提升双腿。在双腿朝天花板的方向提升时，注意通过让骨盆一侧与身体上胸廓接近来使用脊柱侧屈肌。在这一阶段，随着脊柱侧屈及骨盆侧斜，腰部会下降。

3.臀部收紧，上髋骨在下髋骨的正上方。双腿运动的时候，避免臀部前后摇摆。

4.*想象*。双腿在向上抬起的时候，与上身形成弓的形状。为了正确地完成动作并保证动作的质量，可以想象一张弓被拉紧。

补充说明

尽管侧卧提腿可以增强髋关节外展肌和内收肌，但它的主要作用还是加强脊柱侧屈肌，以及练习保持中心稳定性的关键技能。

脊柱侧屈。理论上讲，侧屈是指使脊柱直接向一侧弯曲，这个动作需要肌肉很好地进行一致地协同收缩。前方的肌肉主要有腹斜肌和髂腰肌，侧方的肌肉主要有腰方肌，后方的肌肉主要有竖脊肌、半棘肌及深层脊柱周围肌肉。身体位置摆放最佳时，动作的完成主要是靠腹斜肌，后方肌肉的作用是防止躯干向前弯曲。然而，人们通常会过多地使用后方肌肉，这会造成背的下部弯曲。在这种情况下，双脚稍稍向前，腹壁内收，整个身体微微呈现出香蕉的形状，会有助于腹斜肌的使用。

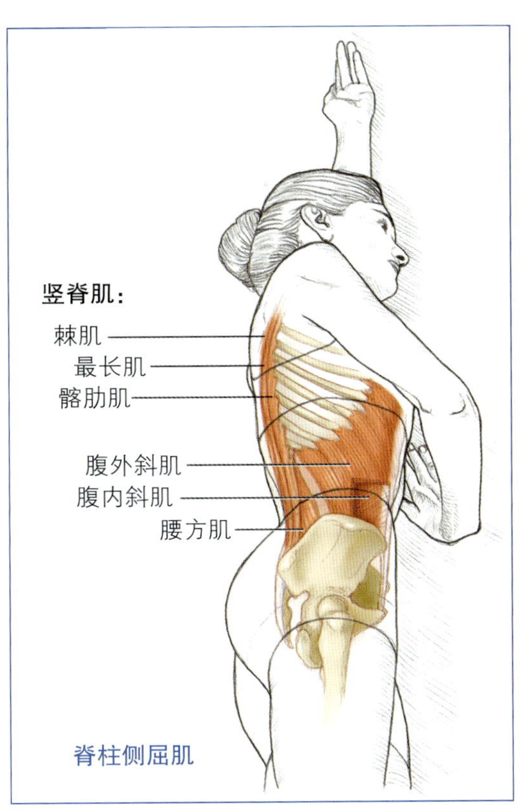

脊柱侧屈肌

侧卧抬腿

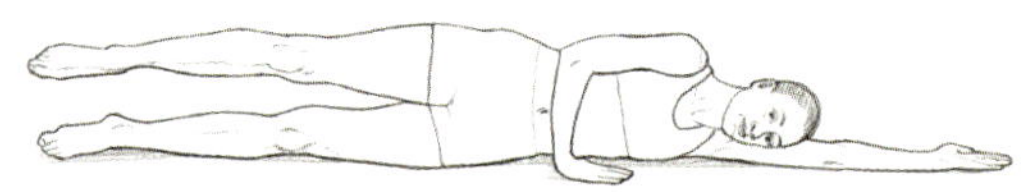

准备动作

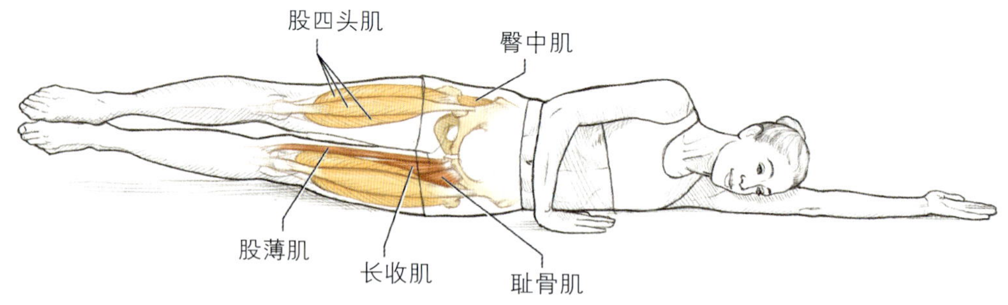

第二步

动作要领

1.*准备动作*。侧卧，下方手臂与双腿伸直，并与上身在一条直线上。头部放在下侧的手臂上。另一手臂在身前弯曲，手掌向下，手指指向头的方向。下腿放于垫上，上腿稍稍高过上臀部，脚背绷直。

2.*呼气*。下腿朝向上腿抬起，直到触及上腿。

3.*吸气*。降低下腿直至轻轻触及垫子。重复上述动作10次，在最后一次时，降低下腿使之完全放于垫上。身体的另一侧重复相同的动作。

目标肌肉

下腿的髋关节内收肌：长收肌、短收肌、大收肌、股薄肌、耻骨肌。

辅助肌肉

脊柱侧方稳定肌和下脊柱侧屈肌：腹外斜肌、腹内斜肌、腰方肌、竖脊肌。

上腿的髋关节外展肌：臀中肌、臀小肌。

膝关节伸肌：股四头肌。

踝关节跖屈肌：腓肠肌、比目鱼肌。

技巧要点

1.注意使用髋关节外展肌使上腿保持不动。在第二步中，使用髋关节内收肌使下腿抬起。然后在第三步中，离心性收缩髋关节内收肌使下腿降低。在这个过程中，膝关节伸肌使膝关节伸直，踝关节跖屈肌使脚背绷直。

2.在运动的过程中，保持腰部抬离垫子并且保持骨盆静止。腰部抬起时，通过使胸廓底部紧贴骨盆一侧，身体下侧的脊柱侧屈肌可以用来限制骨盆的侧斜，这有助于更多地使用髋关节内收肌。

3.臀部收紧，避免前后摇晃上臀部。

4.*想象*。完成腿在髋关节处的动作时，想象一个张开角的量角器，量角器底边上抬使张开的角闭合。

补充说明

侧卧抬腿的目的是增强肌肉力量，同时保持躯干的稳定性。 如果躯干不能保持稳定，背部弯曲或者臀部前后摇晃，可让双腿微微向前，整个身体呈香蕉状。

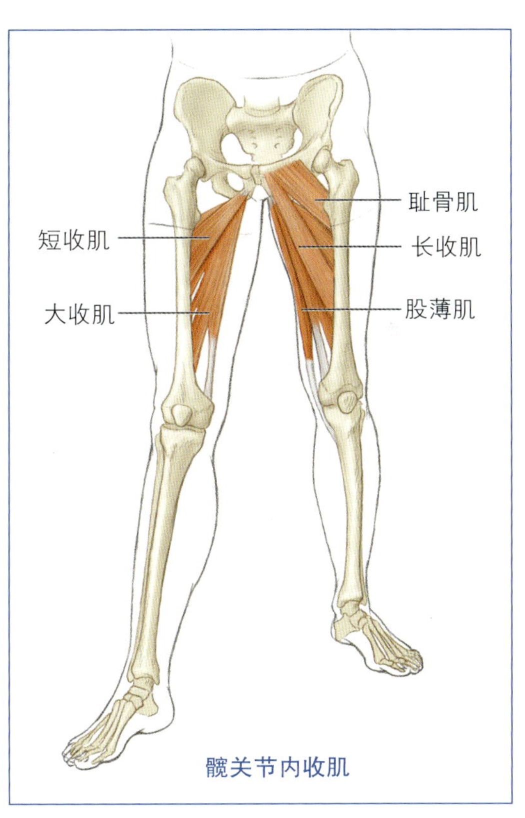

髋关节内收肌

髋关节内收肌是一组巨大的肌群，包括长收肌、短收肌、大收肌、股薄肌和耻骨肌。除了耻骨肌，其他肌肉都是髋关节内收的主要动力。因为髋关节内收肌位于大腿内侧，所以侧卧抬腿可使大腿内侧更加健壮，并且可以预防当这些肌肉变形时，走路时腿部的颤抖。

在侧卧练习中，髋关节内收肌可以使下腿抬离垫子，如侧卧提腿（第52页）；它也可以在很多普拉提运动中使两腿作为一个整体进行运动，如折叠刀（第108页）和空中瓶塞（第147页）。在双腿向前伸的时候，使用髋关节内收肌使双腿作为一个整体进行运动对实现双腿的修长非常关键，这对普拉提审美非常重要。

仰卧脊柱扭转

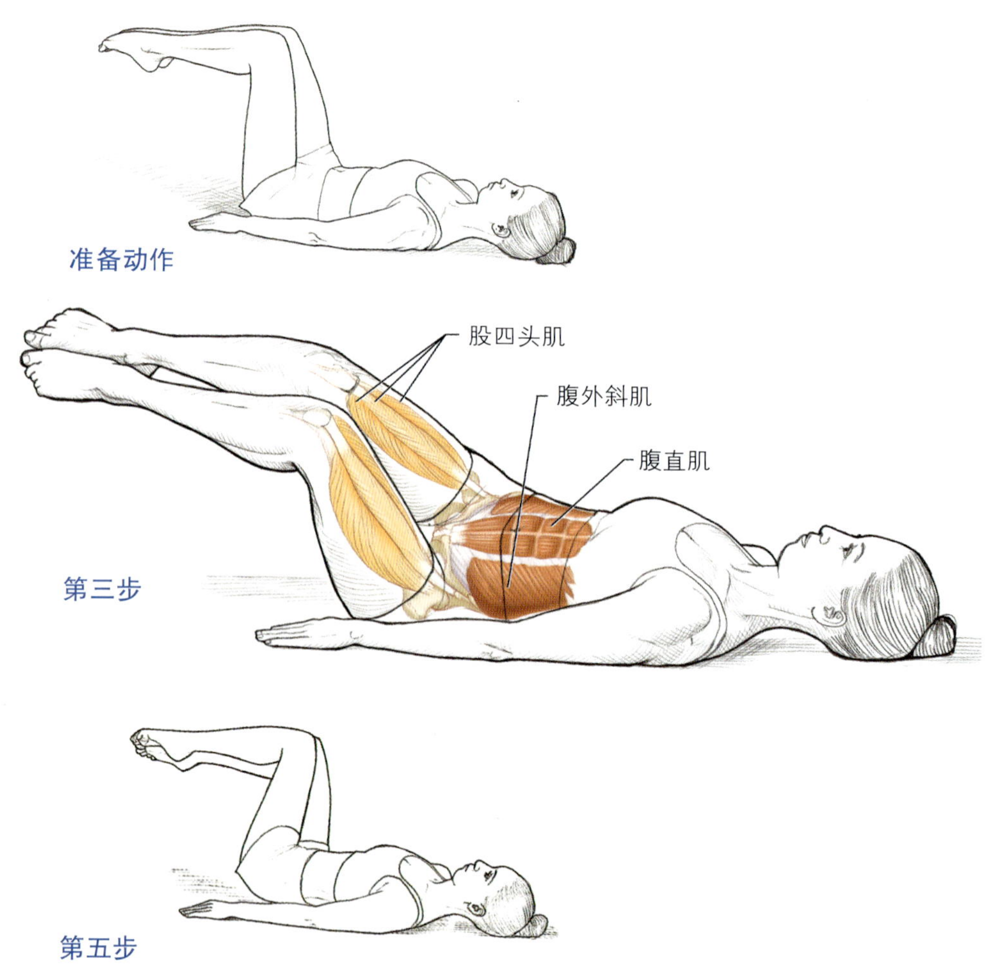

准备动作

第三步

第五步

动作要领

1.*准备动作*。仰卧，髋关节与膝关节都成90°角。膝关节位于髋关节的正上方，小腿与垫子平行，脚背微微绷直。双臂平直，位于身体两侧，掌心向下。

2.*呼气*。向内收腹壁，骨盆微微后倾，将大腿内侧轻轻拉在一起。

3.*吸气*。扭转躯干的中部与下部，使骨盆与膝关节同时向一侧运动。

4.*呼气*。将身体转回至起始位置。

5.*吸气*。将身体的中部与下部扭转至相反的一侧，骨盆与膝关节同时整体运动。

6.*呼气*。身体转回起始位置。重复上述动作，每侧5次。

目标肌肉

脊柱屈肌和旋转肌：腹直肌、腹外斜肌、腹内斜肌、腹横肌。

辅助肌肉

脊柱伸肌和旋转肌：竖脊肌。

髋关节屈肌：髂腰肌、股直肌。

髋关节水平内收肌：长收肌、短收肌、大收肌、耻骨肌。

膝关节伸肌：股四头肌。

踝关节跖屈肌：腓肠肌、比目鱼肌。

技巧要点

1.在第二步中，注意收缩腹横肌，并使用斜肌来扭转上身。这样第三步中，在骨盆与膝关节同时向一侧运动时，肩膀可以保持静止并停留在垫上。

2.在第四步中，在将骨盆下侧朝另一侧的方向拉回起始位置之前，进一步弯曲脊柱的下部，会更多地使用斜肌而不是脊柱伸肌来使身体扭转。

3.将两膝轻轻并在一起，脊柱扭转的同时，使用髋关节水平内收肌使下腿保持抬起。在运动的过程中，使膝关节与骨盆中心位于一条线上；同时，使用踝关节跖屈肌使脚背绷直。

4.在运动的过程中，要始终保持髋关节与膝关节都成90° 角。

5.*想象*。为了完成骨盆与脊柱预定的动作，想象一个方向盘慢慢地朝一个方向转动，然后朝另一个方向转动。

补充说明

仰卧脊柱扭转对于学会扭转骨盆和背的下部，同时保持中心的稳定十分有用。在扭转脊柱的时候，通常犯的错误是过度地弯曲背部，从而使脊柱伸肌而不是腹肌主导运动。在做仰卧脊柱扭转的运动时，学会使用腹横肌和斜肌有助于保护脊柱免受伤害，尤其是在挑战性更大的运动中或者是体育运动中。

桌面姿势。第一步所显示的桌面姿势（髋关节与膝关节都成90° 角）是普拉提运动中的一个基础仰卧姿势，在这个姿势中，髋关节屈肌可以帮助髋关节保持90° 角，同时防止腿的移动。膝关节伸肌可以用来使膝关节保持90° 的角，同时防止小腿下落。

变式

在脊柱扭转、骨盆倾斜至一侧的同时，保持骨盆中立位。这会使既定肌肉的收缩变成腹肌和脊柱伸肌的协同收缩。

卷腹旋体

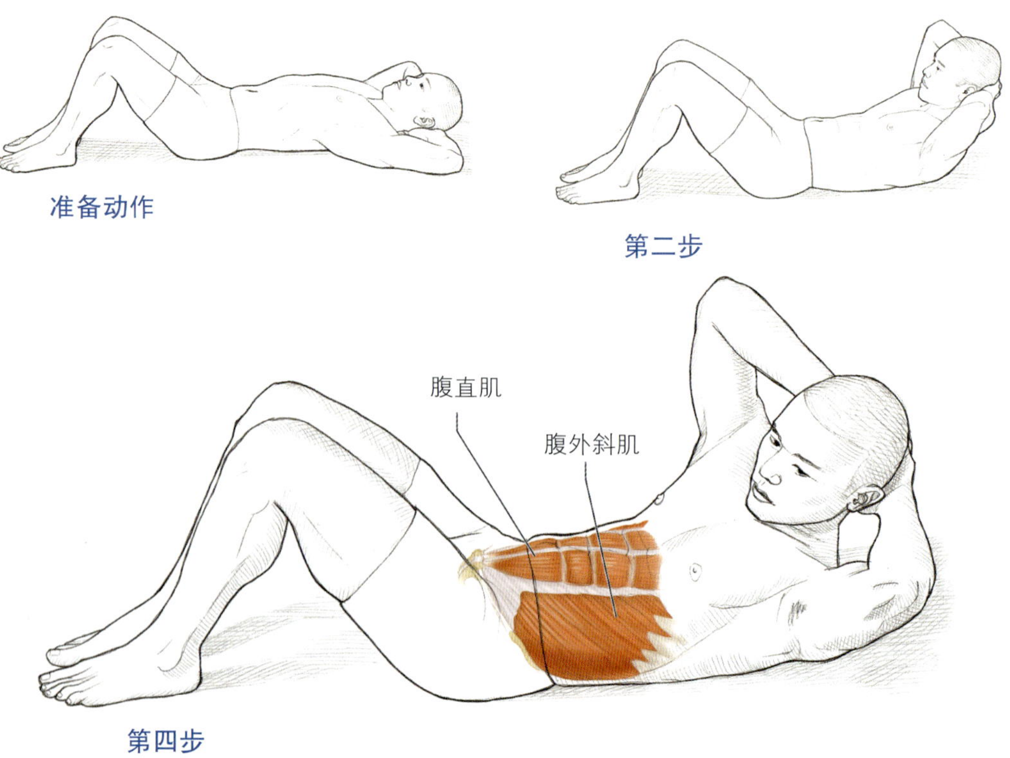

准备动作

第二步

第四步

动作要领

1.*准备动作*。准备动作同卷腹抬起（第48页）。仰卧位，两膝弯曲；两脚平放在垫子上，分开与臀同宽。手指交叉置于头后部，肘关节弯曲并使之朝外。下巴略收向胸部。

2.*呼气*。慢慢抬起头部，躯干上部如图所示向上抬起，肩胛骨抬离垫子，腰背部接触垫子。

3.*吸气*。稍停，保持。

4.*呼气*。上半身向身体一侧转动。

5.*吸气*。扭转回中间位置。

6.*呼气*。上半身向身体另一侧转动。

7.*吸气*。扭转回中间位置。头部和躯干上部保持离开垫子，交替扭转10次（每侧5次）。最后一次重复时，在中间位置停顿，把小腹收得更紧，然后慢慢呼气，同时将躯干和头部回落至起始的姿势。

目标肌肉

脊柱屈肌和旋转肌：腹直肌、腹外斜肌、腹内斜肌、腹横肌。

技巧要点

1.躯干上部从一侧扭转到另一侧时，使用腹肌保持骨盆轻微后倾，保持所需的“C”形脊柱曲线和所需的躯干上部距离垫子的高度。

2.自第二步头部抬起开始，保持颈部弯曲度不变及肘和肩膀在一条直线上。这样在第四至第七步中骨盆保持稳定的同时，可重点关注运用斜肌扭转躯干。

3.避免前拉肘关节，前伸头部，或把下巴压得太低或太靠前。

4.在第七步结束时，离心性收缩腹肌维持稳定性，相继降低躯干和头部回到起始位置。

5.*想象*。为了实现所需的躯干扭转，把抬起扭转的躯干想象成波浪。保持躯干两侧笔直，避免向一侧弯曲。

补充说明

卷腹旋体对于锻炼斜肌、塑造腹部完美线条是有价值的。在保持躯干稳定和预防背部受伤方面，斜肌也发挥了关键作用。强健的腹肌是大多数体育运动的基础。

斜肌中心法。因为许多肌肉都可以产生扭转，保持脊柱“C”形弯曲，而不是扁平形状，将有效地锻炼斜肌。此外，注意腹外斜肌的上部从胸廓的外部向下面的中央腱（白线）斜行。腹内斜肌向上斜行，附着在中央腱和胸廓的下面。所以，当向左侧扭转躯干上部时，注意使胸廓的右侧朝向中心扭转，中心朝向对侧的髋骨（左髂前上棘），这样能帮助激活所需的右外侧和左内侧斜肌。当躯干上部扭转时，可感觉到腹部两侧运动。腹横肌也可以协助扭转。

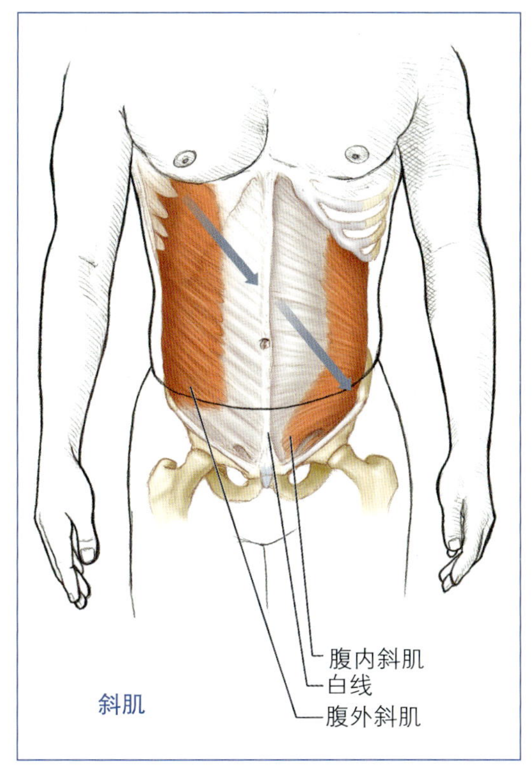

斜肌

变式

随着身体升高至向前弯曲，保持骨盆中立位，不要向后倾斜。

俯卧背部伸展

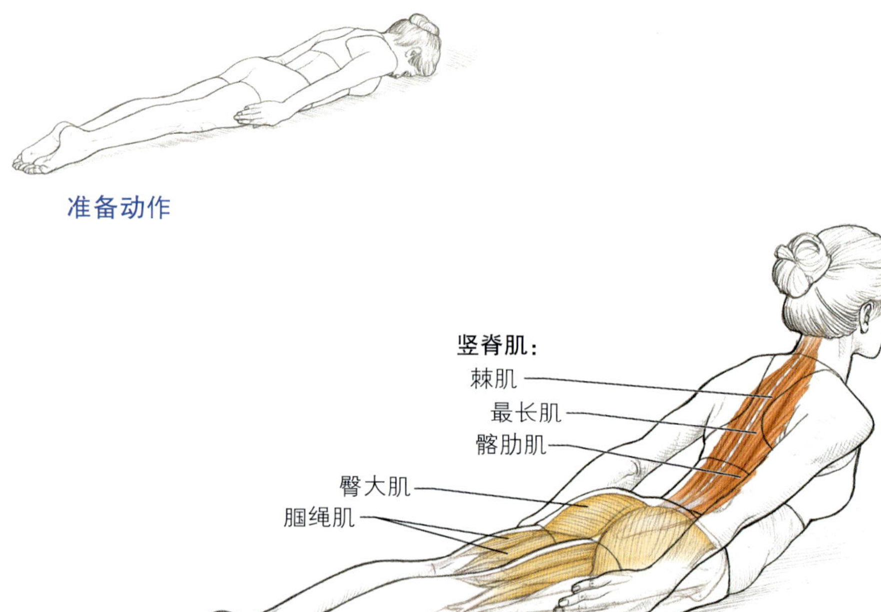

准备动作

第二步

动作要领

1.*准备动作*。俯卧于垫子，额头触垫。胳膊和手掌紧贴双腿两侧，肘伸直。两腿和脚轻轻伸直。

2.*呼气*。抬起头，躯干上部和中部离开垫子，保持两腿并拢和手臂紧贴双腿两侧。

3.*吸气*。慢慢降低躯干和头，回到起始位置。重复上述动作10次。

目标肌肉

脊柱伸肌：竖脊肌（棘肌、最长肌、髂肋肌）、半棘肌、深层脊柱周围肌肉。

辅助肌肉

脊柱前稳定肌：腹横肌、腹内斜肌、腹外斜肌、腹直肌。

髋关节伸肌：臀大肌、腘绳肌。

肩关节内收肌：背阔肌、胸大肌。

肘关节伸肌：肱三头肌。

技巧要点

1.在第二步中，保持腹部肌肉的支撑，当脊柱伸展提高躯干上部时，双腿保持并拢并接触垫子。

2.重点是连续伸展每一块椎骨，从顶部开始，要注意躯干上部、中部和头部在一条直线上。

3.持续使用肩关节内收肌（特别是背阔肌和胸大肌），把胳膊贴在腿的两侧。背阔肌和胸大肌也可以帮助下压肩膀，肘关节伸直时指尖朝向脚的方向有助于激活它们。

4.锻炼背阔肌是必要的，因为它是保持躯干稳定的关键肌肉。

5.在第三步中，使用脊柱伸肌控制躯干的降低。这个动作连续地从下到上运动，腹肌为其提供持续支撑。

6.*想象*。为了实现所需的伸长的感觉，想象把一个固定住一端（脚）的橡皮筋向另一端（头顶）拉伸。

补充说明

这项运动的目的是锻炼脊柱伸肌，特别是竖脊肌，同时运用腹肌来帮助保护腰背部。

脊柱伸展的腹部支持。因为腰背部或腰曲是向后凹而躯干上部或胸曲是向前凸的，所以做类似脊柱伸展的运动时人们往往会拱起腰背部。拱起的腰背部与倾斜骨盆的顶部构成骨盆过度前倾（下页的第一幅图）。然而，上提腹部时可以使骨盆向相反的方向扭转，造成骨盆向后倾（下页的第二幅图）。当想要小腹向脊柱提起收紧以限制骨盆前倾的角度并减少脆弱的腰椎承受的压力时，可以考虑轻轻将耻骨贴着垫子。腰背部的稳定也促进了背部上部肌肉的加强，这些动作是防止背部下落的关键。臀部伸展也可以帮助稳定骨盆和防止其过度前倾（见第3部分“腹肌–腘绳肌力偶”）。在这个基本的练习中，学习使用腹肌稳定腰背部，对于更好地进行更具有挑战性的脊柱伸展动作［如游泳（第161页）和双腿踢（第158页）］是必不可少的。

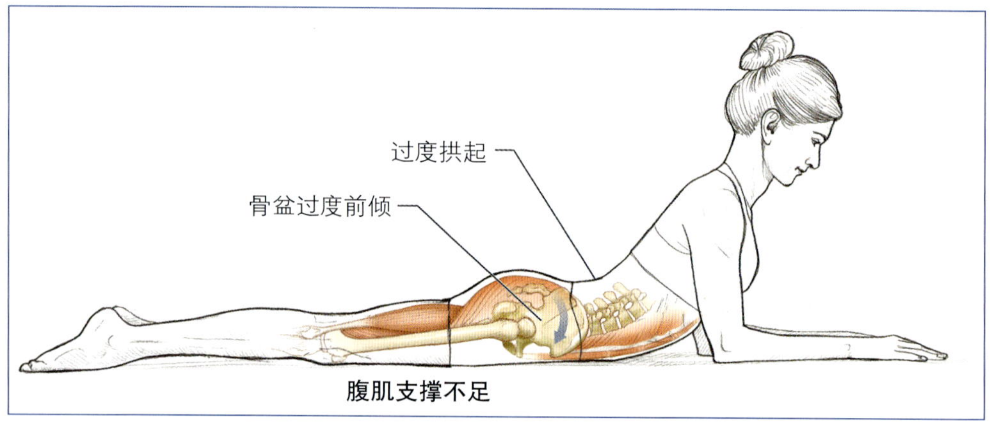

腹肌支撑不足

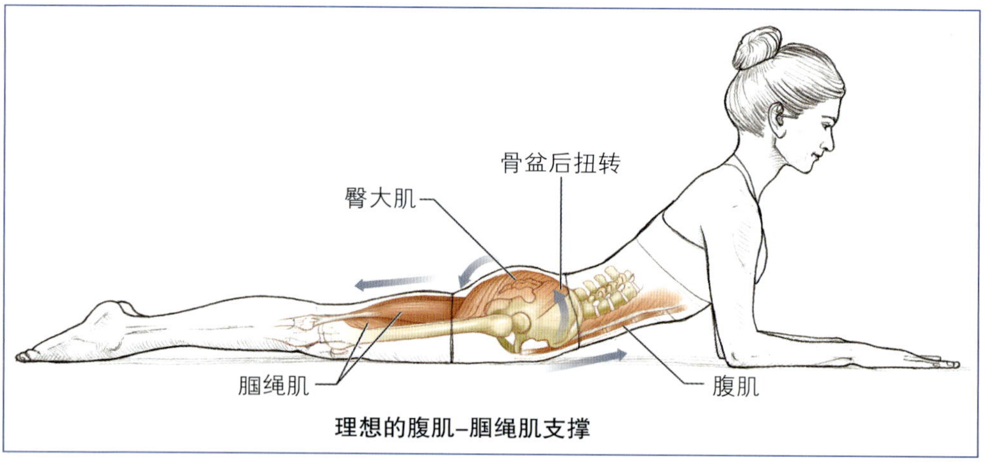

理想的腹肌–腘绳肌支撑

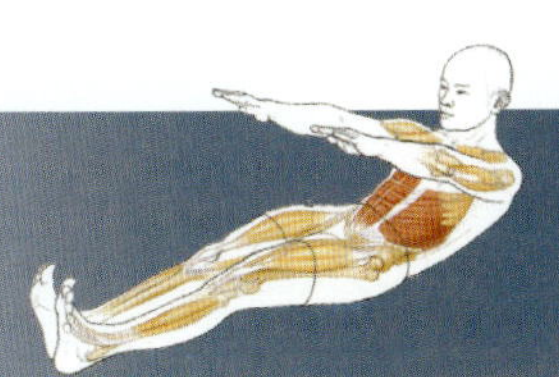

增加肌肉力量和稳定性的腹肌训练 5

就像我们在第2部分讨论的那样，腹肌在普拉提中提供核心力量。最新的观点认为，腹肌对在运动中保持平衡也起着至关重要的作用。因而腹肌不管是对康复锻炼的人，还是对职业运动员，都很重要。很多普拉提动作都提倡运用腹肌。在这一部分，我们主要关注在脊柱屈曲时腹肌力量的加强，以及如何用腹肌保持平衡。之后的几部分中，我们还会重复这一部分谈到的腹肌力量和维持平衡。不过那时动作对腹肌的要求会更高。我们也会对椎骨关节做进一步阐释，还会介绍更复杂的动作。

练习者一定要特别关注动作的技巧和准确性，这样才能有效地锻炼力量。动作做得不标准不仅不能达到预期效果，还有可能受伤。有些运动并不适合所有人，练习者在练习前应咨询医生，必要时可对动作做一些改变。从适合自己的程度开始练习，慢慢进步，这样就能有更强的力量，更好的技术，使普拉提效果更加显著，不论是在日常生活中还是在职业运动领域里均可受益。正确的力量和技术，还可以保护背部，防止背部受伤。在本部分中，我们将谈论多种腹部运动方式。

单腿画圈（第64页）：当一条腿向各个方向运动时，腹肌控制骨盆的运动。引体屈身（第66页）和引颈前伸（第68页）：腹肌在双腿伸直、脊柱屈曲时是主要的主动肌，也是稳定肌。

在下面的动作中，腹肌等长收缩维持脊柱屈曲的姿势。百次呼吸（第70页）：双腿抬起伸直抬起时，腹肌等长收缩；单腿伸展（第73页）、单腿朝天（第75页）、双腿伸展（第78页）：双腿悬空时，腹肌等长收缩。百次呼吸和双腿伸展还要求在保持脊柱弯曲的同时，双腿同时伸直离地，这就比其他动作更难。“十”字交叉（第81页）比单腿伸展难度大，要求脊柱屈曲的同时，转动躯干。“V”形悬体（第83页）是最复杂的动作。双腿同时抬起，腹肌要使躯干上下运动，而不是仅仅将其保持在空中。

本部分的很多动作，彼此之间密切相关。只有在运动时注意它们的相同点和不同点，才能在增加腹肌力量和稳定性的训练上取得好的效果。通过这种联系的观点看问题，有助于将本部分和以后几部分的动作联系起来。

单腿画圈

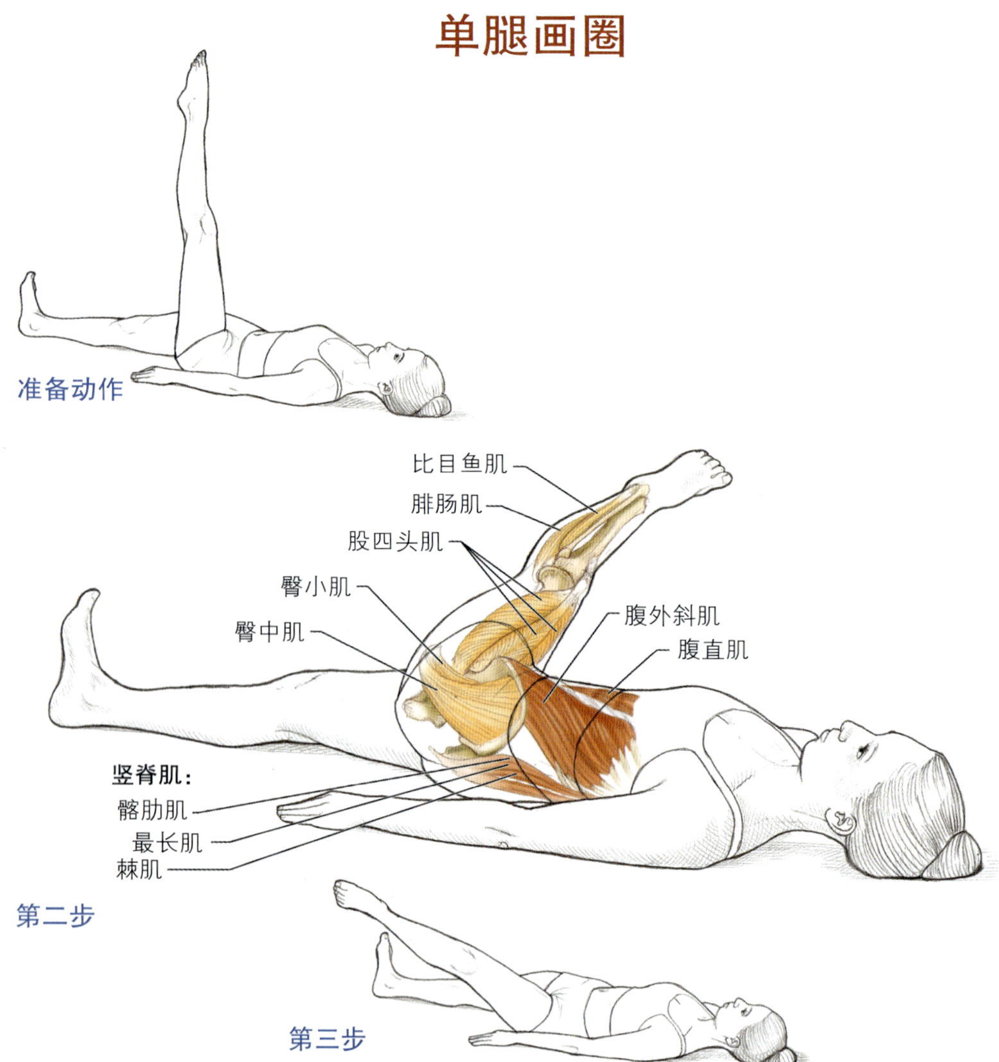

动作要领

1.*准备动作*。仰卧平躺，双臂置于身体两侧，掌心朝下，双腿伸直置于垫子上。一腿屈膝至胸前，然后此腿伸直向上，并与垫子垂直，脚尖绷直。背屈另一只脚。

2.*吐气*。向上伸直的腿以身体中线为轴扭转画圈。当腿越过身体中线时，一侧盆骨离开垫子。继续将腿绕过另一条腿，使骨盆回到最初的平放位置。

3.*吸气*。继续扭转腿部至开始时的姿势。另一条腿重复该动作。两腿交替，每条腿画圈5次。

目标肌肉

脊柱前旋转肌和稳定肌：腹直肌、腹外斜肌、腹内斜肌、腹横肌。

脊柱后旋转肌和稳定肌：竖脊肌（髂肋肌、最长肌、棘肌）、半棘肌、深层脊柱周围肌肉。

辅助肌肉

髋关节屈肌：髂腰肌、股直肌。

髋关节伸肌：臀大肌、腘绳肌。

髋关节外展肌：臀中肌、臀小肌。

髋关节内收肌：长收肌、短收肌、大收肌、股薄肌。

膝关节屈肌：股四头肌。

踝关节跖屈肌：腓肠肌、比目鱼肌。

踝关节背屈肌：胫骨前肌、趾长伸肌。

技巧要点

- 在第一步中，骨盆的前部和后部要同时抬起，这样腹肌和背阔肌才能防止骨盆过度倾斜，从而使得骨盆慢慢扭转，辅助腿部运动。
- 绷紧膝关节和踝关节，在全过程中保持向上的绷直，踝关节跖屈。垫子上的腿踝关节背屈。
- 要注意同时配合使用臀部肌肉，从而平稳地画圈。例如，在第二步中，髋关节内收肌可以在动作开始时帮助大腿转向躯干上方，髋关节外展肌在画下半圈时起控制腿下落速度的作用。在第三步中，髋关节外展肌把腿移到侧面。髋关节屈肌在向上画圈的过程中起到了关键的作用。
- 动作一定要连贯。同时每当做完一次动作，腿在垂直位置时，稍做停顿，再做下一次动作。
- *想象*。在做的同时可以运用你的想象力，想象天花板上有一根细线吊着脚，拉着腿画圈。与此同时，臀部和脊柱一起被从中心拉到一侧。

补充说明

尽管此动作中用到很多臀部肌肉，但由于整个动作的负荷很小，它们并不能得到有效的锻炼。此套动作主要锻炼臀部肌肉的灵活性，腘绳肌的柔韧性；缓解臀部和腰部的肌肉紧绷或者痉挛；还能锻炼腿和腰的协调性。例如，当腿向下时，骨盆放松并前倾，和腰形成一个弓形。这时就需要腹肌的力量强制骨盆向后。同样，当腿抬到身体上方和躯干交叉时，脊柱旋转肌先收缩使骨盆扭转，然后松弛以防止在腿转动的同时骨盆过度扭转。最后，当腿回到垂直位时，脊柱伸肌和腹肌一起收缩，以防止骨盆过度倾斜。

变式

很多人都能做5~10次后再两腿交换。也可以将双臂上举至肩的高度（“T”形），手心向上。这样做更容易保持平衡，防止肩部扭转。此外，骨盆和脊柱也可以完全不动，这样可增加骨盆保持平衡的难度。最后，也可以延长呼吸节奏，每画一圈呼或吸一次。

引体屈身

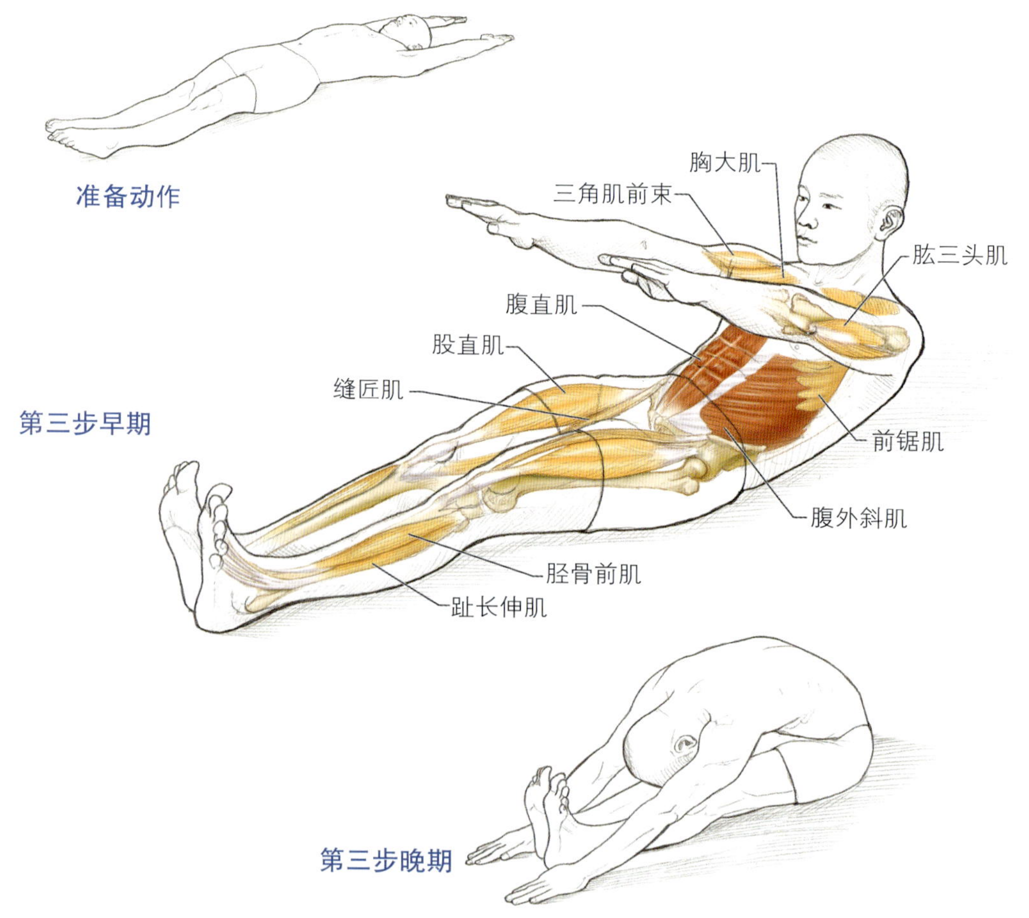

动作要领

1.*准备动作*。仰卧平躺，双腿伸直，脚尖微微下压。手臂伸直过头，掌心朝上。

2.*吸气*。内收腹壁，然后朝向空中上抬手臂；抬头及肩胛骨离开垫子时，下巴向胸前内收，踝关节背屈。

3.*呼气*。继续卷腹，直至躯干与双腿垂直坐起，手指指向脚尖。如果柔韧性好，手掌可以触及脚的两侧或置于垫上（如图所示）。

4.*吸气*。向后躺下，直到骶骨与垫子接触。

5.*呼气*。完全躺下后，手臂回到最初伸直过头的位置。重复上述动作10次。

目标肌肉

脊柱屈肌：腹直肌、腹内斜肌、腹外斜肌。

辅助肌肉

脊柱前稳定肌：腹横肌。

脊柱伸肌：竖脊肌。

髋关节屈肌：髂腰肌、股直肌。

髋关节伸肌：臀大肌、腘绳肌。

踝关节背屈肌：胫骨前肌、趾长伸肌。

肩关节屈肌：三角肌前束、胸大肌（锁骨端）。

肩关节伸肌：背阔肌、大圆肌、胸大肌（胸骨端）。

肩胛骨下降肌：前锯肌，斜方肌下部肌束。

肘关节伸肌：肱三头肌。

技巧要点

- 坐起和躺下时动作要平稳。在第二、三步要能感受到椎骨一节节抬起，在第四、五步要能感受到椎骨一节节落下。
- 在第三步后期，当髋关节伸肌和脊柱伸肌控制躯干平稳下降，头、手离开中心时，要注意内收下腹部。在手触及脚的两侧或垫子时，保持头在双臂之间，脚跟紧贴垫子。
- 通过使用肘关节伸肌维持肘关节伸直，通过使用肩胛骨下降肌避免肩胛骨耸起。在第二步中，肩关节伸肌使手臂向前；在第三、四步中，肩关节屈肌对抗阻力，防止手臂掉向垫子；在第五步中，肩关节屈肌抬双臂过头顶。
- *想象*。把胸廓向后背牵拉。在髋关节屈肌更活跃、躯干由第三步向第四步下降时，想象腹部有一个健身球，以免腹肌收缩时背部过平或过弯。

补充说明

引体屈身中双腿伸直做动作，可以很好地锻炼腹肌和脊柱关节。很多人在双腿伸直时，对后倾骨盆和降低脊柱俯屈度感到吃力。标准动作还有提高腘绳肌和腰背部灵活性的潜在好处。

可选动作

如果不能像所展示的那样坐起，可以在双踝上各戴3磅（约1.36千克；磅，非法定计量单位，1磅=0.453 6千克）重的沙袋。也可以微微屈膝，将双手放在大腿上，以降低上半身卷起的难度。

变式

这个动作也可以改为脚尖绷直，手心相对。这样的话，只要做到坐直就可以了。

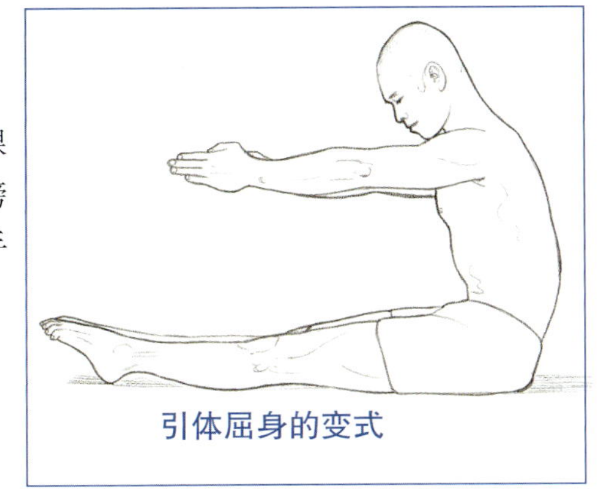

引体屈身的变式

引颈前伸

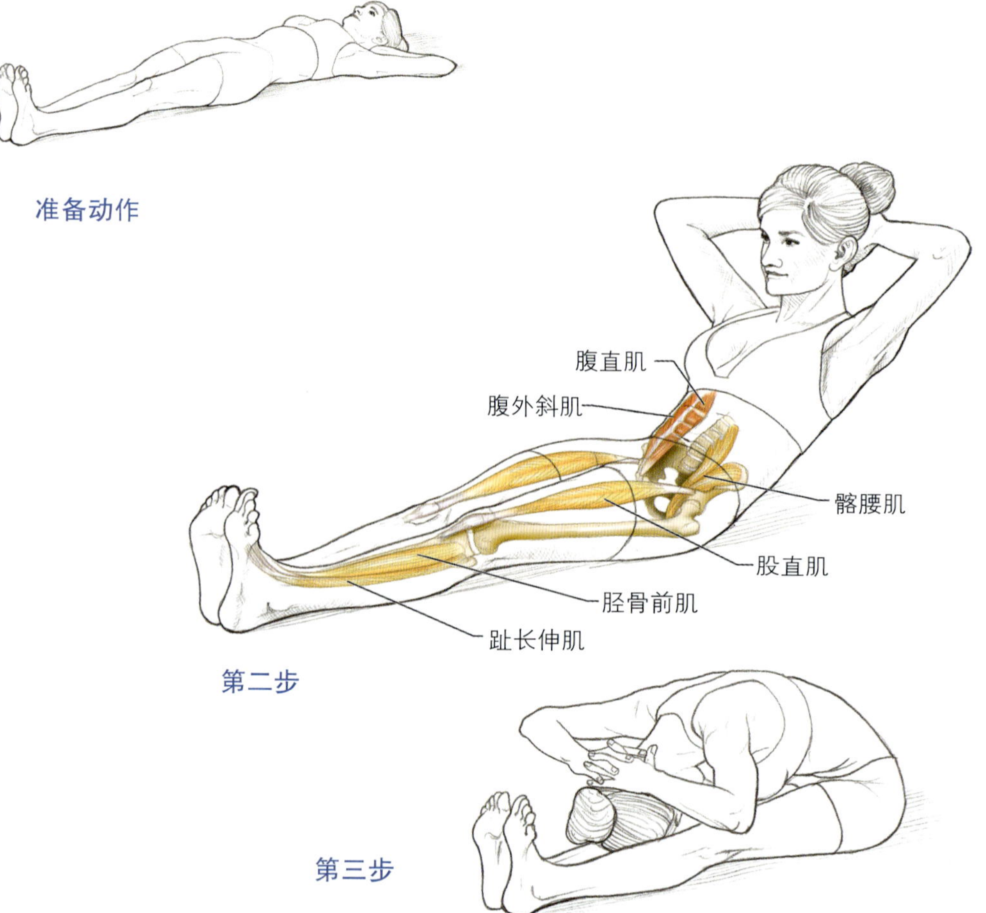

动作要领

1.*准备动作*。仰卧平躺，双脚并拢伸直，足背屈，双臂屈曲，手指交叉，置于头后。

2.*吸气*。内收腹壁，然后上抬头部和躯干上部离开垫子，下巴向胸部内收。

3.*呼气*。继续卷腹直到上身贴腿。

4.*吸气*。身体呈“C”形向后回躺。

5.*呼气*。回到起始姿势。重复上述动作10次。

目标肌肉

脊柱屈肌：腹直肌、腹内斜肌、腹外斜肌。

辅助肌肉

脊柱前稳定肌：腹横肌。

脊柱伸肌：竖脊肌。

髋关节屈肌：髂腰肌、股直肌。

髋关节伸肌：臀大肌、腘绳肌腱。

踝关节背屈肌：胫骨前肌、趾长伸肌。

技巧要点

- 动作平顺，脊柱依次运动。
- 在第三步髋关节屈肌变得更活跃时，卷腹以防止腰背部过平或过弯；使用腹肌向后下拉胸廓前下部，以便脊柱的柔韧性达到最大限度。
- 在第三步最后，通过髋关节屈肌和脊柱屈肌的离心性收缩，产生平稳、可控的移动。在第四步开始再通过这些肌肉向心性收缩上提躯干。
- 在第五步中，尽量久地用腹肌拉住躯干，保持“C”形体形。
- 整个过程中，尽可能地保持肘关节屈曲外展。在卷腹时不要用收臂的方式保持平衡，也不要拉自己的头。
- *想象*。为了取得理想效果，在第一至第三步时想象有一排波浪形成、到达顶峰，而后开始回落。在第四步时想象脊柱被一股浪潮抬起。在第五步时想象被一股浪推回大海。

注意事项

此动作比上一动作更难，因为把手放在脑后使身体维持平衡更费力。这一点我们在第3部分也谈到过。腰背部通常很紧，很难控制，容易受伤，这个动作可以使腰背部得到锻炼。在第三步结束时，手臂姿势为腘绳肌和脊柱伸肌提供了更多的动态拉伸。

变式

也可以将后背挺直而坐，而不卷成“C”形。在回躺至起始位置前，保持背部平直，后倾背部。也可以稍绷紧或屈曲双脚，或双腿自然分开同臀宽。

百次呼吸

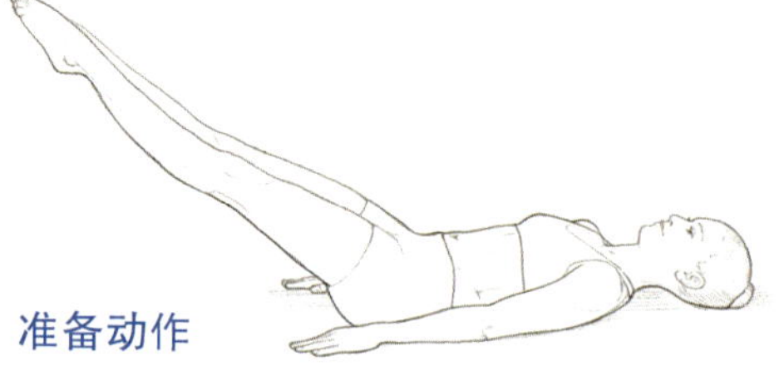

准备动作

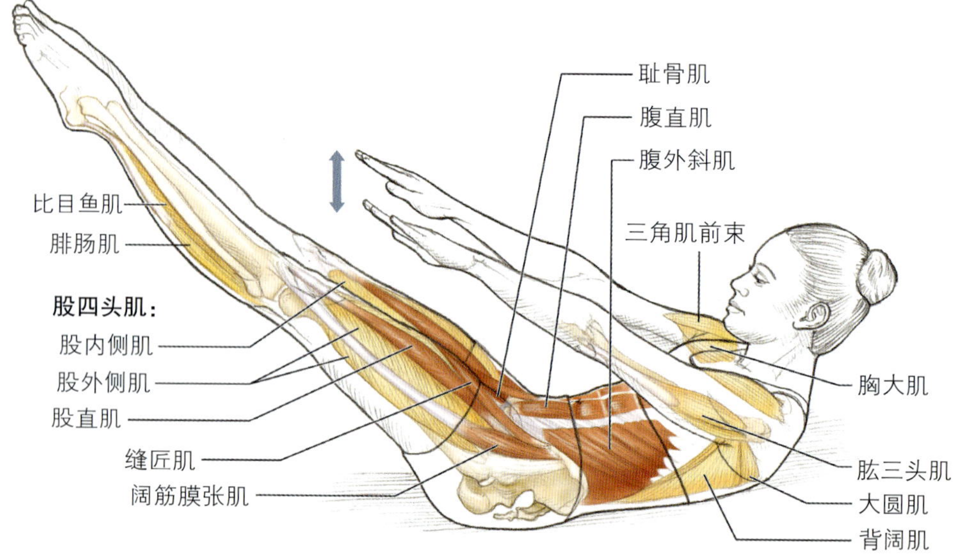

第三步

动作要领

1.*准备动作*。仰卧平躺，双腿伸直上抬至少60°，尽量保持骨盆稳定性。脚尖绷直。双臂放在体侧，手掌向下。

2.*呼气*。内收腹壁，上半身提起如卷腹抬起（第48页）的位置。向前抬起双手，高过大腿6~8英寸（约15~20厘米；1英寸=2.54厘米），掌心朝下。

3.*吸气*。双臂上下运动5次，像第1部分（第7页）讲述的那样主动呼吸。

4.*呼气*。以5次呼、5次吸为一组做10组；或身体保持这个姿势，直臂以泵气式下压做100个。做完后慢慢躺下，回复至起始姿势。

目标肌肉

脊柱屈肌：腹直肌、腹外斜肌、腹内斜肌。

髋关节屈肌：髂腰肌、股直肌、缝匠肌、阔筋膜张肌、耻骨肌。

辅助肌肉

脊柱前稳定肌：腹横肌。

髋关节内收肌：长收肌、短收肌、大收肌、股薄肌。

膝关节屈肌：股四头肌。

踝关节跖屈肌：腓肠肌、比目鱼肌。

肩关节伸肌：胸大肌（胸骨端）、背阔肌、大圆肌。

肩关节屈肌：胸大肌（锁骨端）、三角肌前束。

肘关节伸肌：肱三头肌。

技巧要点

- 在第二步开始呼气、肩关节屈肌开始上抬手臂时，内收腹壁以便在运用其他腹肌之前运用腹横肌屈曲脊柱。
- 为在第二步结束时达到既定姿势，用力收缩腹肌使腰与垫子接触，保持骨盆稳定性。通过髋关节屈肌保持双腿抬起，膝关节伸肌保持膝关节伸直，踝关节跖屈肌保持脚背绷直。在保持腿部线条优美的同时，要稍微收缩大腿内侧以激活髋关节内收肌。
- 在第三步和第四步中要保持稳定的深“C”形。
- 使用肘关节伸肌保持肘部伸直，指尖向前。
- 当肩关节伸肌和屈肌共同作用使手臂快速运动时，注意肩关节的分离运动，尽量使用经过腋窝的肌肉，以激活背阔肌和胸大肌。
- *想象*。想象下压摆动手臂就像按压蹦床一样，手臂回弹15~20厘米。

补充说明

百次呼吸是经典的普拉提动作。因为要在双手臂有力来回运动的同时保持双腿上抬伸直及脊柱屈曲，所以这个动作对身体核心稳定性的要求很高。正因如此，百次呼吸可以稳步提升肌肉力量和动作技术。但是那些力量薄弱、技术不熟练者并不适合练习这个动作，对他们来说，这是高风险动作。对大多数人而言，他们都无法在双腿微抬时完成这个动作。这时，可以使用可选动作，慢慢进步达到标准动作的水平。

在百次呼吸中，髋关节屈肌收缩抗阻力上抬双腿。我们在仰卧抬腿（第50页）中已经提到过，由于这些肌肉（尤其是髂腰肌和股直肌）附着于脊柱下部及骨盆前部，它们收缩很可能造成腰背部弓形抬起，骨盆前倾。只有在腹肌有足够的力量保持平衡时，这种情况才不会发生（见下页图）。在百次呼吸中，双腿上抬，膝关节伸直，正如第3部分所讨论的，双腿会产生更强的转矩。这时就需要髋关节屈肌更有力地收缩，将腿抬离垫子。这对维持核心稳定和防止腰背部过弯的腹肌也是很大的挑战。腿离垫子越近，对相关肌肉的力量要求就越高。

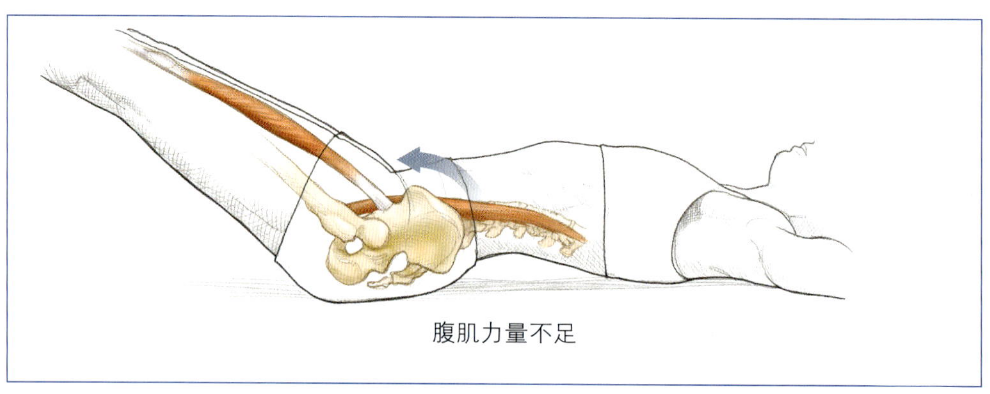
腹肌力量不足

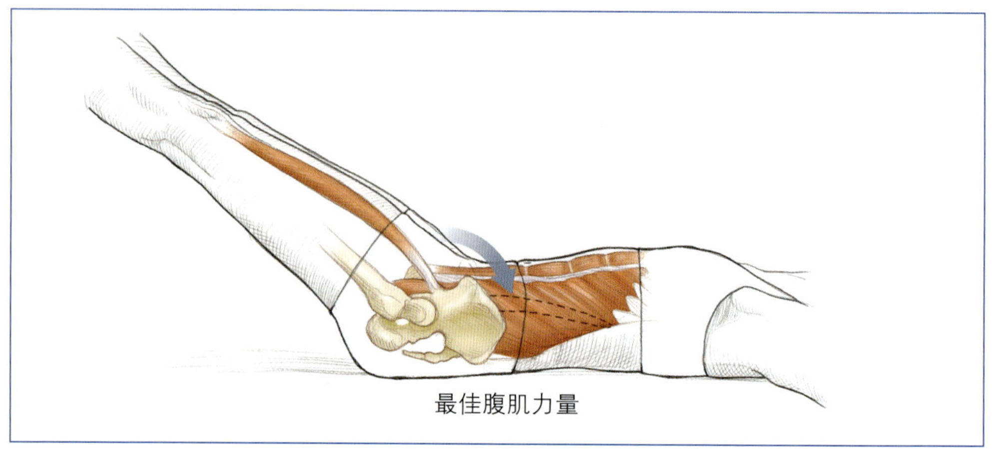
最佳腹肌力量

可选动作

必要时可将腿抬至与垫子垂直，以保持骨盆和腰背部的稳定。随着稳定性的增加，再把腿慢慢下移。如果腘绳肌很紧，可让双腿伸至刚好感到腘绳肌绷紧；也可以先在动作中将腿抬至桌面姿势，或屈膝，脚平放在垫子上。

变式

可以在第三步吸气时停一会儿，再在呼气时手臂泵压。呼气有助于内收腹壁，在双臂第一组5个节拍呼气时建立骨盆稳定性。一旦稳定性建立，在随后的5个节拍吸气及接下来的9组呼吸中保持这个姿势。

单腿伸展

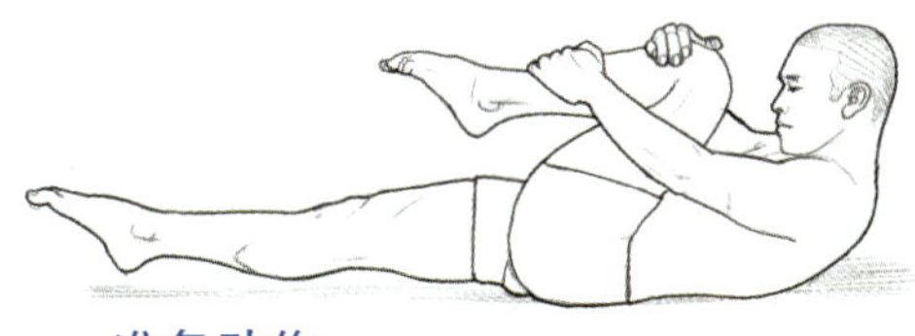

准备动作

腹外斜肌
腹直肌
肱二头肌
股四头肌
腓肠肌
比目鱼肌
背阔肌
大圆肌

第三步

动作要领

1.*准备动作*。仰卧平躺，头和肩胛骨抬离垫子（同卷腹抬起，第48页），一条腿屈膝靠向前。同侧手握住近踝处胫骨。另一只手放在膝关节上。另一条腿伸直稍上抬，腰背部贴在垫子上。双脚脚尖微微绷直。

2.*吸气*。屈曲直的腿，伸直屈曲的腿。

3.*呼气*。完成双腿交替动作。当腿完全伸直时，呼气，并将双手如图所示放在另一条腿上。姿势同准备动作。每条腿重复动作5次，共10次。每次双腿交换完毕时呼气。

目标肌肉

脊柱屈肌：腹直肌、腹外斜肌、腹内斜肌。

辅助肌肉

脊柱前稳定肌：腹横肌。

髋关节屈肌：髂腰肌、股直肌。

髋关节伸肌：臀大肌、腘绳肌。

膝关节伸肌：股四头肌。

踝关节跖屈肌：腓肠肌、比目鱼肌。

肩关节屈肌：胸大肌（锁骨端）、三角肌前束。

肩关节伸肌：背阔肌、大圆肌、胸大肌（胸骨端）。

肘关节屈肌：肱二头肌、肱肌。

肘关节伸肌：肱三头肌。

技巧要点

- 在第一步中，紧紧内收腹壁。在整个动作中，腰背部和骶骨要紧贴垫子。在第二步和第三步中使用髋关节屈肌和伸肌交换双腿时，要保持髂前上棘不动。
- 运动中注意持续收缩腹肌，以免在双腿交换动作时背部下降。
- 在保持身体平衡时，抬起一条腿，并伸直。膝关节伸肌伸直膝关节，踝关节跖屈肌绷紧脚背，它们共同产生运动中的腿部线条。
- 肩胛骨中立位，在肩关节屈肌帮助双手由一条腿交换到另一条腿时，肩胛骨不要朝耳朵方向耸起。肘关节伸肌使手伸向脚踝，肘关节屈肌弯曲手臂帮助其交换到另一侧膝关节处。双肘关节屈肌帮助手臂将膝关节拉向胸前。然后保持膝关节不动，双手下压，肘关节向下朝向垫子，这样有助于肩关节伸肌帮助保持躯干离开垫子的转矩。
- *想象*。想象双腿像活塞一样运动，身体就像引擎是动力来源，但要保持不动。

注意事项

单腿伸展是很好的增强腹肌力量的练习。在保持躯干上部离开垫子、维持腰背部和垫子接触、内收腹壁中，腹肌起了很多作用。腹肌收缩有助于维持在双腿交替运动时很难维持的骨盆和脊柱稳定性。

变式

也可以把屈曲的腿屈到垂直位置，而不用贴近胸部。双手都放在膝关节上方，小腿和垫子平行。这个动作可以使躯干抬得更高，使腹肌得到更好的锻炼。

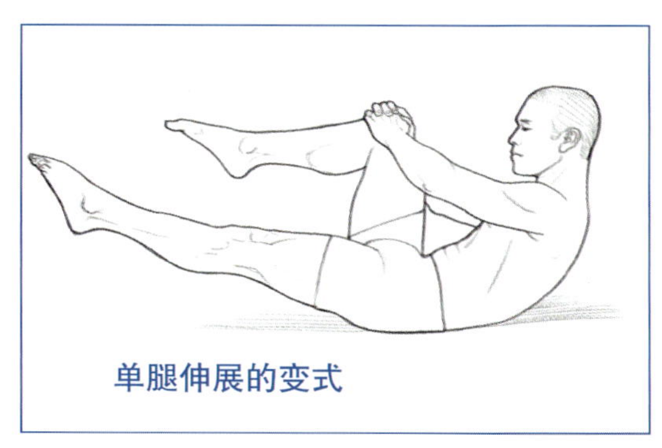

单腿伸展的变式

单腿朝天（腘绳肌伸展）

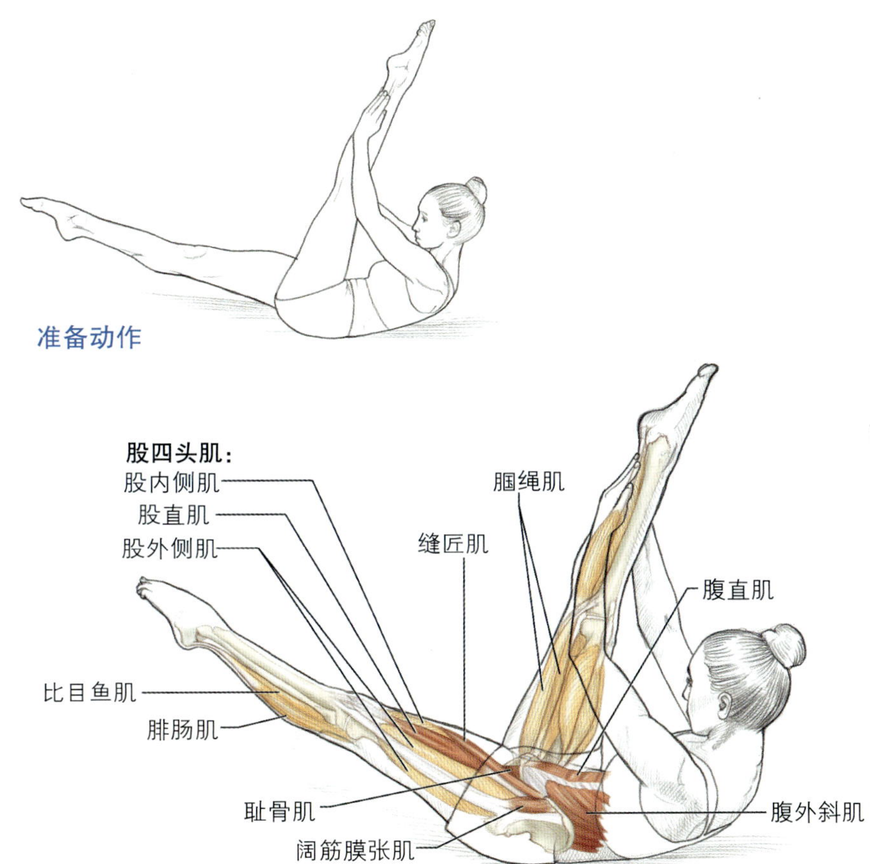

动作要领

1.*准备动作*。仰卧平躺，头和肩胛骨抬离垫子（同卷腹抬起，第48页）。一条腿抬向额头，双手抓住其近踝处。另一条腿在腰背部可以与垫子接触保持平衡的情况下，抬起一定高度。双膝伸直，双足微微绷直。

2.*呼气*。微微内收腹壁。与此同时，将抬起来的腿拉近前额。如此拉2次，同时呼气2次。

3.*吸气*。保持双腿伸直的同时，交换双腿，双手握紧另一条腿近踝处。

4.*呼气*。如主要肌肉图所示，再次将腿拉近前额。拉腿2次，同时呼气1次。每条腿做5次，共做10次。吸气时换腿，而后拉腿2次，同时呼气2次。完成后，回到起始位置。

目标肌肉

脊柱屈肌：腹直肌、腹外斜肌、腹内斜肌。

髋关节屈肌：髂腰肌、股直肌、缝匠肌、阔筋膜张肌、耻骨肌。

辅助肌肉

脊柱前稳定肌：腹横肌。

髋关节伸肌：臀大肌、腘绳肌。

膝关节伸肌：股四头肌。

踝关节跖屈肌：腓肠肌、比目鱼肌。

肩关节屈肌：三角肌前束、胸大肌（锁骨端）。

技巧要点

- 在第一步中，紧紧内收腹壁。在整个动作中，尤其是交换双腿时，腹肌等长收缩，保持腰背部紧贴垫子、躯干上部上抬和骨盆稳定性。
- 在保持核心稳定性的同时，向空中伸直腿部。伸膝关节伸肌伸直膝关节，踝关节跖屈肌绷紧脚背，它们共同产生运动中的腿部线条。
- 第三步起始时，在保持腿部线条的同时，使用髋关节屈肌上抬下边的腿，髋关节伸肌下降上边的腿。当上边的腿下降到垂直位置以下时，髋关节屈肌在控制这条腿不受重力影响落下的过程中尤为重要。
- 在第四步，在抬起的那条腿朝向前额运动的过程中，注意下边的腿保持在一个不变的高度。这样会动态牵张腘绳肌。使用肩关节屈肌拉上边的腿时，肘关节朝向两侧。
- 注意保持肩胛骨中立位，不要内收或上抬。
- *想象*。想象双腿在快速、敏捷地运动，就像张开又合上的剪刀。但腿运动时，臀部保持不动。

补充说明

单腿朝天与单腿伸展（第73页）密切相关。唯一的不同就是在单腿朝天中两条腿都是直的。腘绳肌通常很紧，保持上边的腿伸直，可以动态拉伸腘绳肌。直腿放下需要腹肌有更强的收缩，以保持骨盆和腰背部的稳定性。

可选动作

如果腘绳肌太紧，可以把双手的握点向下移动，或者在抬起的腿向前额移动时，微微弯曲该腿膝关节。

变式

可以将下面的腿放在垫子上。这种姿势可以限制骨盆向后倾斜的程度，增强抬起腿的腘绳肌的柔韧性。

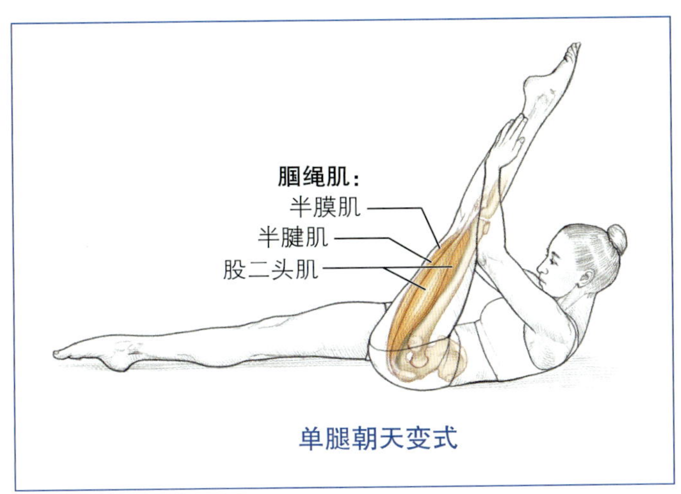

单腿朝天变式

双腿伸展

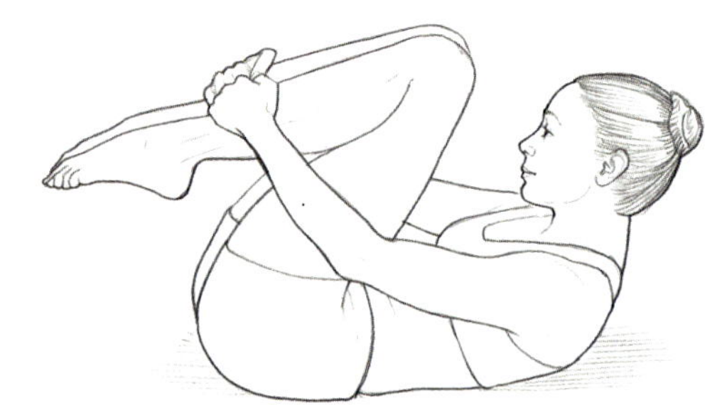

准备动作

第二步

动作要领

1.*准备动作*。仰卧平躺，头和肩胛骨抬离垫子（同卷腹抬起，第48页）。屈曲双膝靠向胸前，双手分别放于两侧胫骨上。

2.*吸气*。如图所示，双手放于双腿两侧。与此同时，在腰背部与垫子接触的情况下，双腿伸直并抬高至一定高度。

3.*呼气*。屈曲双膝靠向胸前，同时双手回到起始位置，放于两侧胫骨上。重复这个动作10次。

目标肌肉

脊柱屈肌：腹直肌、腹外斜肌、腹内斜肌。

髋关节屈肌：髂腰肌、股直肌、缝匠肌，阔筋膜张肌、耻骨肌。

辅助肌肉

脊柱前稳定肌：腹横肌。

髋关节伸肌：臀大肌、腘绳肌。

髋关节内收肌：长收肌、短收肌、大收肌、股薄肌。

膝关节伸肌：股四头肌。

踝关节跖屈肌：腓肠肌、比目鱼肌。

膝关节屈肌：腘绳肌。

肩关节屈肌：三角肌前束、胸大肌（锁骨端）。

肘关节屈肌：肱二头肌、肱肌。

肘关节伸肌：肱三头肌。

技巧要点

- 在第一步中，骨盆处的下腹肌和肋骨处的上腹肌都要用力，把腹壁内收成“C”形。在整个动作中，腰部都要贴在垫子上。
- 伸直双腿，以在身体蜷缩时保持躯干稳定。髋关节伸肌可以使大腿离开胸前。之后，髋关节屈肌是维持该姿势、抵抗重力、防止双腿落在垫子上的关键。在膝关节伸肌伸直双腿时，运用髋关节内收肌微微内收双腿。同时，双脚在踝关节跖屈肌的作用下绷紧，从而得到第二步中所要求的腿部线条。之后第三步中，髋关节屈肌和膝关节屈肌使腿收回。
- 在第二步双臂移动时，肘关节伸肌伸直手臂，指尖向前。在第三步中，肘关节屈肌屈曲肘关节。在整个动作中，肩关节屈肌的作用是对抗重力，防止双臂下滑。
- *想象*。整个动作应该是快速伸缩的过程。四肢就像弹簧一样，伸直时被拉长了，在身体收缩时弹簧弹回到自然状态。

补充说明

双腿伸展比单腿伸展（第73页）要难得多。在伸展的动作中，双腿伸得离动作中心很远。这就要求腹肌有一定的力量和技巧来维持所要求的姿势。尽管对一些人来说这个动作挑战一下还是可以完成的，但是就像百次呼吸（第70页）一样，这个动作对多数人来说确实难度太高。如果需要，可以参考可选动作。

可选动作

双腿伸直往上抬，抬到骨盆可以保持平衡而腰背部又不弓起为止。如果感到腘绳肌很紧，双腿可以稍微弯曲。

变式

如果想更加强化腹肌的训练，可以如下页图所示，把双臂抬过头顶。在双腿做标准动作时，绕着起始位置转动双臂。对腹肌要求更强的动作：把大腿置于垂直位置，屈膝像单腿伸展变式描述的那样，把上身抬得更高，做同样的动作。

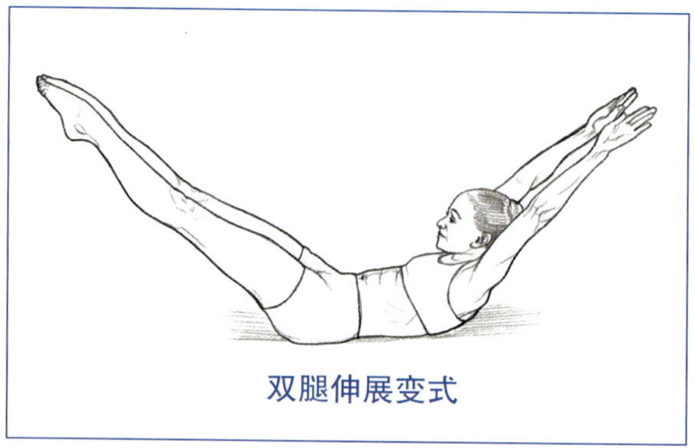

双腿伸展变式

“十”字交叉

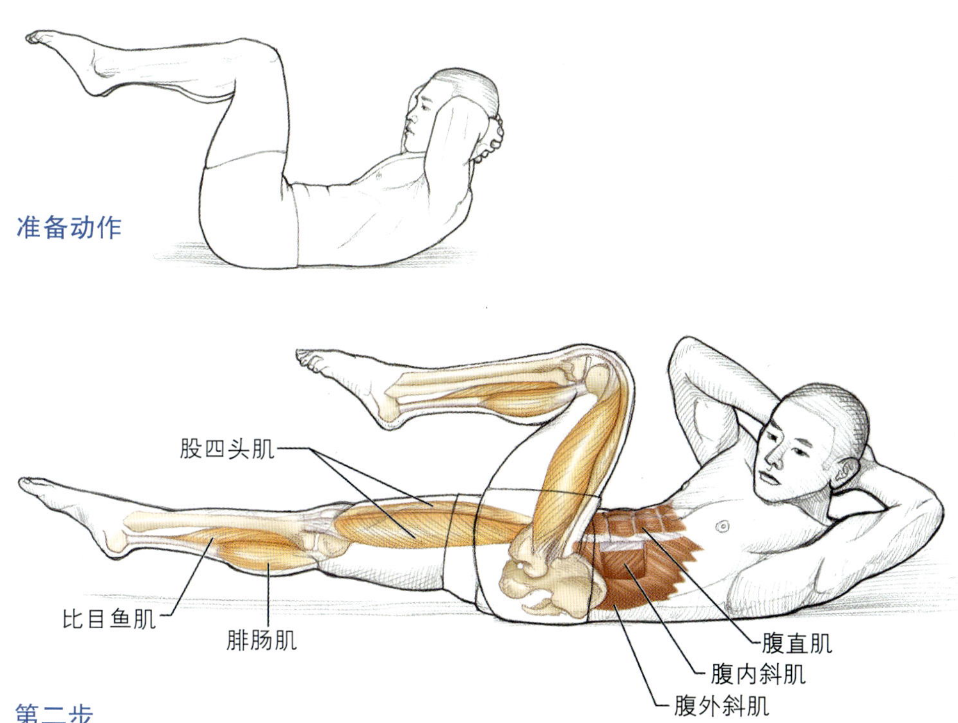

动作要领

1.*准备动作*。仰卧平躺，头和肩胛骨抬离垫子（同卷腹抬起，第48页）。双腿呈桌面姿势，膝关节微收向胸前，双脚微微绷直。双臂弯曲，双手交叉置于脑后。

2.*呼气*。如图所示，伸直一条腿，同时躯干向另一条腿的方向扭转。

3.*吸气*。伸直第二步中屈曲的腿，屈曲第二步中伸直的腿，躯干回到起始位置。

4.*呼气*。双腿动作交换时，躯干转向另一侧。一条腿完全伸直，另一条腿收于胸前。该动作每条腿做5次，双腿总共10次。完成双腿交换和躯干扭转一次，呼气一次。

目标肌肉

脊柱屈肌和旋转肌：腹直肌、腹外斜肌、腹内斜肌、腹横肌。

辅助肌肉

髋关节屈肌：髂腰肌、股直肌。

髋关节伸肌：臀大肌、腘绳肌。

膝关节屈肌：股四头肌。

踝关节跖屈肌：腓肠肌、比目鱼肌。

技巧要点

- 在单腿伸展（第73页）中详细讨论过以下几点，在此动作中依然要注意。在第一步中，紧紧内收腹壁。在整个动作中，腰背部和骶骨要紧贴垫子。
- 在腹斜肌和腹横肌收缩扭转躯干上部时，不要让骨盆转动，以防止骨盆朝所转动方向抖动。骨盆应均匀地贴在垫子上。
- 腹肌收缩以帮助躯干上部扭转时抬起，维持躯干“C”形弯曲。
- 在保持核心稳定性的同时，伸出一条腿。使用髋关节伸肌将大腿拉离胸前。完美地使用膝关节伸肌伸直腿部，使用踝关节跖屈肌绷直双脚，得到要求的腿部线条。
- 保持肩胛骨中立位，避免耸肩。
- *想象*。把腿伸到空中，就好像有一根线拉着脚趾，协调髋关节屈肌的运动。髋关节屈肌收缩以防止腿由于重力落在垫子上，并在第三步中把伸直的那条腿收回胸前。

补充说明

“十”字交叉和单腿伸展（第73页）的动作很像，但因为双手放到了头后，所以比单腿伸展对腹肌力量的要求更高。又因为增加了扭转的动作，所以更难保持平衡，对腹斜肌和腹横肌的要求也更高。这些肌肉是在运动中保持脊柱稳定性的关键，尤其是在四肢的运动，如抬重物、跑步、弹跳等。

腹斜肌和腹横肌协同作用需要一定的技巧。就像在卷腹旋体（第58页）中描述的，维持“C”形姿势的同时将一侧胸廓朝向另一侧髋关节扭转有助于做出要求的动作。要围绕中心扭转，防止把胸廓变成中心区的一边。还有一个常见的错误，就是朝一侧骨盆转（脊柱侧屈）。

“V”形悬体

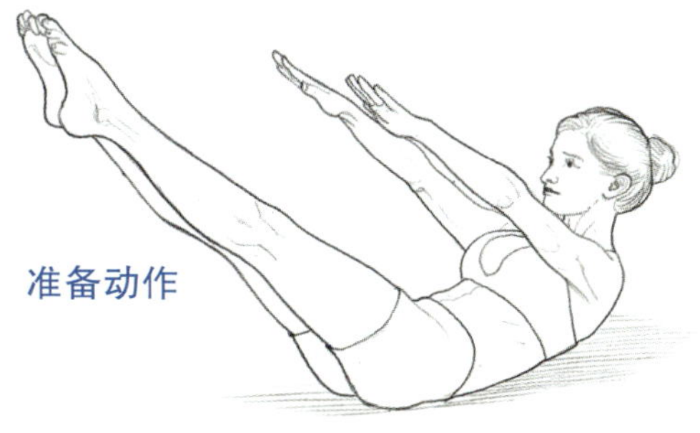

准备动作

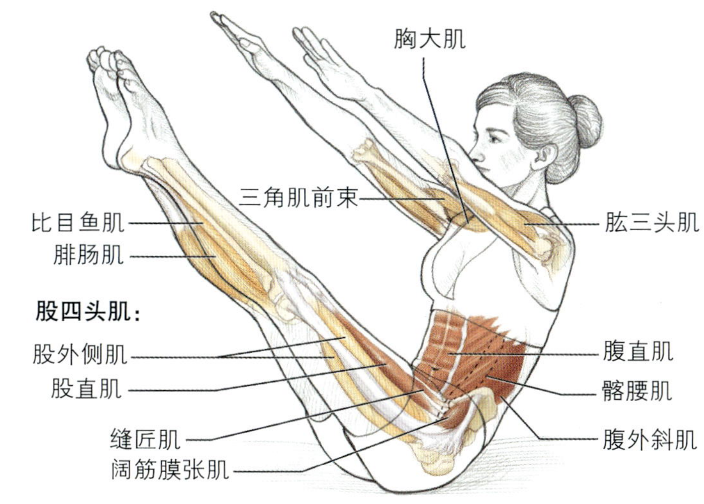

第二步

动作要领

1.*准备动作*。仰卧平躺，头和肩胛骨抬离垫子，内收腹壁靠向脊柱。在可以保持平衡的情况下，伸直双腿，绷直双脚，双腿抬至与垫子约成60°角。手臂前伸，掌心朝下，使双手与双腿平行。

2.*吸气*。如主要肌肉图所示，向斜上方抬起躯干，直到臀部可以使用上图所示肌肉保持身体平衡。保持双臂与双腿平行。

3.*呼气*。躯干回落至起始姿势。重复该动作5次。

目标肌肉

脊柱屈肌：腹直肌、腹外斜肌、腹内斜肌。

髋关节屈肌：髂腰肌、股直肌、缝匠肌、阔筋膜张肌、耻骨肌。

辅助肌肉

脊柱前稳定肌：腹横肌。

髋关节内收肌：长收肌、短收肌、大收肌、股薄肌。

膝关节伸肌：股四头肌。

踝关节跖屈肌：腓肠肌、比目鱼肌。

肩关节屈肌：三角肌前束、胸大肌（锁骨端）。

肘关节伸肌：肱三头肌。

技巧要点

- 注意用力保持腹壁卷曲的姿势。这样可以防止在髋关节屈肌（特别是髂腰肌）用力收缩维持双腿上抬的姿势时，腰背部弓起或骨盆前倾。特别是在第二步和第三步中，髋关节屈肌在帮助躯干上抬或下降时。
- 整个动作中，保持双腿不动；用髋关节内收肌并拢伸在空中的双腿，膝关节伸肌伸直双腿，踝关节跖屈肌绷直双脚。
- 注意使用腹肌平稳地上抬和下降躯干。在第二步中，脊柱一节节从上到下连续地抬离垫子，在第三步中，脊柱一节节从下到上回到垫上。要避免直接从臀部抬起，否则，就是髋关节屈肌用力过度了。
- 注意使用肘关节伸肌保持手臂绷直。同时，在使用肩关节屈肌维持手臂的姿势时，使用肩关节下降肌避免上抬肩胛骨。
- 手臂和双腿协调运动过程中保持两者平行。
- *想象*。想象有人轻握您的脚趾，在您的躯干上抬和下落时，帮您维持双腿不动。

补充说明

“V”形悬体是一个普拉提标志性动作。这个动作可以加强腹肌和髋关节屈肌的力量和耐力。同时还要和脊柱、膝关节的动作相协调，保持平衡。“V”形悬体整合了引体屈身（第66页）中脊柱关节的动作，以及百次呼吸（第70页）和双腿伸展（第78页）中抬起双腿的动作。分腿滚动（第96页）是有效的平衡训练方法。如果躯干抬起得过高，使得腘绳肌太紧，身体很有可能会向前落下。如果双腿上抬过高，而感到腘绳肌很紧或腹肌很吃力，躯干也很有可能会向后落下。要想成功做出这个动作，身体各处协调平衡，以及腹肌和髋关节屈肌的配合很重要。

把“V”形悬体放在本部分的最后，是因为这个动作需要很多前面动作的训练才能成功做出来。如果力量和技术不够，可采用可选动作直到可以完全胜任本动作。双腿是很重的，如果骨盆和腰背部不能保持稳定，很有可能造成腰部拉伤等损伤。“V”形悬体对康复期的患者来说很危险。如果背部不舒服或禁忌做这样的动作，请不要进行该项练习。

可选动作

如果不能平稳地把身体屈成深"V"形，可以微微屈膝。这么做可以使腘绳肌放松，从而可以把躯干抬得更高，并降低双腿靠近骨盆的难度。这样腿上的重量就减少了（转矩减少）。

变式

"V"形悬体有很多变式。有些训练机构把"V"形悬体和另一种双腿不动躯干活动的类似动作叫作1型悬体（Teaser 1）。2型悬体（Teaser 2）是指保持躯干抬起，只上抬或下降双腿的动作。3型悬体（Teaser 3）是指躯干和双腿同时下降，然后同时上抬做出"V"形的动作。

很多普拉提训练机构还要求在此动作"V"形姿势时，把背挺直，而不是弯曲脊柱。这样不仅要对抗弯着身子的姿势（驼背），同时还可以协同收缩腹肌，使脊柱屈肌产生预期的胸椎伸展，而不会造成腰椎过伸。也可以在"V"形姿势时，或者在第三步末转矩位置较低时，把双臂伸直于头上。

"V"形悬体变式

通过椎体契合提高脊柱灵活性 6

脊柱的运动是一个复杂的过程。正如之前第2部分所描述过的，脊椎由24块分别位于颈、上背部、腰背部的具有活动性的颈椎、胸椎和腰椎构成。它们通过椎体部的椎间盘和位于椎弓部的小的滑车关节连接。无数的韧带和肌肉与脊椎相连。五块骶椎合成一块骶骨，上接第五腰椎。

普拉提的练习目的就是完成骨与骨之间精细而连贯的活动。这个理想的精细动作叫作椎体良好契合（spinal articulation）。在解剖学中，articulation指的是关节，但它还有其他用法，如“清晰发出乐谱中的每个音符”或“结合或相互关联的行为方式”。这些用法更像这个动作在普拉提中的功能。术语良好契合（fine articulation）（本部分锻炼的目标之一）就是脊柱运动的协调性。

脊柱运动是多方向的，普拉提的目的在于使脊柱在所有方向的运动中都能达到良好的协调性。脊柱的灵活性很重要，这也是本部分的重点。许多人的腰背部缺乏灵活性，很难完成一般动作。因为腰背部自然后弯（呈凹状），所以锻炼脊柱灵活性的目的在于开阔腰背部曲线，帮助恢复健康的活动度。尽管有些人的腰背部有足够的灵活性但缺乏较好的控制。

因为腹部的肌肉为脊柱屈肌，所以第5部分的锻炼和本部分较为相似，有许多共同的益处。第5部分的动作更注重肌肉的伸展与耐力，本部分的动作则强调脊柱的移动和接合。脊柱伸展（第87页）在坐姿中应用了精巧的脊柱弯曲。接下来的四个动作需要在翻滚中保持弯曲的姿势并且要求维持脊柱的良好接合。后滚（第89页）练习了基本技巧，而海豹拍鳍（第91页）因增加腿部的快速动作而提升了难度。蟹式（第93页）包含更多动作——向前、向上和过膝。分腿滚动（第96页）要求在翻滚时保持双腿呈“V”形。下面四个动作能有效锻炼腘绳肌和腰背部。弓身挺腰式（第99页）先展示了基本技巧，回力镖式（第102页）结合了腿部伸展和“V”形悬体（第83页）的平衡挑战，倒置平衡（第106页）需要上抬一条腿，折叠刀（第108页）需要抬起双腿并保持脊柱弯曲的姿势。

本部分涵盖了一些最有争议的普拉提动作，包括一些脊椎极限弯曲的动作。在这些动作中，自身重量由肩膀和颈部承担。尽管许多普拉提从业者宣告这些练习的益处，但仍有很多内科专家对于其风险发出了警告。做这些动作时一定要格外小心。练习之前要先去咨询医生，以确定这些动作及其可选动作是否适合您。在进行这些锻炼前一定要充分热身，并且在掌握基本动作之前不要试图完成更高阶的动作。这些动作需要颈部承重，因而医学人士通常会建议孕妇、围绝经期或绝经后的妇女、有骨质疏松或颈部问题的人避免进行这些动作的锻炼。虽然脊椎屈曲的练习会改善一些腰背部不适，但也可能加重某些类型的腰背部问题。

脊柱伸展（脊柱前屈）

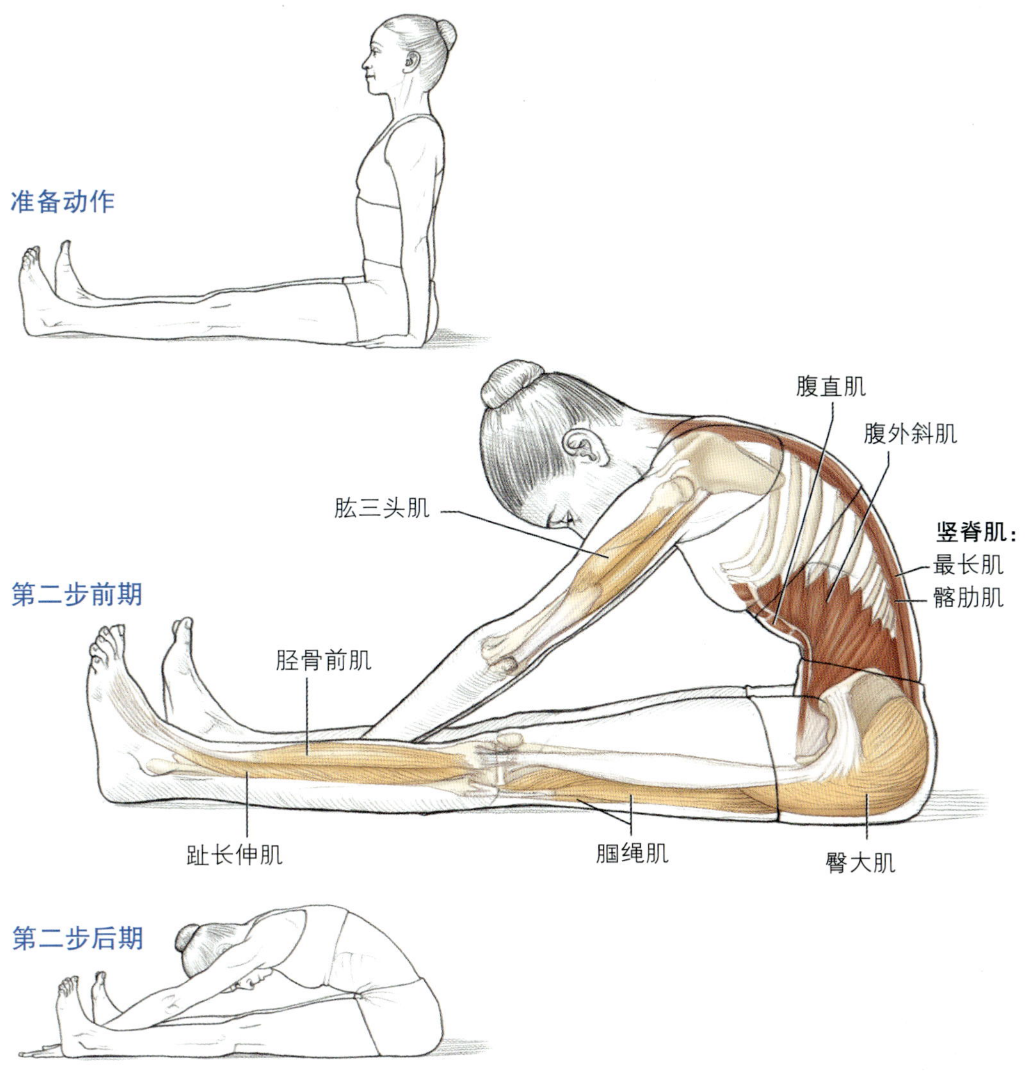

动作要领

1. *准备动作*。躯干直立坐姿。膝关节伸直，双腿分开略比肩宽，踝关节背屈。保持手臂伸直位于身体两侧，手掌放于垫子上。

2. *呼气*。如上图所示，在头和脊柱上部下卷时收紧腹壁，手向前伸，双手在腿内侧于垫子上向前滑行。

3. *吸气*。向后上方卷起脊柱，回复起始姿势。重复上述动作5次。

目标肌肉

脊柱伸肌：竖脊肌（棘肌、最长肌、髂肋肌）、半棘肌，深层脊柱周围肌肉。
脊柱屈肌：腹直肌、腹外斜肌、腹内斜肌。

辅助肌肉

脊柱前稳定肌：腹横肌。
髋关节伸肌：臀大肌、腘绳肌。
踝关节背屈肌：胫骨前肌、趾长伸肌。
肩关节屈肌：三角肌前束、胸大肌（锁骨端）。
肘关节伸肌：肱三头肌。

技巧要点

- 第二步开始时，在身体下卷的过程中保持头部靠近躯干。运用腹肌内收腹壁并下拉胸廓前部，在坐姿中回到脊柱弯曲程度最大的状态。当腹肌收缩使躯干下方呈现环抱的形状时，运用脊椎伸肌抵抗重力影响，平稳地控制躯干上方的下降趋势。持续下降脊柱，在下降过程中感受每块椎骨的运动。
- 开始时注意保持骨盆垂直。当躯干前伸时，等长收缩髋关节伸肌，阻止骨盆顶部相对于大腿前移（阻止臀部弯曲）。
- 在第二步结束的时候，稍稍前倾骨盆顶部，使手臂前移来更大限度地拉伸腘绳肌。利用踝关节背屈肌使足部前弯，加强前倾腿部的锻炼。在保持脚跟紧贴垫子的同时，注意脚跟前倾。
- 要达到理想的锻炼手臂的目的，需要保持肩胛骨下沉处于中间位置。同时利用肩关节屈肌帮助手臂向前滑动，利用肘关节伸肌伸直肘部，感觉手臂被拉长。
- 在第三步上卷的过程中，利用腹肌将腹壁向内收紧。同时想象每移动一下在骶骨上叠加一块椎骨；然后再从腰椎开始向上堆叠，直到脊柱伸肌带着脊柱回到垂直状态。
- *想象*。在下卷和上卷的过程中，想象有一条带子拴在腰上，拖着腰部向后拉，在手臂和腿部向前伸展时加深环抱动作。

补充说明

脊椎伸展为锻炼精细的脊柱关节提供了非常好的机会。它通过在稳定的坐姿中利用两个关键的脊柱姿势——挺直和卷起。在普拉提中弯曲脊椎的共同目标是卷曲腰背部而不只是上背部。因为上背部（胸椎）自然地前凹，所以这部分脊椎很容易过度前弯。脊柱伸展有助于腰背部获得足够的近圆形弯曲锻炼，以及使腘绳肌和脊柱下部伸肌获得动态拉伸。

后滚（滚动如球）

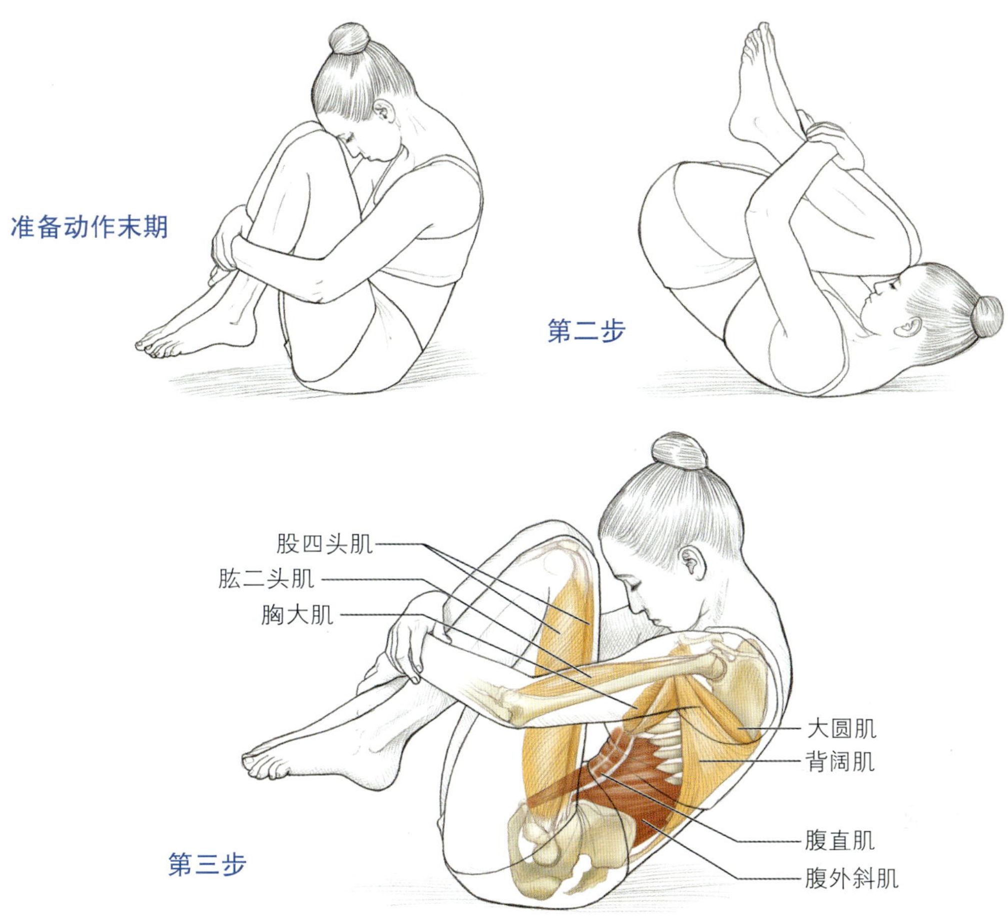

动作要领

1. *准备动作*。膝盖和双腿靠近胸廓坐下，像皮球一样，双脚放在垫子上。在身体柔韧度允许的范围内尽可能地使头部靠近膝盖。紧紧抱住小腿。向后滚动一点，重心放在坐骨上，这样双脚略悬于垫子上方时也能够保持平衡。

2. *吸气*。如图所示，向后滚动直到重心移动到上背部。

3. *呼气*。向前滚动（如主要肌肉图所示）回到起始姿势。连续重复动作10次。

目标肌肉

脊柱屈肌和前稳定肌：腹直肌、腹外斜肌、腹内斜肌、腹横肌。

辅助肌肉

髋关节屈肌：髂腰肌、股直肌。

髋关节伸肌：臀大肌、股后肌群。

髋关节内收肌：长收肌、短收肌、大收肌、股薄肌。

膝关节伸肌：股四头肌。

肩关节伸肌：背阔肌、大圆肌、胸大肌（胸骨端）。

肘关节屈肌：肱二头肌、肱肌。

提示要点

- 第一步中，向内收紧腹壁，从头到尾骨形成一个大的“C”形。髋屈肌帮助大腿离开垫子。
- 在第二步开始时，更加收紧腹壁，这样才能使髂前上棘和身体躯干向后滚动。用刚好足够的动力将重心转移到上背部。
- 在锻炼过程中，注意尽量不要改变髋关节、膝关节、肘关节的角度。想象身体是作为一个整体在滚动。为了达到运动过程中稳定的形态，平衡等长收缩腿部和臂部来维持张力，但不要有明显的移动。尝试利用膝关节伸肌将膝盖略微带离身体，小腿向臀部靠拢，利用肘关节屈肌对抗这些潜在的移动。
- 运用髋关节内收肌在身体滚动过程中保持双腿靠拢。
- *想象*。想象自己处在一个训练球里，随着球来来回回缓慢滚动，依靠球的弧度而能保持脊柱的弧形。

补充说明

后滚以一种不同的方式作用于脊柱关节。它的目的是保持脊柱的弯曲形态，在身体后滚的过程中持续作用于每一块椎骨，片刻后再向前滚动。这个动作要求切换肌肉动力和平衡的方式，这种富有挑战性的技巧会在本部分或其他部分的许多锻炼中应用到。

可选动作

如果腰背部和臀部较紧绷，回到起始姿势很困难或小腿有多余摆动的话，开始时手可以放在大腿后方接近膝盖处。

变式

将双手放在脚踝上，手肘外展，脊柱呈一个更平缓的“C”形，同时加大腰部区域的弯曲，减少上背部的弯曲。

海豹拍鳍（海豹宝宝）

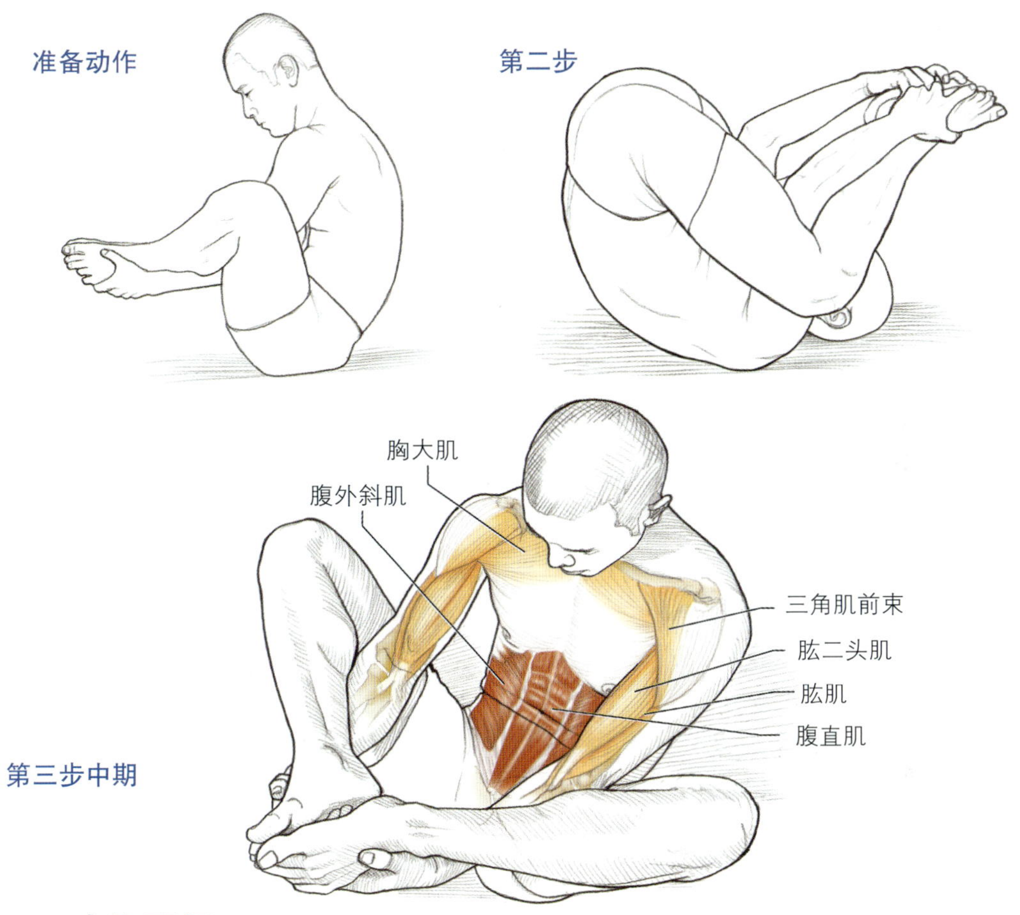

动作要领

1. *准备动作*。坐下，膝关节向胸部弯曲，双膝打开略比肩宽。脚后跟靠拢，脊柱呈“C”形弯曲。手臂置于两腿之间小腿下方，双手分别握住双脚外侧。举高双脚，远离垫子，升高膝关节使其过肩膀。再上体后仰利用坐骨平衡。

2. *吸气*。如图所示，向后滚动，使上背部着地。

3. *呼气*。向前滚动（如主要肌肉图所示）回到起始姿势。拍动双脚2次。连续重复整个锻炼动作10次。

目标肌肉

脊柱屈肌和前固定肌：腹直肌、腹外斜肌、腹内斜肌、腹横肌。

辅助肌肉

髋关节屈肌：髂腰肌、股直肌。

髋关节外展肌：臀大肌、臀小肌。

髋关节内收肌：长收肌、短收肌、大收肌、股薄肌。

膝关节伸肌：股四头肌。

肩关节屈肌：三角肌前束、胸大肌（胸骨端）。

肘关节屈肌：肱二头肌、肱肌。

技巧要点

- 在第一步中用腹肌使骨盆后倾，从头部到尾骨形成“C”形。与此同时，内收腹壁，这样躯干前方可以内收成环抱状。用髋关节屈肌保持双腿离开毯子、大腿靠近胸部的姿势。肩关节屈肌和肘关节屈肌可帮助手臂保持双腿靠近肩膀，同时髋关节外旋的姿势。
- 在第二步开始时，更加收紧下腹壁，使髂前上棘后旋，身体慢慢向后滚动，重心移到上背部。
- 为了便于在第三步中完成反向动作，需要利用髋关节伸肌将大腿带离胸部，双手向下推动双腿（手臂可以阻止实际中髋关节角度的改变）。与此同时，利用腹肌加深腰部弯曲，提升躯干上部，来将身体作为一个整体完成正确的前滚动作。
- 在身体滚动的时候，尝试保持身体形态不变，运用这种概念完成这个动作和后滚（第89页）。
- 一旦达到了初始姿势的平衡状态，轻轻拍动双脚2次，利用髋关节内收肌来分开或闭合双腿。这里需要强调的是，闭合大腿时应猛地发力，动作要快速。
- *想象*。为了平缓流畅地正确完成身体滚动，想象脊柱的弯曲弧度像球、轮子或者铁环，并在滚动时保持这种弯曲弧度。

补充说明

海豹拍鳍因拍动双脚的动作而得名，这个动作像是海豹在拍鳍一样。海豹拍鳍与后滚（第89页）的益处和挑战性有许多共同点，如脊柱伸肌的动态伸展、在翻滚时都需要腹肌来保持脊柱“C”形，动力的技巧性应用和上体后仰时利用坐骨平衡等。在动作的最高点，海豹拍鳍的拍动双脚增加了动作的难度，因其很容易破坏“C”形姿势的动力、平衡和持久性。

可选动作

如果因缺乏平衡力或灵活性而不能完成海豹拍鳍，可以在开始时让膝关节远离肩膀，手臂位于大腿上部外侧，双手握住大腿后方靠近膝关节处。

变式

如果想要增加难度，可以在最低点和最高点动作中各完成拍动双脚3次，在身体滚动前暂时停顿。

蟹式

准备动作

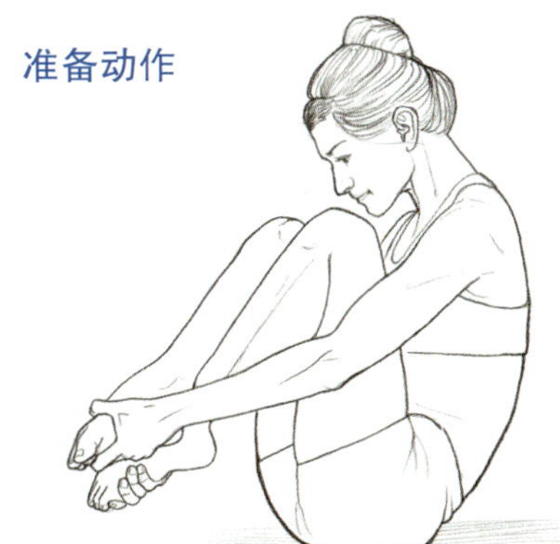

第二步

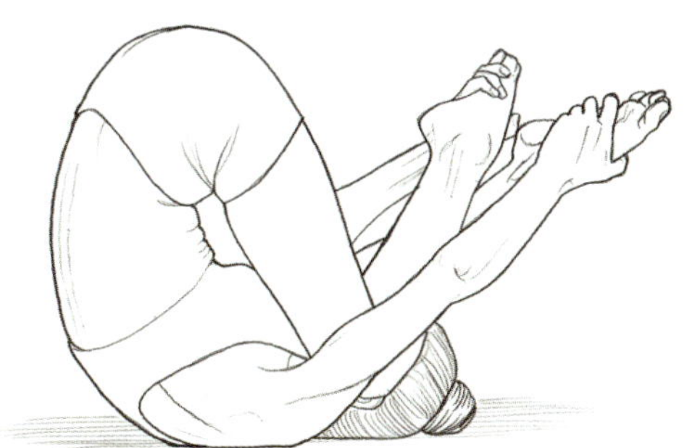

第三步中期

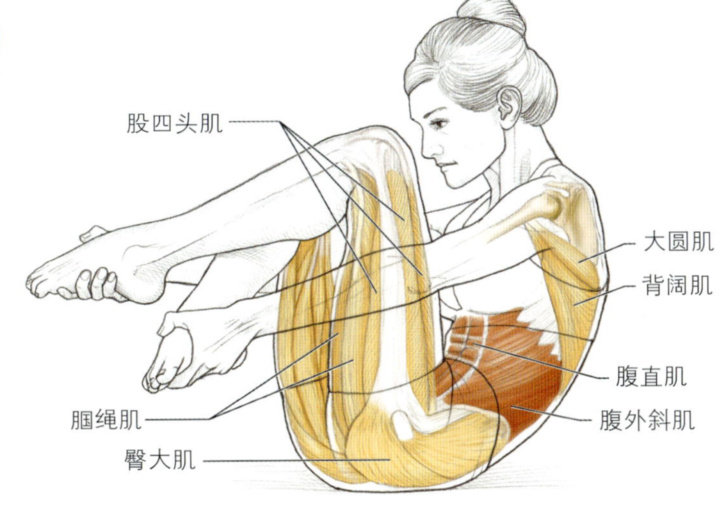

第三步末期

动作要领

1. *准备动作*。坐下，膝关节弯曲，脚踝交叉。脊柱弯曲呈“C”形。手臂绕过大腿，双手交叉握住对侧脚（用右手抓住左脚，左手抓住右脚），肘关节略微弯曲外展。大拇指放在脚的内侧，其他手指绕过足弓握住脚。提升双脚离开垫子，向肩部抬高膝关节。上体后仰时利用坐骨平衡。

2.. *吸气*。如图所示，向后滚动，使上背部着地。

3. *呼气*。向前滚动回到准备动作（如主要肌肉图所示），再将头部如上页图靠到垫子上，然后滚动回到准备动作。连续重复动作6次。在重复动作的最后要回到准备动作的平衡位置。

目标肌肉

脊柱屈肌和前固定肌：腹直肌、腹外斜肌、腹内斜肌、腹横肌。

辅助肌肉

髋关节屈肌：髂腰肌、股直肌。

髋关节伸肌：臀大肌、股后肌群。

髋关节外旋肌：臀大肌。

膝关节伸肌：股四头肌。

肩关节屈肌：背阔肌、大圆肌、胸大肌（胸骨端）。

肘关节屈肌：肱二头肌、肱肌。

技巧要点

- 在第一步中用腹肌使骨盆后倾，从头部到尾骨弯成“C”形。与此同时，内收腹壁，这样躯干前方可以内收成环抱状。用髋关节屈肌保持双腿离开毯子、大腿靠近胸部的姿势。髋关节略微外旋可以帮助膝关节向肩膀内侧靠近。

- 在第二步开始时，更加收紧下腹壁，使髂前上棘后旋，身体慢慢向后滚动，重心移到上背部。努力保持脊柱的“C”形弯曲并尽力维持髋关节和膝关节角度不变。

- 为了方便在第三步中完成反向动作，尝试利用髋关节伸肌将大腿带离胸部，并利用肩关节伸肌将双脚压向臀部。像后滚（第89页）描述的那样，同时协调好膝关节伸肌和肘关节屈肌的收缩，将关节角度改变最小化，帮助身体作为一个整体向前滚动。开始滚动时用腹肌加深腰椎弯曲，然后再在滚动动作中向上带起躯干上部（第三步中期）。

- 在第三步末期身体重量转换到膝关节上时，试着抬高骨盆过膝，同时收缩髋关节伸肌、膝关节伸肌和腹肌。这里膝关节的弯曲角度会减小，让躯干前靠使头部可以触及垫子，并利用髋关节外展肌的作用来保持膝关节面向外的姿势。

- 第三步末期在头部触及垫子时，小心控制向前运动的力量和速度，这样作用于颈椎的力量会非常小。
- 在回到准备动作时，膝关节伸肌和髋关节伸肌的良好离心收缩对控制骨盆下降和保护膝关节来说非常重要。
- *想象*。在翻滚过膝关节、头放到垫子上这一富有挑战性的过程中，想象有一个小伙伴在向上向前拉您牛仔裤的皮带扣，提起您的骨盆。在向后滚动时同样这么想象。这种想象有助于流畅轻盈地正确完成动作，产生一种被举起来的感觉。

补充说明

蟹式是因为在锻炼时双腿和膝关节在两侧、双脚在中心的造型和螃蟹很相似而得名。蟹式是一个高级动作，应该只能让普拉提的技巧性学员和能完美完成后滚（第89页）和海豹拍鳍（第91页）的学员尝试。蟹式拥有后滚和海豹拍鳍共同的益处，包括脊椎伸肌的动态伸展、在翻滚时保持身体呈球形的腹肌和其他肌肉的协调作用、动力的应用技巧和支撑基础上的精妙的平衡力。

蟹式的难度更大——身体的向前动作中，通过膝关节的深度弯曲来承重，膝关节处于易受伤的位置。此外，膝关节朝向身体两侧某个方向而不是正面向前，如果没有良好的形态，会有潜在的膝关节扭转问题。再者，结束的姿势中如果没有保持良好的控制力，颈部伸展的方式可能会变得非常危险。因此，膝关节、颈部有问题或者存在其他身体状况、可能增加相关损伤的潜在风险的人不可进行这项锻炼。

变式

进行蟹式时，在后翻滚的姿势中重复交叉双腿。如下图所示，膝关节弯曲或者伸直，然后再一次弯曲。这个变式为蟹式增添了一个有趣的挑战。腿部和手臂的快速动作要求许多相关肌肉的协调应用来避免打破核心稳定性和动作流畅性。这个变式中手的位置也稍有变化，一些人可能会发现这样有助于他们将双脚保持在中立位置。在最有难度的动作最高点姿势进行呼气，花一些时间来小心适应新的变化动作，正确调整呼吸。在后滚时呼气，双腿动作变化时吸气，前滚时呼气，颈部缓缓伸直时吸气。

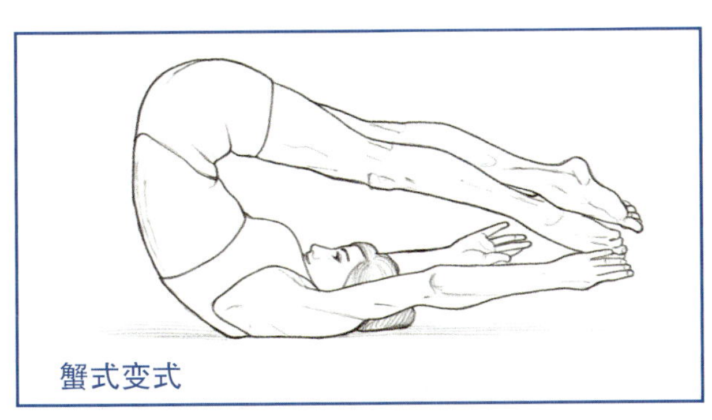

蟹式变式

分腿滚动

准备动作

第二步

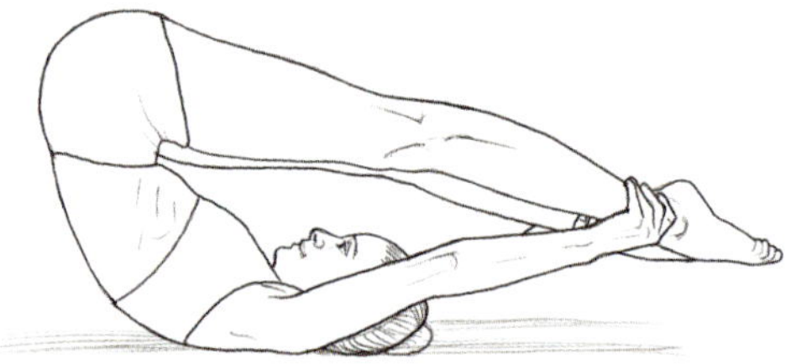

第三步

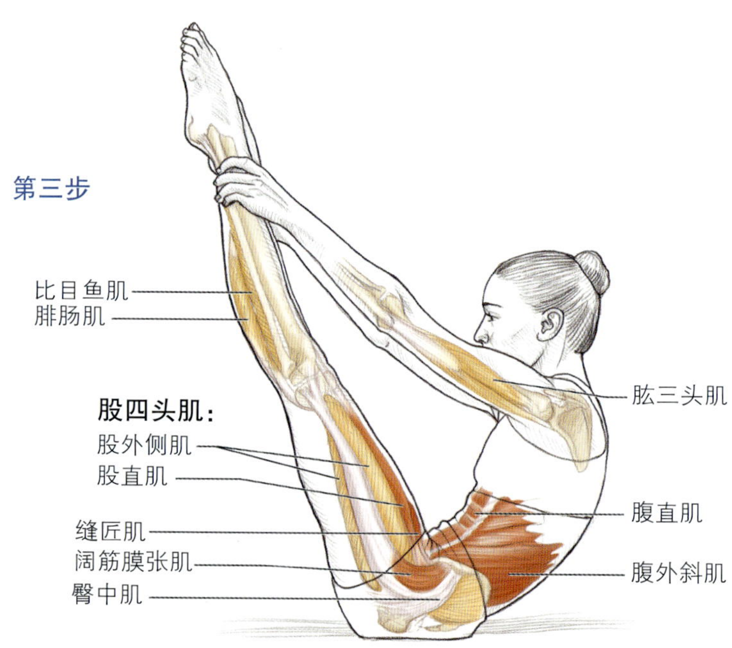

动作要领

1. *准备动作*。上体后仰，用坐骨保持身体平衡，膝关节靠近胸部，两膝分开略比肩宽，腰背部呈“C”形弯曲。双手握住双踝关节略上方。伸直双膝使身体呈“V”形。

2. *吸气*。如上页图所示，向后滚动，重心移到上背部。

3. *呼气*。如主要肌肉图所示，向前滚动回到“V”形姿势。连续重复动作5次。

目标肌肉

脊柱屈肌和前固定肌：腹直肌、腹外斜肌、腹内斜肌、腹横肌。

髋关节屈肌：髂腰肌、股直肌、缝匠肌、阔筋膜张肌、耻骨肌。

辅助肌肉

脊柱伸肌：竖脊肌。

髋关节伸肌：臀大肌、股后肌群。

髋关节外展肌：臀中肌、臀小肌。

膝关节伸肌：股四头肌。

踝关节屈肌：腓肠肌、比目鱼肌。

肩关节屈肌：三角肌前束、胸大肌（胸骨端）。

肘关节伸肌：肱三头肌。

技巧要点

- 在第一步中，收缩腹肌，使骨盆后倾。髋关节伸肌收缩辅助大腿的支撑过程中，尤其是在膝关节伸肌作用下伸直双腿时，要防止腰背部拱起。髋关节内收肌在“V”形姿势中保持双腿分开，同时手臂会阻止双腿分得太开，肩关节屈肌辅助髋关节屈肌来维持双腿离开垫子的姿势。
- 在第二步开始时，使下腹壁更加内收，以便于髂前上棘后旋，促进身体平缓流畅地翻滚至上背部贴地。
- 在身体向后滚动时，保持肘关节伸展，用髋关节伸肌来支持双腿，不要让双腿向胸部滑落。
- 在第三步开始的时候，手臂会阻止髋关节角度的变化，可以尝试利用髋关节伸肌来移动双腿，使其离开胸部，帮助身体朝正确方向滚动。之后在第三步身体向前滚动时，尝试加深“C”形弯曲来帮助翻滚。同时为了帮助躯干上部卷起达到“V”形的平衡，需要利用腹肌使胸廓前面往下压。
- 在整个锻炼的过程中，利用膝关节伸肌来保持膝关节伸直，利用踝关节屈肌缓缓绷紧双脚，这样才能长时间保持大腿线条。想象双腿一直伸长到太空。

- 注意保持肩胛骨处于中间位置。避免让肩膀高过耳朵，特别是在“V”形姿势中。
- *想象*。正如这个动作名称暗示的那样，想象脊柱像摇椅一样平稳地前后滚动。

补充说明

分腿滚动是普拉提的另一个标志性动作。因其具有观赏美学和一定难度，所以在图片中很常见。分腿滚动利用了许多后滚（第89页）中所用到的技巧，但其直腿的姿势实质上增加了难度。这个直腿姿势让许多人能够拉伸腘绳肌，并明显增加了平衡难度。这个锻炼动作中的“V”形姿势也是“V”形悬体（第83页）中的一个必不可少的元素。

可选动作

如果腘绳肌太过紧绷，可以把抓脚踝上方改为抓小腿肚。如果这样调整仍然不够的话，可以稍稍弯曲膝关节，握住大腿后方。

变式

如下图所示，可以以平背完成。在这个变式中，当在第三步卷起身，使用腹部力量保持骨盆中立位的时候，注意让脊柱以对角线的角度向天花板伸展。这有助于提升宝贵的技巧：使用脊柱伸肌来挺直背部，同时在平衡和腿部支持方面保持骨盆不向前倾。

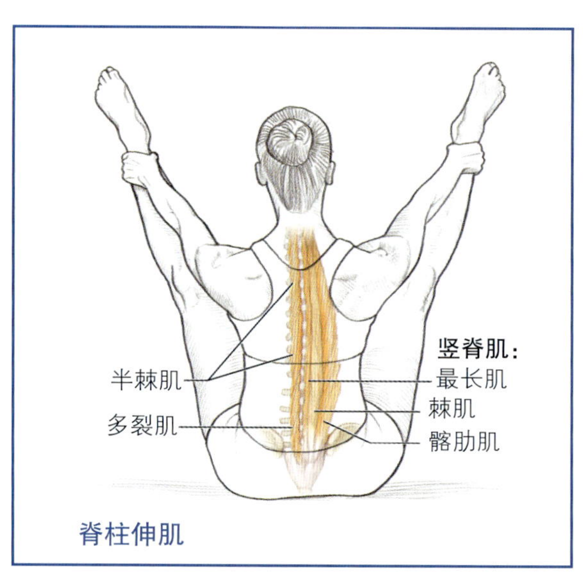

脊柱伸肌

弓身挺腰式

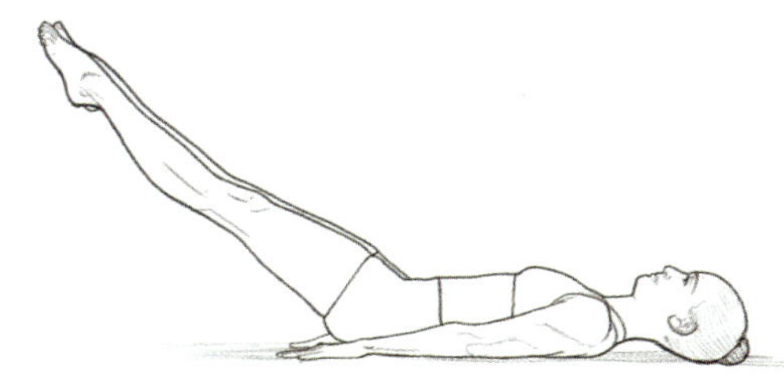

第三步

腓肠肌
腘绳肌
臀大肌
臀中肌
阔筋膜张肌
比目鱼肌
股四头肌：
股外侧肌
股直肌
腹直肌
腹外斜肌
背阔肌
三角肌后束

第四步

动作要领

1. *准备动作*。仰卧，双臂放在身体两侧，掌心向下。保持腿部笔直伸出，与垫子成60°角或者更高些（如果骨盆在60°不能保持稳定）。

2. *吸气*。把腿抬到垂直的位置（髋关节屈曲90°）。

3. *呼气*。如图所示，骨盆离开垫子，双腿越过头部。

4. *吸气*。如上页图所示，朝着垫子把脚放低，如果柔韧性允许的话，可以使双脚触及垫子。然后，两腿分开同肩宽。

5. *呼气*。慢慢把脊柱卷回到垫子上。当骨盆完全放到垫子上的时候，更进一步放下双腿，然后再一起回复到准备动作的姿势。

6. 重复同样的顺序，以第一步双腿分开开始，然后到第四步越过头顶的时候双腿合起。回复的时候双腿并拢，当第五步准备重复动作的时候分开双腿。

7. 重复以第一步双腿并拢开始的动作3次和以双腿分开开始的动作各3次。

目标肌肉

脊柱屈肌：腹直肌、腹外斜肌、腹内斜肌。

髋关节屈肌：髂腰肌、股直肌、缝匠肌、阔筋膜张肌、耻骨肌。

辅助肌肉

脊柱前稳定肌：腹横肌。

髋关节伸肌：臀大肌、腘绳肌。

髋关节外展肌：臀中肌、臀小肌。

髋关节内收肌：长收肌、短收肌、大收肌、股薄肌。

膝关节伸肌：股四头肌。

踝关节跖屈肌：腓肠肌、比目鱼肌。

肩关节展肌：三角肌后束。

技巧要点

- 向脊柱方向内收腹壁并且提上腹壁来保持骨盆稳定，以免当髋关节屈肌上提双腿离开垫子的时候腰部弯成弓形。第一步和第二步均直腿上抬。
- 在第三步早期，使用腹肌使骨盆后倾，继而向脊柱弯曲。从脊柱的底部开始，然后在翻转阶段最大化腰椎的弯曲度。脊柱柔韧性好的人需要同时用脊柱伸肌做微小的收缩来达到预期的“C”形弯曲，不要让中背部和上背部弯曲太多。
- 在第三步和第四步分别用髋关节伸肌来保持双腿离开垫子和控制腿慢慢放低至触及垫子。用髋关节外展肌稍微分开双腿。
- 保持腿部靠近胸部，在第五步腹肌控制脊柱持续降低到垫子上时，尽可能久地保持躯干下部的弯曲。躯干充分放低后，在使用髋关节伸肌控制腿部下降和髋关节外展肌控制腿部抬起时，注意用腹肌来保持髋部和腰部的稳定。
- 整个练习，通过膝关节伸肌来伸直膝关节，用踝关节跖屈肌绷紧脚背来保持修长的腿部线条。想象腿可以在空中向着任何方向伸出。

- 当在第三步抬起骨盆离开垫子时，下按手臂紧贴垫子，让肩关节展肌帮助躯干上部向前。当在第五步放低身体回到垫子的时候，下按手臂紧贴垫子能让肩关节伸肌离心收缩，帮助增加这个动作的难度。
- *想象*。在这个动作的上提阶段，想象骨盆像是绕着一个球弯曲；当骨盆开始下降的时候，想象把球滚向脚趾的方向。

补充说明

可以把弓身挺腰式当作引体屈身（第66页）的相反运动。在引体屈身中强调的是骨盆朝着胸廓而不是胸廓朝着骨盆。集中于用骨盆开始动作可以让每块腰椎有序地得到弯曲，对于提升腰部脊柱关节的技巧有重要意义，也能提升用腹肌后倾骨盆的技巧。在这种练习中，骨盆前倾是一种常见的姿势问题，经常伴随着双腿偏离中心，在百次呼吸（第70页）和“V”形悬体（第83页）也曾讲到这种问题。而用腹肌后倾骨盆可以避免出现骨盆前倾。后倾骨盆激活更多的下腹部肌纤维，做这样的锻炼对于改善核心稳定性是必不可少的。弓身挺腰式对于许多人的腘绳肌和脊柱伸肌提供了动态拉伸。

虽然弓身挺腰式提供许多益处，但是抬腿到头部上方的动作可加重上背部和颈部的屈曲，这对许多人是不合适的。请确认在没有颈部和背部不适的范围内锻炼。练习前应咨询医生，如果有必要，按需求删减或调整训练。

可选动作

在第三步和第四步弯曲背部和放低双腿中，只要达到感觉身体的重量主要由肩部和上背部支撑，而不是脖子支撑即可。这能减小对颈部的压力。如果腘绳肌很紧，首先做到双腿与垫子平行的动作而不是双脚触及垫子的动作。如果腘绳肌还是顽固地不能完成动作，当腿越过头顶的时候允许膝关节轻微弯曲。如果脊柱或肩部紧绷无法在翻转的步骤允许骨盆越过肩膀，在双腿提到头部以上的时候可弯曲肘关节，用双手来支撑骨盆。

变式

可以在双腿越过头顶时足背屈，以便在腿回到准备动作的时候加强动态牵拉腘绳肌和绷紧脚尖。

回力镖式

准备动作
第二步

第三步
三角肌后束
肱三头肌
比目鱼肌
腓肠肌
股四头肌：
股外侧肌
股直肌
缝匠肌
阔筋膜张肌
背阔肌
腹直肌
腹外斜肌

第四步

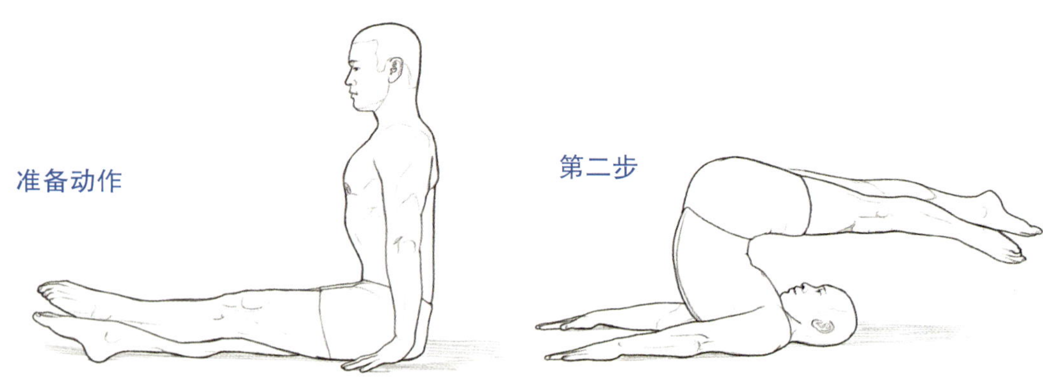

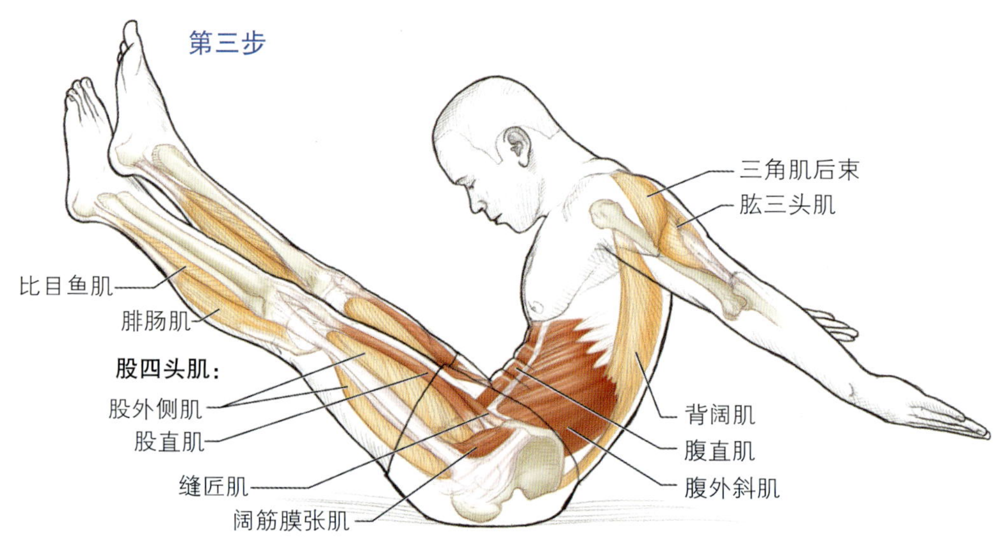

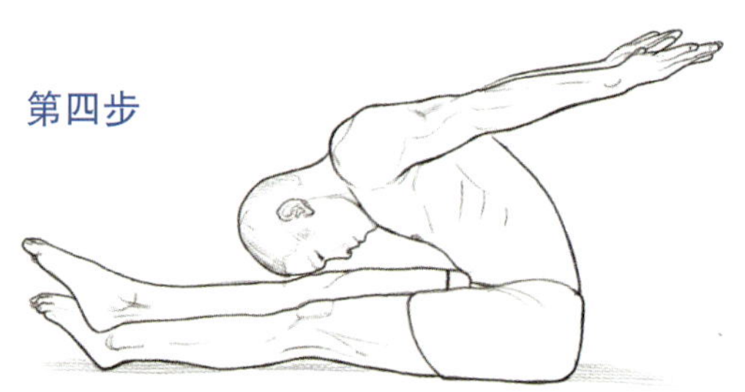

动作要领

1. *准备动作*。背挺直坐好，腿向前伸直。一只脚踝放在另一只脚踝上，脚背绷直。双臂贴着身体，手掌向下，放在垫子上。

2. *呼气*。如上页图所示，把背部卷曲到垫子上方，腿到达头部以上。本步主要肌肉见弓身挺腰式（第99页）。转换双腿，让原本在下方的脚踝换至上方。

3. *吸气*。如主要肌肉图所示，向前向上卷曲身体呈“V”形，同时手臂向后，手掌向上。

4. *呼气*。把腿放低到垫子上，让头靠近膝盖。如果柔韧性允许，双臂如上页图所示继续向后提起。

5. *吸气*。身体保持这个姿势同时手臂画圈回到前方。

6. *呼气*。像第二步一样卷回去。重复上述动作6次，将上方的脚踝换至下方。做完最后一次，回到准备动作。

目标肌肉

脊柱屈肌：腹直肌、腹外斜肌、腹内斜肌。

髋关节屈肌：髂腰肌、股直肌、缝匠肌、阔筋膜张肌、耻骨肌。

辅助肌群

脊柱前稳定肌：腹横肌。

脊柱伸肌：竖脊肌。

髋关节伸肌：臀大肌、腘绳肌。

髋关节外展肌：臀中肌、臀小肌。

髋关节内收肌：长收肌、短收肌、大收肌、股薄肌。

膝关节伸肌：股四头肌。

踝关节跖屈肌：腓肠肌、比目鱼肌。

肩关节屈肌：三头肌前束、胸大肌（锁骨端）。

肩关节伸肌：背阔肌、大圆肌、三角肌后束。

肩关节外展肌：三角肌中束、冈上肌。

肘关节伸肌：肱三头肌。

技巧要点

- 向内向上收腹，防止当髋关节屈肌提起双腿离开垫子的时候腰背部弯成弓形，以及在第二步卷曲的时候形成骨盆后倾。在卷曲开始的时候，应同时移动腿和骨盆。尽量持续保持髋关节弯曲的角度。

• 在第二步结束的时候，用髋关节伸肌保持双腿离开垫子，当转换双腿的时候要始终保持同一个高度。用髋关节外展肌轻微分开双腿，用髋关节内收肌慢慢交换、并拢双腿。

• 在第三步，用腹肌在第一阶段控制骨盆和脊柱连续放低，然后在接下去的阶段卷曲躯干呈“V”形。在髋关节屈肌活动来保持腿离开垫子和帮助身体摆出“V”的动作前，髋关节伸肌帮助双腿远离头部。

• 在第四步，用髋关节屈肌远离中心慢慢放低双腿，同时用腹肌避免让骨盆前倾。通过脊柱伸肌离心收缩来控制脊柱的前倾。

• 整个动作过程中，利用髋关节外展肌保持双腿交叉，膝关节伸肌保持膝关节伸直，踝关节跖屈肌轻轻绷脚背来保持流畅的腿线。

• 下按手臂到垫子上可帮助肩关节伸肌在第二步中抬起上身和第三步中控制下落的幅度。在第三步和第四步，一旦手臂离开垫子，用肩关节伸肌来向后抬起手臂。在第三步和第四步，手臂应向后向上伸展，背阔肌使手臂旋内，肘关节伸肌保持肘部笔直。

• 当在第五步从后向前以弧形收回手臂的时候，肩关节外展肌帮助双手越过垫子。手臂伸至前方时保持其伸展，肩关节屈肌离心性收缩降低手臂到准备动作。

• *想象*。训练的名字“回力镖式”，给训练中节奏的选择和弧度的质量提供了有用的画面。想象当回力镖在一个方向以一个弧度飞行的时候，它改变方向以相同的弧度飞回原来的位置。

补充说明

回力镖式是整个身体在空间里移动的时候，不断变化着挑战核心稳定性和平衡性的复杂运动。虽然它涵盖一系列的肌肉运动，但是与增加力量相比，它对整个身体的协调性和中心控制力的促进更大。它同样让腘绳肌、脊柱伸肌和肩关节屈肌得到不断拉伸。回力镖式融合了弓身挺腰式（第99页）和“V”形悬体（第83页）的难度。只有精通弓身挺腰式和“V”形悬体后才可尝试回力镖式。切记，回力镖式是非常高级的动作，只有适合的时候才能练习。

可选动作

如果腘绳肌的柔韧性不够的话，在翻身做出“V”形动作并且向前伸展的时候（第三步和第四步）可稍微弯曲膝关节来减轻拉伸。

变式

与其保持弯曲的脊柱，不如伸展上背来完成“V”形动作。在第三步手臂前移超过头顶，然后弧形由侧方移至后方。如下页图双手交握，轻轻放下肩胛骨，上提上背部。

当手臂深度后伸对肩关节屈肌产生伸展时，收回双肩，不要前转。在第四步放下双腿后，手臂弧形移到两侧，再朝着脚的方向前伸。

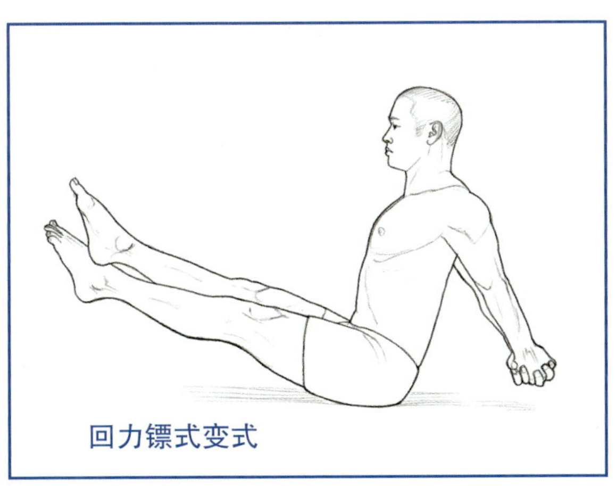

回力镖式变式

倒置平衡

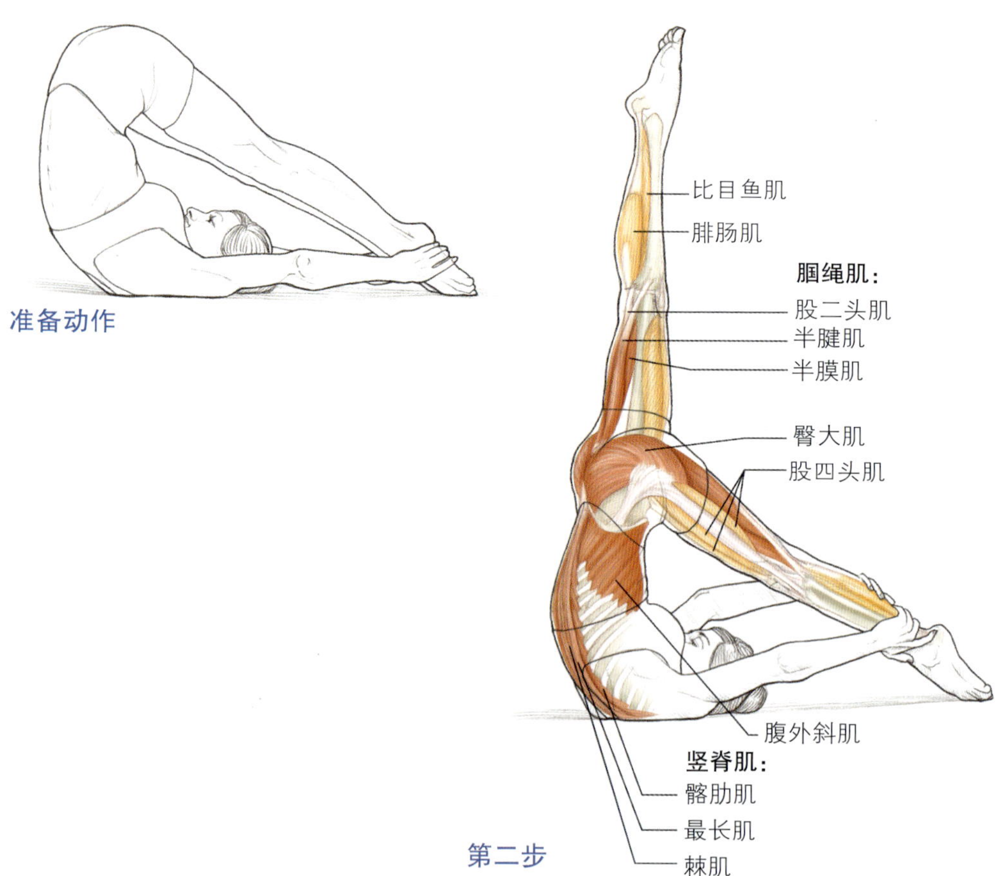

准备动作

第二步

动作要领

1. *准备动作*。按照弓身挺腰式（第99页）的动作，保持双腿越过头顶，双脚慢慢地指向垫子，并尽可能地贴近垫子。移动手臂抓住脚底。

2. *呼气*。移动双手，一只手抓住一条腿的外踝，另一只手抓住同一条腿的小腿。向上抬高另一条腿，如主要肌肉图所示，达到垂直的理想状态。

3. *吸气*。转换双腿，原本在下面的腿垂直向上。两手分别抓住下面腿的外踝和小腿。每侧重复动作3次，一共6次。在最后一次动作后，双腿及脊柱移回垫子侧。

目标肌肉

脊柱屈肌：腹直肌、腹外斜肌、腹内斜肌。

脊柱伸肌：竖脊肌（棘肌、最长肌、髂肋肌）、半棘肌、深层脊柱周围肌肉。

髋关节伸肌：臀大肌、腘绳肌（半膜肌、半腱肌、股二头肌）。

辅助肌肉

脊柱前稳定肌：腹横肌。

髋关节屈肌：髂腰肌、腹直肌。

膝关节伸肌：股四头肌。

踝关节跖屈肌：腓肠肌、比目鱼肌。

肩关节屈肌：三角肌前束、胸大肌（锁骨端）。

技巧要点

• 在第一步，双腿抬过头顶的时候，注意使用腹肌保持脊柱弯成“C”形，保持骨盆在肩膀之上。同时，下部脊柱伸肌轻微收缩减少骨盆后倾，尾骨应朝向天花板。当双腿交替抬高或降低的时候，尽量保持这个核心稳定性。

• 在第二步，一条腿向天花板抬起的时候，注意使用髋关节伸肌上抬大腿后部，使其与骨盆成一直线。在第三步，双腿交换的时候，离心收缩髋关节伸肌平稳控制腿的下降。同时另一条腿的髋关节伸肌向心收缩上抬腿部。

• 为了增加稳定性，肩关节屈肌下压下面腿的踝部。通过保持下面腿的稳定性，髋关节屈肌可防止躯干躺回垫子。

• 在整个运动中，通过膝关节伸肌保持膝关节伸直，踝关节跖屈肌轻轻绷直脚背来维持长的腿线。

• *想象*。想象双腿就像一个量角器，下面的腿是用来固定位置的量角器的一条边，抬高的腿是量角器的另一条边。

补充说明

倒置平衡是一个非常有挑战性的动作，通常情况下，向上伸出一条腿会让身体失去平衡，倒向垫子，因此，这个练习有助于提升中心控制来保持平衡。腹肌、脊柱屈肌、髋关节伸肌和髋关节屈肌的复杂运动对于平衡地完成动作是必要的。除此之外，腿部运动对经常紧绷的腘绳肌和髋关节屈肌的动态伸展也有潜在益处。

在提供诸多潜在益处同时，如弓身挺腰式（第99页）一样，这项运动可加重上背部和颈部的屈曲，因此在练习之前应咨询医生，明确是否适合这项练习。

可选动作

如果腘绳肌的柔韧性不足以完成第二步，双脚可以不触及垫子而保持低腿稳定。如果腘绳肌和腰背部特别僵硬，应先通过其他的普拉提动作，如弓身挺腰式（第99页），锻炼其柔韧性。

变式

在进行这项练习时，可把下面的腿弯曲，在上抬腿达到最高点后，做2次快速呼气并同时做2次轻弹（如同单腿朝天，第75页）。在双腿交换时吸气。

折叠刀

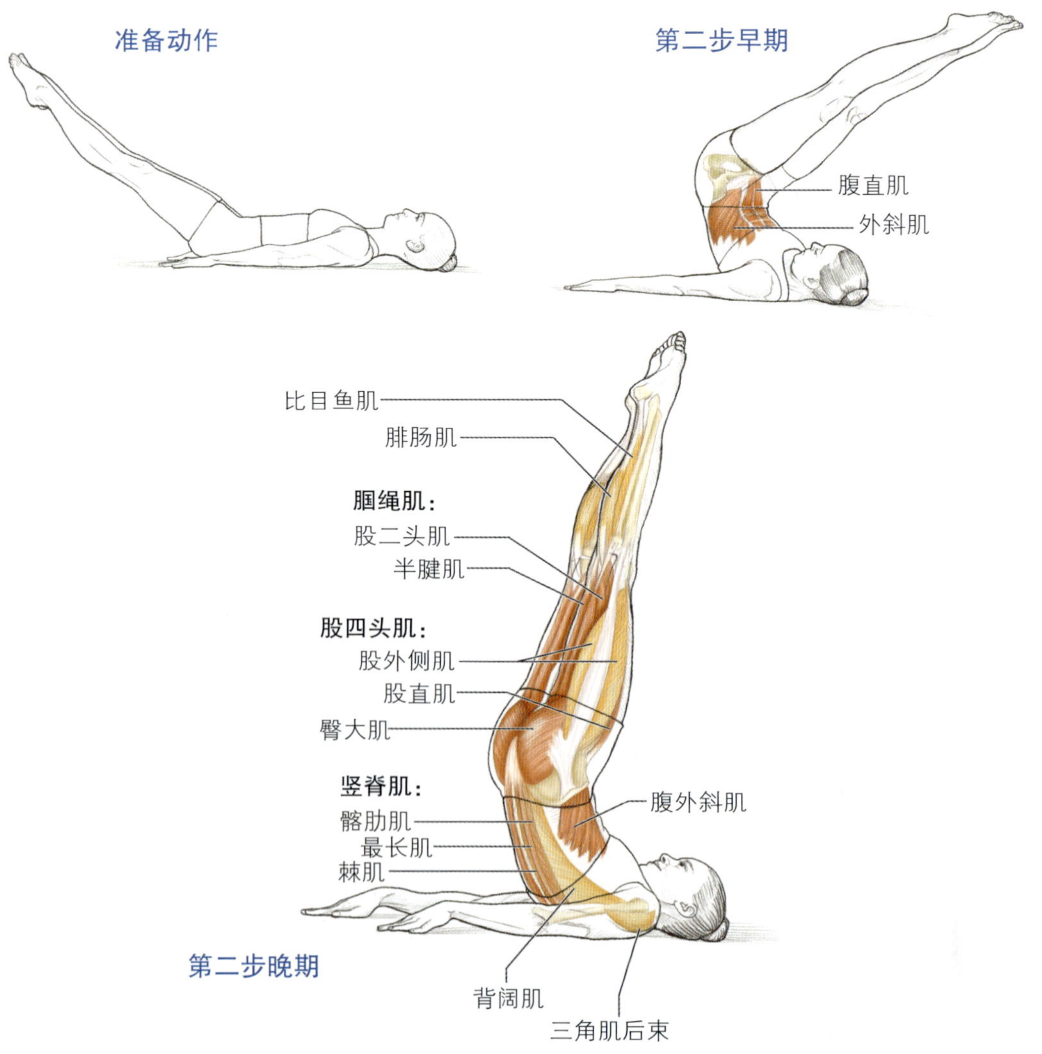

动作要领

1. *准备动作*。仰卧，手臂置于身体两侧，手心朝下。双腿上抬与垫子成60° 角；如果骨盆不能在这个角度维持稳定性，可抬高双腿。慢慢绷直脚背。从这个姿势开始抬腿到90°（髋关节屈曲90° ）。

2. *吸气*。弯曲脊柱，让骨盆和腰背部离开垫子，如第一幅主要肌肉图所示，双腿与脸位于一条斜线上。如第二幅主要肌肉图所示，朝天花板抬起腿和骨盆。

3. *呼气*。慢慢将身体卷回垫子。当骨盆与垫子充分接触的时候，再次抬腿到90° 。重复上述动作5次。

目标肌肉

脊柱屈肌：腹直肌、腹外斜肌、腹内斜肌。

脊柱伸肌：竖脊肌（棘肌、最长肌、髂肋肌）、半棘肌、深层脊柱周围肌肉。

髋关节屈肌：髂腰肌、股直肌、缝匠肌、阔筋膜张肌、耻骨肌。

髋关节伸肌：臀大肌、腘绳肌（半膜肌、半腱肌、股二头肌）。

辅助肌肉

脊柱前稳定肌：腹横肌。

髋关节内收肌：长收肌、短收肌、大收肌、股薄肌。

膝关节伸肌：股四头肌。

踝关节跖屈肌：腓肠肌、比目鱼肌。

肩关节伸肌：背阔肌、大圆肌、三角肌后束。

技巧要点

- 当第一步中髋关节屈肌伸出双腿并抬到垂直的时候，朝着脊柱收腹来保持骨盆稳定性并防止腰背部不应有的弯曲。
- 在第二步早期，用腹肌后倾骨盆，继续弯曲脊柱并从底部开始离开垫子。同样，用髋关节伸肌来保持双腿与脸位于一条斜线上，防止它们落回垫子。然后再向天花板上抬双腿。
- 在双腿上抬同时朝着垫子下按手臂，用肩关节伸肌带动上背部向前，同时脊柱伸肌帮助向天花板拉长背部，这样双脚就越过脸部。在这一步中，身体大部分重量由肩膀支撑。
- 当在第三步放下腰背部回到准备动作的时候切记控制身体。在运动的最后，注意使用腹肌控制骨盆由后倾回到中立位。
- 整个运动，应慢慢让大腿内侧并拢来激活髋关节内收肌，膝关节伸肌保持膝关节伸直，踝关节跖屈肌绷直脚背来达到长的腿线。
- *想象*。正如名字一样，想象折刀打开和闭合的景象有利于达到理想、准确的髋关节打开（伸展）和闭合（屈曲）。

补充说明

折叠刀和弓身挺腰式（第99页）有许多共同的好处，如腘绳肌和下部脊柱伸肌的动态拉伸。但是它可以通过在弯曲的阶段伸展脊柱给脊柱关节带来更大的挑战，并可在双腿上抬的时候更好地锻炼平衡技巧。脊柱伸展有助于脊柱肌肉平衡，并对其他脊柱弯曲的普拉提训练是个很好的过渡。

可选动作

如下图所示，用手臂支撑骨盆，抬腿过头至腰背部和腘绳肌柔韧度允许的范围。这样有助于减小颈部的负荷。不管怎样，在练习前应咨询医生，确认这项运动是不是适合您。

折叠刀简化动作

变式

如果身体适合并已精通了折叠刀，可以尝试在第二步早期把脚放到垫子上，然后在向着天花板抬腿的时候，把身体抬到更加接近垂直的角度。

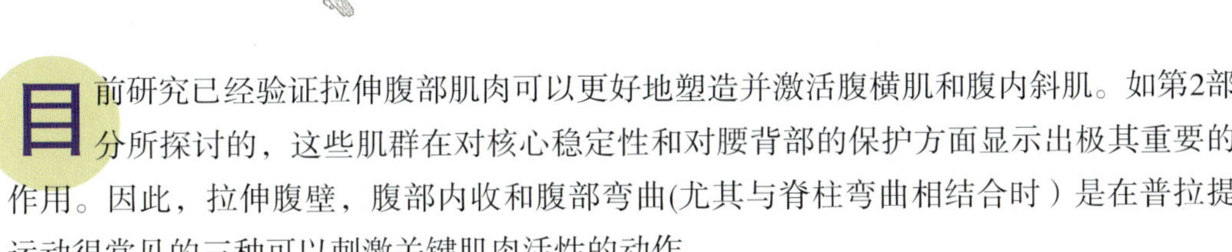

7 脊柱功能性训练

目前研究已经验证拉伸腹部肌肉可以更好地塑造并激活腹横肌和腹内斜肌。如第2部分所探讨的，这些肌群在对核心稳定性和对腰背部的保护方面显示出极其重要的作用。因此，拉伸腹壁，腹部内收和腹部弯曲(尤其与脊柱弯曲相结合时）是在普拉提运动很常见的三种可以刺激关键肌肉活性的动作。

然而，许多日常生活中常用的功能性运动通常不包括也不允许诸如内收腹壁的动作。因此，本部分将探讨一些着眼于可以维持骨盆及脊柱稳定的动作，这些动作是在脊柱保持中立位或呈弓形而不是弯曲的情况下进行的。这就要求腹壁和脊柱伸肌直接保持一种微妙和协调的收缩状态，有时这种状态被称为静力支撑。一些研究者认为包含支撑的训练在对一些像举重、田径或其他需承受很大外力的运动中保护脊柱而言，是极为关键的。

本部分的动作也展示了骨盆在普拉提垫上不处于放松状态而是处于脱离普拉提垫的状态，从而使身体呈桥状的特点，身体保持桥状要求四肢的协助以完成该动作。在复原过程中，桥式支撑通常指的是髋关节伸肌的练习，尤其是腘绳肌与臀大肌，这些肌肉用来协助上抬骨盆离开普拉提垫。髋关节伸肌对维持骨盆后部稳定性很重要。肩桥（第112页）和背撑式抬腿（第121页）很契合这种传统桥式运动的描述。肩桥过程中脊柱会呈弓形，而腿部拉伸会使骨盆与脊柱保持中立位，因此，这两种动作是不同的。此外，肩桥过程中，支撑身体的手臂会弯曲。这种脊柱的弓形和手臂支撑也会在其他运动中出现，如空中剪刀（第115页）和倒踩单车（第118页）。在肩桥中，单腿维持支撑。在空中剪刀和倒踩单车中，双腿必须在空中以完成劈开或循环的动作；双手自始至终对骨盆发挥着关键的作用。所有这些动作都面临着在单腿或双腿都在空中时仍维持脊柱与骨盆稳定或略微弯曲状的挑战。

本部分最后两个动作是平板抬腿（第124页）和伏地挺身（第127页）。这两个动作都有使骨盆抬离普拉提垫并使四肢支撑躯干的特点。但是，它们与本部分前几个动作不同。在这两个动作中，重力作用会使腰背部弓起，臀部伸展。因此，在平板抬腿中单腿上抬或下降时，以及在伏地挺身中双臂弯曲或伸直时，维持骨盆和脊柱中立位和平衡性的主要肌肉略有不同。

肩桥

准备动作中期
准备动作后期
第二步
第三步
比目鱼肌
腓肠肌
股四头肌：
股内侧肌
股直肌
缝匠肌
耻骨肌
腹直肌
腹外斜肌
三角肌
股二头肌
臀大肌
竖脊肌：
最长肌
髂肋肌

动作要领

1. *准备动作*。双膝弯曲，双脚平放于普拉提垫上，分开同臀宽。双臂平放于身体两侧，掌心向下。如上页图所示，骨盆上抬离开垫子，双手置于腰部协助支撑身体重量，手指向内。一脚抬离垫子，膝关节朝向胸部；然后向上伸直腿部，脚背微绷。

2. *呼气*。如上页图所示，下降向上伸直的腿并置于普拉提垫上。

3. *吸气*。如主要肌肉图所示，再次上抬腿，最后停留在垂直的位置。重复该动作5次。回到准备动作中期。换腿重复该动作5次。最后下降骨盆，回到准备动作。

目标肌肉

脊柱后稳定肌：竖脊肌（棘肌、最长肌、髂肋肌）半棘肌、深层脊柱周围肌肉。

脊柱前稳定肌：腹直肌、腹外斜肌、腹内斜肌、腹横肌。

髋关节伸肌：臀大肌、腘绳肌（半膜肌、半腱肌、股二头肌）。

髋关节屈肌：髂腰肌、股直肌、缝匠肌、阔筋膜张肌、耻骨肌。

辅助肌肉

膝关节伸肌：股四头肌。

踝关节跖屈肌：腓肠肌、比目鱼肌。

肩关节伸肌：背阔肌、大圆肌、三角肌后束。

肩胛内收肌：斜方肌、菱形肌。

技巧要点

- 在准备动作时，双脚压在普拉提垫上，上抬骨盆底以重点使用髋关节伸肌，特别是腘绳肌。第46页的骨盆卷动对此也有描述。膝关节伸肌协助上抬大腿，接着髋关节屈肌将腿抬至垂直位置。
- 集中力量将上臂压在普拉提垫上，上抬胸部以使用肩关节伸肌和脊柱伸肌。这样双手可以借助弓起的背部和高抬的骨盆支撑身体。
- 同时，在整个动作中，需注意收缩腹肌下部以防止骨盆过于前倾，而且有助于维持脊柱和骨盆的稳定性。
- 保持核心稳定性的同时，保持腿部伸直、修长。用膝关节伸肌来维持膝关节伸直，用踝关节跖屈肌来维持足部绷直。在第二步，使用髋关节伸肌来放低腿部，紧接着使用髋关节屈肌控制下降的腿。然后，在第三步，髋关节屈肌会使腿部重新抬起。
- *想象*。想象脊柱呈弓形结构就像横跨河流上方的日式拱桥一样，腿的移动不会破坏这样牢固、稳定的结构。

补充说明

因为骨盆抬离垫子，一腿支撑身体，另一腿上下大幅度移动，肩桥增加了维持骨盆稳定性的难度。此外，因为脊柱略微弓起，所以在腿部放低的时候，会更关注骨盆的稳定性，空中剪刀（第115页）会有进一步的描述。如果稳定性足够，肩桥还可以改善腘绳肌和髋关节屈肌的柔韧性。

可选动作

如果不能维持骨盆的稳定性，可以试着稍微后倾骨盆，然后小范围移动腿。

变式

骨盆抬离垫子时，双手不支撑腰部，稍微后倾骨盆。抬腿时脚背绷直可以动态伸展腘绳肌。

空中剪刀

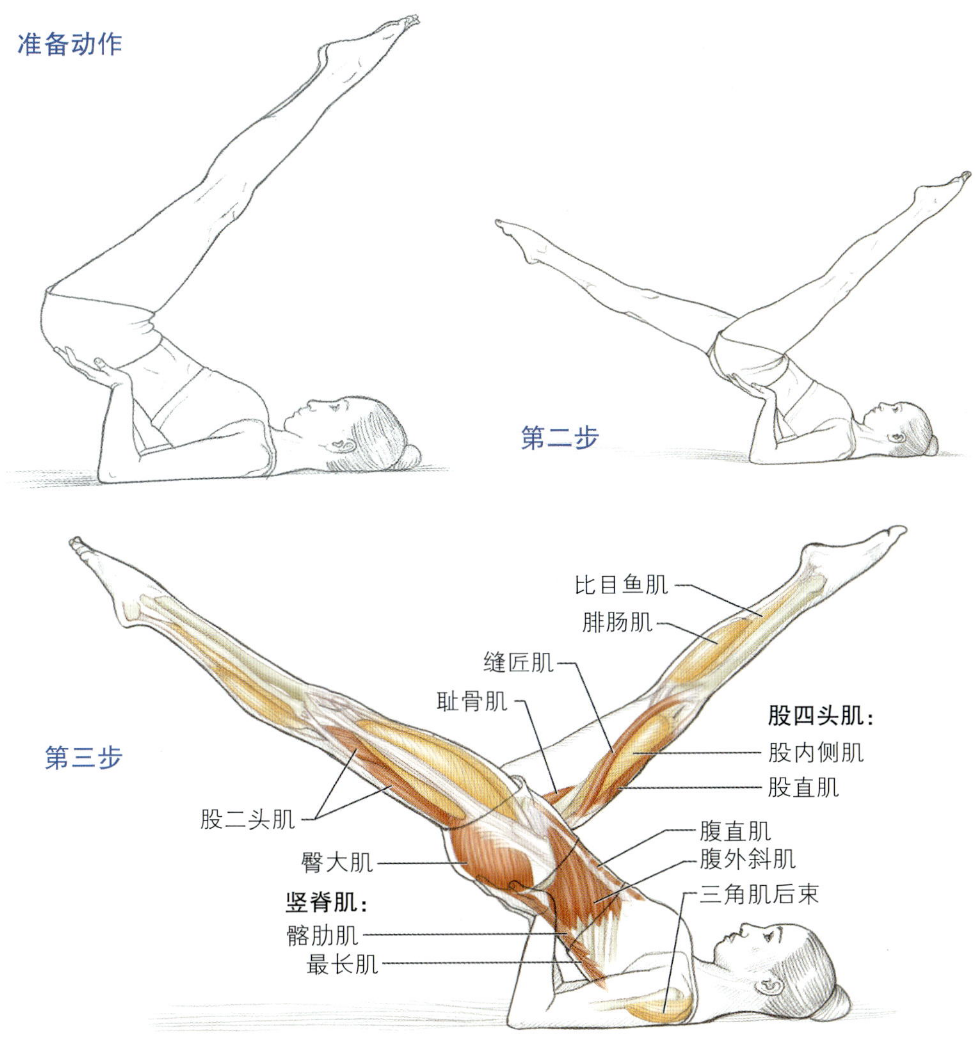

动作要领

1. *准备动作*。仰卧，双臂平放于身体两侧，手掌向下。直腿上抬与垫子成60°角，如果不能维持稳定性，可超过60°。上抬双腿并卷曲骨盆离开垫子，直至双脚在头部上方。双手掌根紧贴腰围，手指朝向尾骨。骨盆稍稍降低，这样在腰背部微弓（脊柱过伸）时，双手可以帮助支撑骨盆的重量。

2. *吸气*。如图所示，保持一腿在头部上方，另一腿慢慢放低，形成劈叉的动作。

3. *呼气*。如主要肌肉图所示，交换双腿。每条腿重复上述动作5次，双腿总计10次。最后，将双腿还原到准备动作，在普拉提垫上慢慢平放。

目标肌肉

脊柱后稳定肌：竖脊肌（棘肌、最长肌、髂肋肌）、半棘肌、深层脊柱周围肌肉。

脊柱前稳定肌：腹直肌、腹外斜肌、腹内斜肌、腹横肌。

髋关节屈肌：髂腰肌、股直肌、缝匠肌、阔筋膜张肌、耻骨肌。

髋关节伸肌：臀大肌、腘绳肌（半膜肌、半腱肌、股二头肌）。

辅助肌肉

膝关节伸肌：股四头肌。

踝关节跖屈肌：腓肠肌、比目鱼肌。

肩关节伸肌：背阔肌、大圆肌、三角肌后束。

肩胛内收肌：斜方肌、菱形肌。

技巧要点

- 在第一步，应同时上抬骨盆前部和后部，这样可使脊柱后稳定肌和腹肌协调收缩弓起腰背部。在空中剪刀整个动作过程中，都要保证这样的脊柱位置和骨盆稳定性。
- 注意使用肩胛内收肌内收肩胛骨，肩关节不应向前扭转。双臂持续下压以使用肩关节伸肌，帮助上背部抬离垫子。
- 在第二步和第三步，躯干保持完全挺直、不动，变换双腿的方向。用膝关节伸肌使膝部伸直，踝关节跖屈肌绷直脚背，以呈现出理想的修长腿线。
- 在开始从第二步向第三步转换时，用髋关节屈肌上抬下边的腿，同时用髋关节伸肌下降上边的腿。双腿通过垂直线后，因要克服重力的作用，相反的肌肉则显得极为重要。
- 在交叉动作的最后，要强调的是，在使用髋关节伸肌降低下边的腿时，也要使用髋关节屈肌继续上抬上边的腿。这一相反的动作可以在双腿跨度最大时达到拉伸上腿腘绳肌和下腿髋关节伸肌的理想状态；同时，还可帮助保持核心稳定性。
- *想象*。双腿的不断交叉是一个持续的动态过程，不考虑臀部的话，其就像不断开合的剪刀。

补充说明

空中剪刀的益处与肩桥相似。因为双腿都需离开普拉提垫并在空中完成许多动作，所以它对骨盆稳定性有着更高的要求。与在肩桥中类似，在背部略呈弓形之时，骨盆在四上肢的协助下离开普拉提垫。脊柱和骨盆的稳定性对于保护腰背部和获得腘绳肌与髋关节屈肌的动态柔韧性很关键。

髋屈肌的拉伸。如仰卧抬腿（第50页）中所描述的，髋关节屈肌（包括髂腰肌）附着于脊柱和骨盆的前部。当腿部压低时，可以缓解髂腰肌的紧张程度，在髂腰肌保持恰好的长度时，髂腰肌可以轻易地将骨盆向前拉伸。然而，如若骨盆保持不动，腿部进一步压低将会拉长肌肉（如产生动态伸展）。学会稳定骨盆并有效地应用于髂腰肌是一项非常重要的技能，因为紧绷的髋关节屈肌与姿势的问题是紧密相关的，如腰背部弓起（腰椎过度前凸）。此外，许多普拉提动作，如百次呼吸（第70页）和弓身挺腰式（第99页），进而产生潜在的髋关节通过相对较小幅度的动作，使用髋关节屈肌来支撑腿部离开垫子，屈肌紧绷。因此，包含动态拉伸的动作对于防止髋关节屈肌的紧绷而言是有价值的。

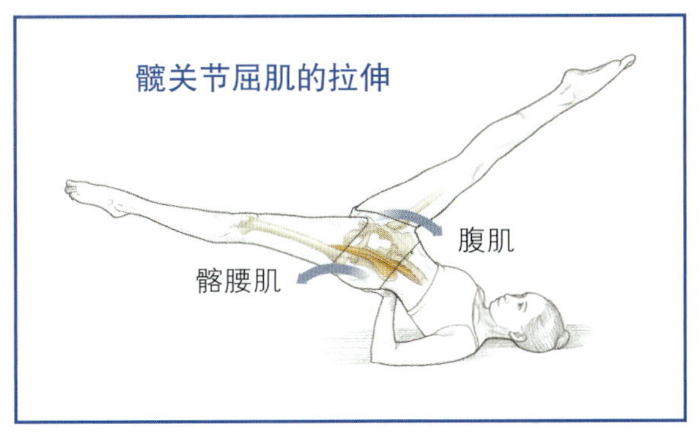

可选动作

如果感到背部不适，不能维持骨盆的稳定，可以将腰背部和骨盆调整到中立位，双手放在骨盆的位置用来支撑腰背部。

变式

在完成弓身挺腰式的第一步之后，双膝弯曲使身体形成球状。双手置于骨盆下方支撑身体，然后伸直双腿上抬至垂直状态。向相反的方向伸展双腿，在双腿劈叉状态停顿，一次呼气过程中双腿抖动两次；双腿转换时吸气。这与单腿朝天（第75页）相似。在劈叉状态两腿与垂直线的距离相等，成为平稳的“V”形。

倒踩单车

准备动作
第二步

第五步早期
比目鱼肌
腓肠肌
股四头肌：
股直肌
股外侧肌
腓肠肌
比目鱼肌
腘绳肌：
半膜肌
半腱肌
腹直肌
腹外斜肌
三角肌后束
缝匠肌
阔筋膜张肌
竖脊肌：
最长肌
髂肋肌

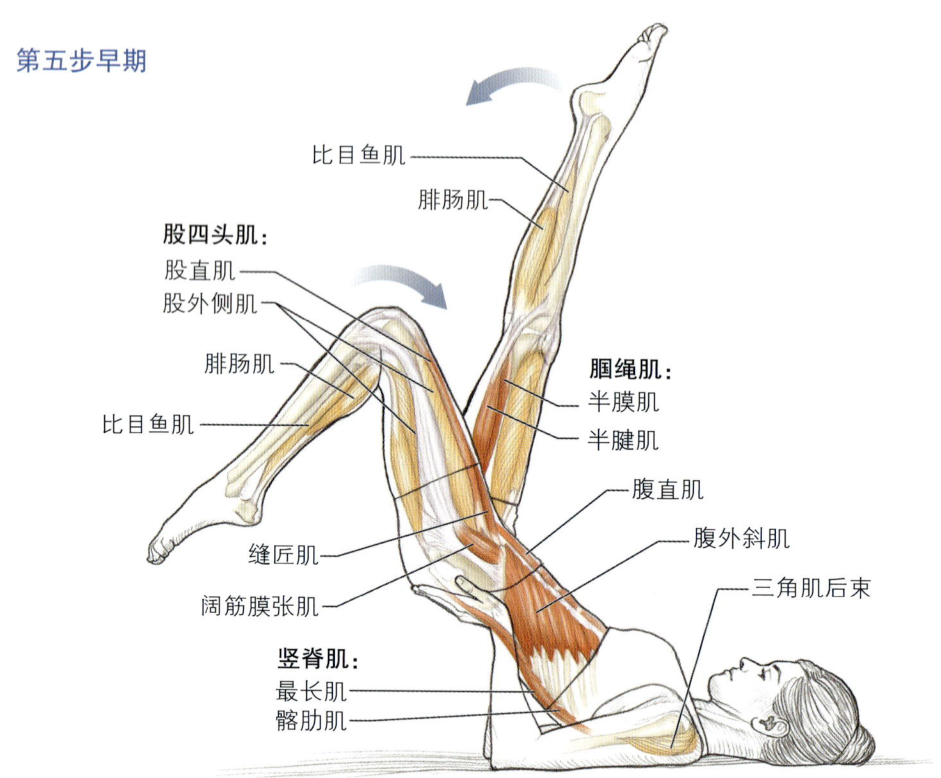

动作要领

1. *准备动作*。如上页图所示，与空中剪刀的准备动作一样，双腿处于分开的位置。

2. *吸气*。如上页图所示，下腿弯曲，脚跟朝向臀部。

3. *呼气*。上抬下腿，膝关节保持弯曲；下降上腿，膝关节保持伸直。然后伸直上腿（原本是下腿，此时已抬至上方），形成劈叉的动作。

4. *吸气*。弯曲下腿，脚跟朝向臀部；上腿抬至头部上方。

5. *呼气*。如主要肌肉图所示，上抬下腿，膝关节保持弯曲；下降上腿，膝关节保持伸直。然后伸直上腿（原本是下腿，此时已抬至上方），形成劈叉的动作。每条腿重复上述动作5次，双腿共10次。

目标肌肉

脊柱后稳定肌：竖脊肌（棘肌、最长肌、髂肋肌）、半棘肌、深层脊柱周围肌肉。

脊柱前稳定肌：腹直肌、腹外斜肌、腹内斜肌、腹横肌。

髋关节屈肌：髂腰肌、股直肌、缝匠肌、阔筋膜张肌、耻骨肌。

髋关节伸肌：臀大肌、腘绳肌（半膜肌、半腱肌、股二头肌）。

辅助肌肉

膝关节屈肌：腘绳肌。

膝关节伸肌：股四头肌。

踝关节跖屈肌：腓肠肌、比目鱼肌。

肩关节伸肌：背阔肌、大圆肌、三角肌后束。

肩关节外肌：斜方肌、菱形肌。

技巧要点

- 如同空中剪刀，在第一步，应同时上抬骨盆前部和后部，这样可使脊柱后稳定肌和腹肌协调收缩弓起腰背部。在倒踩单车整个动作过程中，始终要保持这样的脊柱位置和骨盆稳定性。

- 注意使用肩胛内收肌内收肩胛骨，肩关节不应向前扭转。双臂持续下压以使用肩关节伸肌，帮助上背部抬离垫子。

- 保持躯干的稳定性，两腿伸向不同的方向，呈劈叉姿势。用膝关节伸肌伸直膝关节，用踝关节跖屈肌绷直脚背，以达到理想的修长腿线。

- 在第二步和第四步，用髋关节屈肌使下腿接近垫子，腘绳肌（膝关节屈肌）弯曲膝部。同时，像空中剪刀那样，充分收缩髋关节屈肌，继续保持上腿部位于头部上方。这样也会避免由于下腿的动作而牵拉上腿下降。

- 在第三步和第五步，向胸部抬拉下腿，这一动作最初会使用到髋关节屈肌。与此同时，使上腿向下移动，这一动作最初会使用到髋关节伸肌。在双腿通过垂直线时，使用相反的肌肉对抗重力。使用膝伸肌伸直上腿。在这一阶段末，之前使用的肌肉会再次使用，从而达到劈叉的最佳化，上腿腘绳肌和下腿髋关节伸肌的理想伸展状态。
- *想象*。腿部的动作应平缓、有节奏、协调，就像踩在巨大的自行车的踏板上，使轮子不断转动一样。

补充说明

倒踩单车在空中剪刀的基础上添加了复杂的腿部动作，从而增加了在弓起状态下，维持骨盆和腰背部稳定性的难度。与空中剪刀相似，如果动作正确，倒踩单车也能锻炼腘绳肌与髋关节屈肌的柔韧性。

可选动作

如果背部不适或不能维持骨盆的稳定，可以在腰背部和骨盆中立位练习，双手仍放在骨盆的位置用来支撑腰背部。

变式

如图所示，倒踩单车也可在腰椎过伸展的情况下练习。下腿的脚趾触及垫子，膝关节屈曲以维持核心稳定性。倒踩单车变式是很多更高级的腹肌与脊柱伸肌协同收缩的普拉提动作的准备动作，如弓形摇摆（第163页）和天鹅潜水（第166页）。但是，如果有背部不适或医生建议避免脊柱过伸展的背部疾病，应禁止练习此动作。

倒踩单车变式

背撑式抬腿

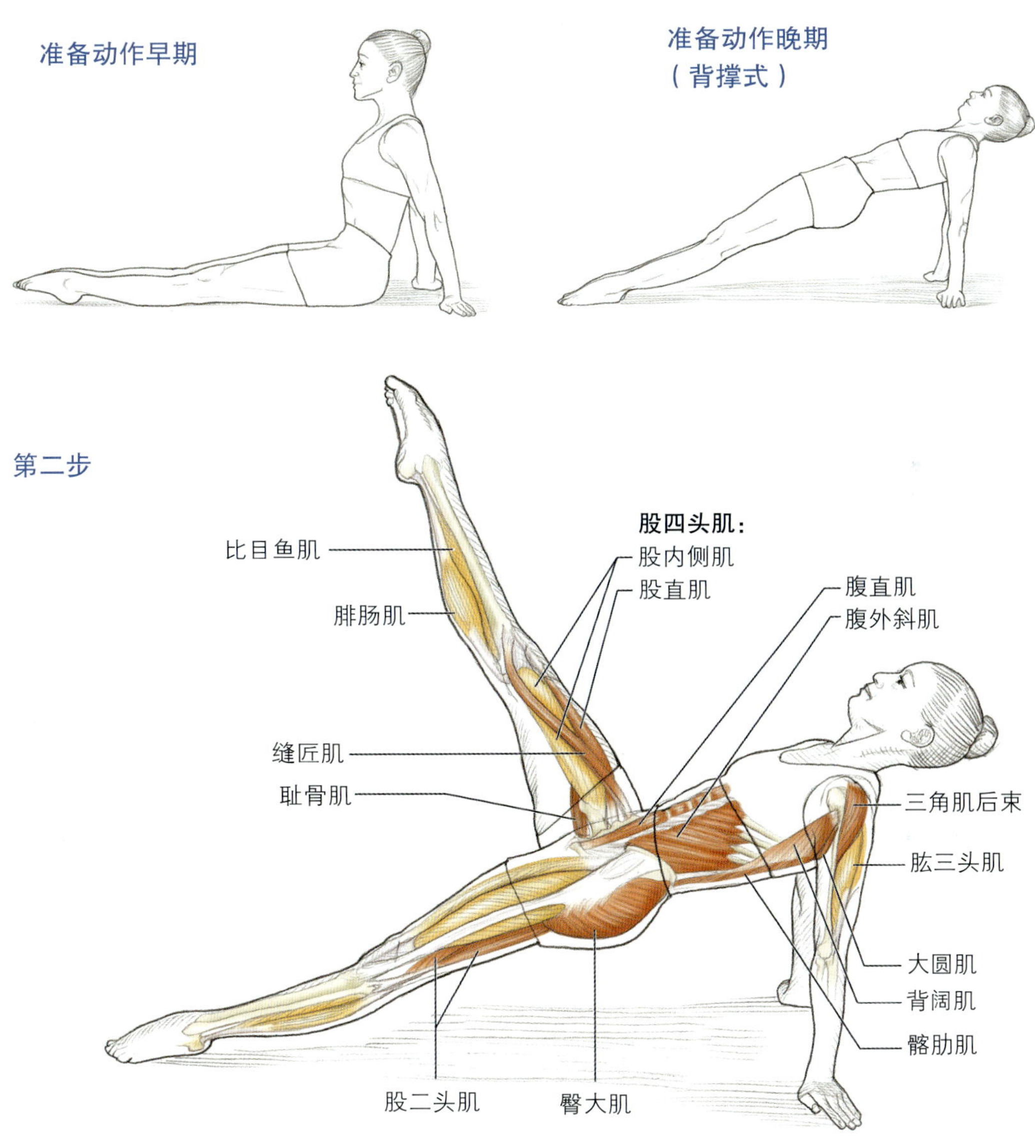

动作要领

1. *准备动作*。如准备动作早期图所示，坐姿，双腿并拢向前伸出，足部绷直。双臂伸直置于躯干后方，手指朝向两侧。如准备动作晚期图所示，上抬骨盆离开垫子，从而使踝关节、膝关节、髋关节和肩关节在一条直线上。这种姿势被称为背撑式。

2. *吸气*。朝向空中上抬一条腿。

3. *呼气*。压低腿部使回到垫上。

4. *吸气*。将另一条腿抬至空中。

5. *呼气*。将该腿压低回到垫上。每条腿重复该动作5次，总计10次。

目标肌肉

脊柱后稳定肌：竖脊肌（棘肌、最长肌、髂肋肌）、半棘肌、深层脊柱周围肌肉。

脊柱前稳定肌：腹直肌、腹外斜肌、腹内斜肌、腹横肌。

髋关节伸肌：臀大肌、腘绳肌（半膜肌、半腱肌、股二头肌）。

髋关节屈肌：髂腰肌、股直肌、缝匠肌、阔筋膜张肌、耻骨肌。

肩关节伸肌：背阔肌、大圆肌、三角肌后束。

肩胛下降肌：斜方肌下部肌束、前锯肌。

肩胛内收肌：斜方肌、菱形肌、肩胛提肌。

辅助肌肉

膝关节伸肌：股四头肌。

踝关节跖屈肌：腓肠肌、比目鱼肌。

肘关节伸肌：肱三头肌。

技巧要点

- 在第一步，集中注意力于将脚压在垫子上，使用髋关节伸肌，特别是腘绳肌上抬骨盆下部。这样做有助于达到理想的直线状态。同时，双手压在垫子上，尽力使用肩关节伸肌抬起躯干上部。脊柱前、后稳定肌收缩保持骨盆及脊柱的中立位。
- 在第二步和第四步，上抬一条腿；在第三步和第五步，下降这条腿。先向心收缩，而后离心髋关节屈肌，保持对侧骨盆抬高、稳定与中立位。
- 在整个背撑式抬腿中，双腿都应呈一条直线，使用膝关节伸肌保持膝关节伸直，使用踝关节跖屈肌保持脚背绷直。应避免过伸膝关节支撑腿部。
- 下压双臂压以持续使用肩关节伸肌，使用肘关节伸肌保持肘关节伸直。注意，避免过伸肘关节。与此同时，使用肩胛下降肌保持肩关节向下，使用肩胛内收肌使肩胛骨向后内收。
- *想象*。为了完成理想的稳定性，想象躯干、手臂和腿部是一座桥，因为桥的钢缆线上拉骨盆下部，所以当腿上下移动时仍然可保持稳固。

补充说明

腿背撑式抬腿和肩桥有很多共同的益处，如腘绳肌动态伸展。背撑式抬腿要求骨盆和脊柱处于中立位而不是微弓。背撑式抬腿还要求骨盆在没有双手支撑的情况下抬离垫子，身体由伸直的手臂和腿部支撑。这增加了维持躯干稳定性的难度。腿部支撑的杠杆越长，保持骨盆上抬的髋关节伸肌收缩就要越强，这样有增加髋关节伸肌的力量和耐性的益处。手臂伸直增大了肩关节活动的范围，对多数人而言，可以增加肩关节屈肌的柔韧性。然而，由伸直的四肢支撑身体也要求练习者把更多的注意力放在保持良好的姿势上。避免膝关节和肘关节的超伸，以及过度上抬肩胛骨和过度前旋肩关节。可选动作中的准备练习对练好背撑式抬腿有帮助。

肩胛下沉。当躯干上抬，身体形成一条直线时，肩关节处于极度伸展状态。通常，肩关节伸展肩胛骨自然上抬，所以很容易将肩部抬高至耳部。使用肩胛下降肌，特别是斜方肌下部肌束和前锯肌下部肌束来控制肩部上抬至耳部。斜方肌位于身体的背部，其独自收缩可以使肩胛骨向一起收缩（肩胛骨内收或回缩）。前锯肌前部附着于胸廓边缘，其独自收缩可以将肩胛骨拉向身体前方的两侧（肩胛骨外展或前伸）。斜方肌和前锯肌共同收缩将会使肩胛骨呈现出理想的下降（两侧肩胛骨距脊柱的距离相同，而不是肩部前旋分离）。第一步，在上抬躯干之前应稍微下降肩胛骨。在很多普拉提动作中，斜方肌和前锯肌共同收缩在最佳应用手臂方面起关键作用。

可选动作

只进行第一步的练习（背撑式），锻炼控制力和形态，反复练习从坐姿上抬身体，而后下降骨盆坐于垫子的动作。熟练后，增加上抬和下降一条腿的动作，也就是背撑式抬腿。背部支撑可以作为背撑式抬腿的热身动作，也可以作为一项独立的动作。

变式

背撑式抬腿也可以通过手臂内旋、手指朝向骨盆转来进行。这个动作是在普拉提器械上练习的更高级动作的准备动作。此外，在换腿之前可以重复抬高和降低同一条腿。重复动作可以增强髋关节伸肌的力量和耐性。

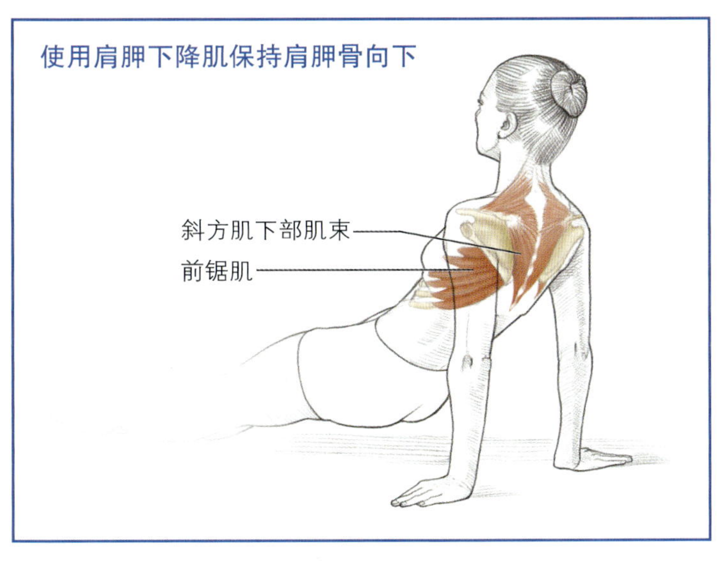

平板抬腿

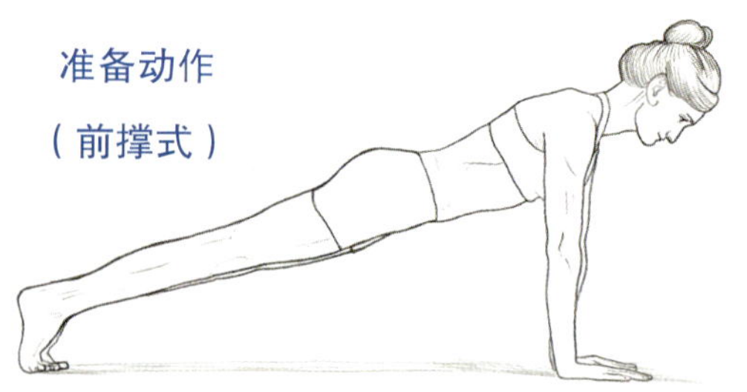

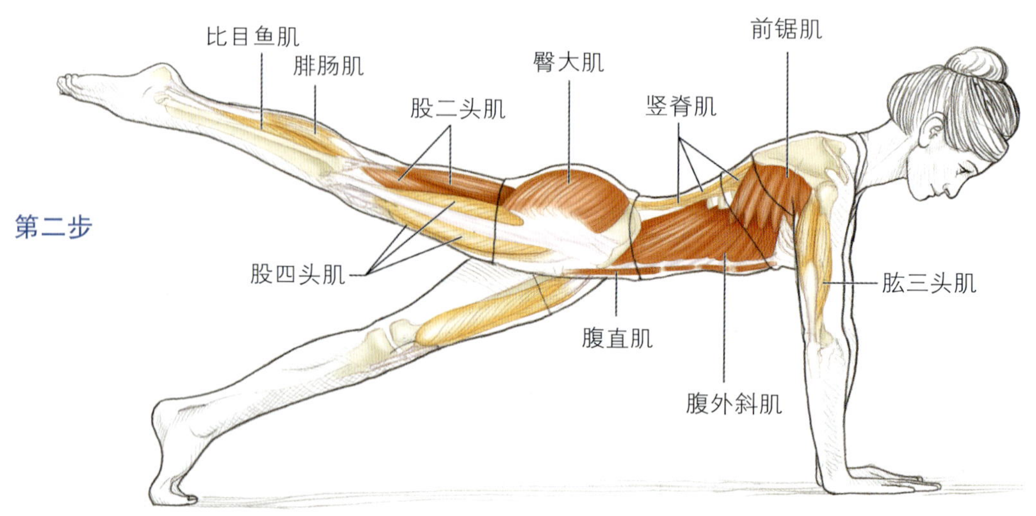

动作要领

1. *准备动作*。开始时用双手和脚趾支撑身体，膝关节和肘关节伸直。双手位于肩膀正下方，指尖向前。身体平直，踝关节、膝关节、骨盆、肩关节和耳朵恰好呈一条直线。这种姿势通常叫作前撑式。

2. *吸气*。如主要肌肉图所示，上抬一腿。

3. *呼气*。下降上抬的腿至垫子上。

4. *吸气*。朝上抬起另一条腿。

5. *呼气*。下降上抬的腿至垫子上。每条腿连续重复动作5次，双腿共10次。

目标肌肉

脊柱前稳定肌：腹直肌、腹外斜肌、内斜肌、腹横肌。

髋关节伸肌：臀大肌、腘绳肌（半膜肌、半腱肌、股二头肌）。

肩胛外展肌：前锯肌、胸小肌。

辅助肌肉

脊柱后稳定肌：竖脊肌。

膝关节伸肌：股四头肌。

踝关节跖屈肌：腓肠肌、比目鱼肌。

踝关节背屈肌：胫骨前肌、趾长伸肌。

肩关节屈肌：三角肌前束、胸大肌（锁骨端）。

肘关节伸肌：肱三头肌。

技巧要点

- 在动作的整个过程中，要注意在肘关节伸肌保持肘部伸直的同时，将双臂压在普拉提垫上。这样会使用肩胛外展肌保持两肩宽度，肩关节屈肌保持胸部高过双臂。应注意使用腹肌使腰背部和盆骨保持稳定。
- 在第二步和第四步，通过髋关节伸肌抬腿，利用膝伸肌保持膝关节伸直，运用踝关节跖屈肌绷直脚背。注意通过使用腹斜肌来使盆骨朝向垫子，这样腿部抬高就不会带动骨盆转动。当腿的高度超过背部时，使用腹肌使骨盆略微前倾。
- 在第三步和第五步，当开始使用髋关节伸肌离心性收缩控制腿部降低时，骨盆应回到中立位。在脚回到垫子上时，应通过踝关节背屈肌使足部弯曲。
- *想象*。想象手臂、躯干和一条腿组成了一座坚固的桥梁，它可以在另一条腿上下运动时保持稳固。

补充说明

平板抬腿是面向垫子而不是天花板，因此与本部分前面的几种动作相比，其骨盆稳定性的难度不同。理想的中立位准备动作要求熟练运用腹肌抵抗因重力作用而致的后背略微弯曲及盆骨略微前倾；腹肌过度收缩会产生不应有的脊柱扭转（屈曲）。单腿抬高会使髋关节伸肌更为健壮，但与此同时，势必产生更大的来自稳定性的挑战。如果可以保持足够的骨盆稳定性，同倒踩单车一样，平板抬腿也会增强髋关节屈肌的柔韧性。平板抬腿可增强肩关节稳定性，很多前撑式或推式动作需要肩关节保持稳定，肩关节稳定也可以避免翼状肩胛。

肩胛外展肌的稳定性。在第一步，重力的作用常常会使肩胛骨向脊柱靠拢（肩胛骨内收或回缩）。肩胛外展肌，特别是前锯肌，会对抗外力，使两肩位于中立位，并保持理想的宽度。如果肩关节不能保持稳定会显著降低平板抬腿的效果。

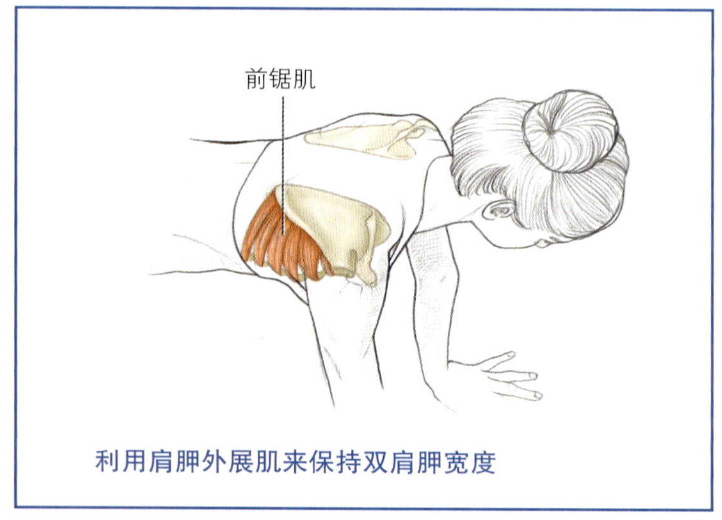

利用肩胛外展肌来保持双肩胛宽度

伏地挺身

准备动作早期
准备动作中期

起始姿势末期（前撑式）

第二步
前锯肌
三角肌前束
股三头肌
竖脊肌
胸大肌
腹直肌
肱四头肌
腹外斜肌

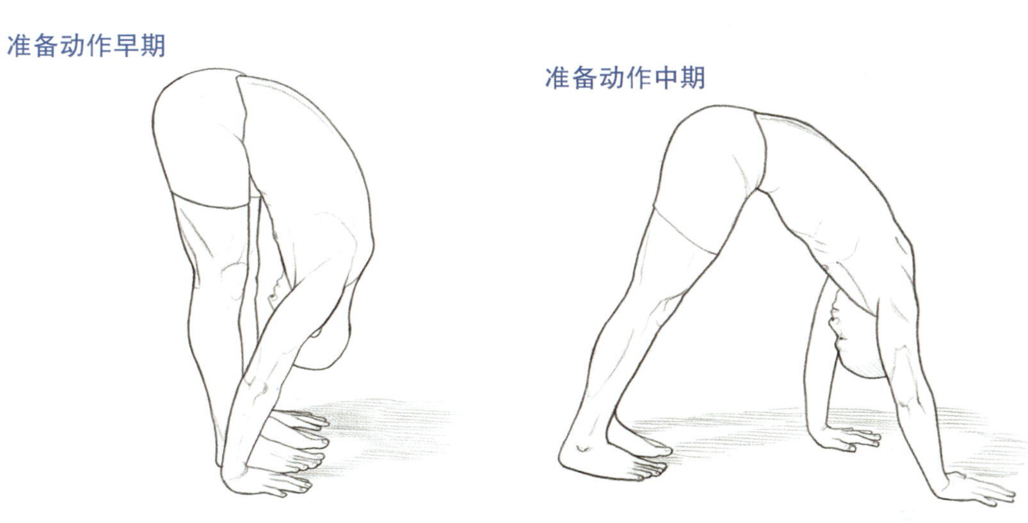

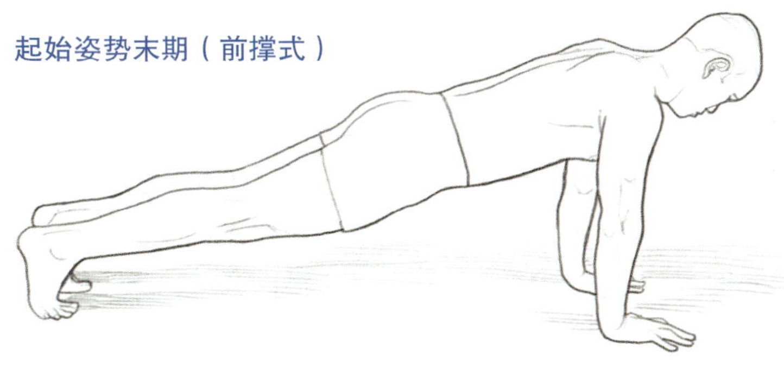

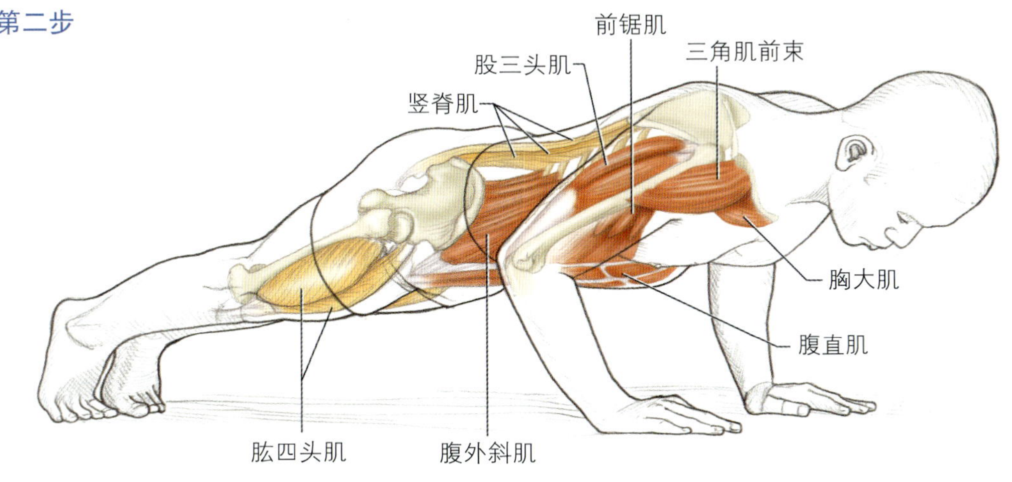

动作要领

1. *准备动作*。如上页图所示，脊柱前弯站立，手掌放在垫上；以自身的柔韧度为宜，尽可能贴近普拉提垫。然后，手掌慢慢前移变为前撑式。

2. *吸气*。如主要肌肉图所示，弯曲肘关节，下降胸部。

3. *呼气*。伸直肘关节并上抬躯干变为前撑式。再做2次伏地挺身（第二步和第三步），然后髋关节屈曲，手掌后移，回到准备动作。重复整个动作5次。

目标肌肉

脊柱前稳定肌：腹直肌、腹外斜肌、腹内斜肌、腹横肌。

肩关节屈肌：前角肌前束、胸大肌（锁骨端）、喙肱肌、肱二头肌长头。

肩胛外展肌：前锯肌、胸小肌。

肘关节伸肌：肱三头肌、肘肌。

辅助肌群

脊柱伸肌和脊柱后稳定肌：竖脊肌。

髋关节伸肌：臀大肌、腘绳肌。

髋关节屈肌：髂腰肌、股直肌。

膝关节伸肌：股四头肌。

肩关节伸肌：背阔肌、大圆肌、胸大肌（胸骨端）。

技巧要点

- 在准备动作中期向前撑式转变时，使用肩关节屈肌向前移动一只手臂，将它放在垫上；然后，通过使用肩关节伸肌将躯干前移越过手臂。身体重量转换由前方手承托，移动另一只手臂，肩关节屈肌收缩使胸部及躯干上部抬高，远离垫子。

- 保持骨盆抬高，以刺激使用腹肌防止腰背部弓起。在手臂前移及骨盆降低时，使用髋关节屈肌，避免由于重力而致的髋关节过度下沉。

- 准备动作后期转换为前撑式后，应避免抬高臀部的常见错误。在腹部抬高（腹肌-腘绳肌力偶）时，使用髋关节伸肌将骨盆底向普拉提垫下降，从而使骨盆、踝关节与肩关节成一条直线。

- 平板抬腿中，前撑时主要使用肩胛外展肌来保持两肩宽度，通过膝关节伸肌保持膝关节伸直，使膝关节、脚跟和头成一条直线。

- 在第二步，在离心收缩肘关节伸肌控制肘关节弯曲时，要保持肘关节紧贴身体两侧；离心收缩肩关节屈肌控制上臂向后运动，使胸部向下运动。

- 在第三步，使用肘关节伸肌伸直肘关节，使用肩关节屈肌使上臂向前运动，上抬胸部返回前撑式。

• *想象*。在第二步和第三步，想象由腿部、躯干及头部组成的一座可开闭的吊桥，通过手臂进行上下的移动；脚趾为桥桩，桥的结构完整性不会被破坏。

补充说明

伏地挺身与平板抬腿的很多益处类似，包括通过有技巧地使用腹肌和肩胛外展肌保持中立位前撑式。不同的是，伏地挺身是前撑式手臂运动，而平板抬腿是前撑式腿部运动。对大多数人而言，身体的重量对增强肩关节屈肌和肘关节伸肌的力量是足够的。在日常生活和运动中，肩关节伸肌用来向前抬高手臂；肘关节伸肌用来做推或者上抬高过头部的动作。此外，前撑式动态运动增加了从脊柱屈肌到脊柱伸肌再到脊柱屈肌转换的核心难度。准备动作可增强腘绳肌的动态柔韧性。

可选动作

在准备动作中，腘绳肌紧绷无法将手掌置于垫上，屈曲膝关节使手掌支撑体重。一旦达到前撑式，平缓伸直膝关节。在回到准备动作之前做俯卧撑。换成站姿时，再次屈曲膝关节。

如果难以达到理想的姿势，可只做前撑式，放弃进行俯卧撑，直接回到准备动作。

8 训练核心肌群的侧面动作

本部分主要讲述脊柱侧屈和扭转。侧屈和扭转使用腹直肌较少，使用腹斜肌较多。如第2部分描述的，腹斜肌的肌纤维位于身体的外侧。腹斜肌，特别是腹内斜肌，在肢体移动的时候与腹横肌共同保护背部和保持核心稳定性。许多运动和休闲活动，如游泳、皮划艇、打高尔夫球、投掷类运动和网球等，大量地运用了腹斜肌。增进对腹斜肌的理解，增强其力量和协调性可提高运动成绩、避免背部受伤。所以，如果身体允许，应当把本部分的动作加到所有的健身训练中。

本部分的前三个动作采用的是侧卧姿势。侧卧姿势改变了躯干和地面的关系，使得脊柱侧屈肌必须克服重力的作用。腹斜肌是主要的脊柱侧屈肌。腰方肌和脊柱伸肌也可以使得脊柱弯曲。腹斜肌过度收缩加上脊柱伸肌使用不够会导致躯干向前弯曲（前屈）和侧屈。反之，脊柱伸肌过度收缩会使背部后仰和侧屈。因此，达到理想姿势需要训练脊柱前部和后部肌肉的协调收缩。但是由于脊柱是由许多个关节组成的，腰部和上背部的自然弯曲方向相反，因此训练更加困难。侧卧有助于保持骨盆和腰背部中立位，学习支撑身体的技巧。支撑对日常生活核心稳定性的转换有益。在侧踢（第131页）和跪姿侧踢（第133页）中，当一条腿摆动时使用脊柱侧屈肌稳定身体。在侧弯（第135页）中，身体在一侧手臂和脚的支撑下，脊柱侧屈肌为主要主动肌上抬和下降躯干。

其余的动作都会用到扭转。脊柱扭转（第138页）和旋体拉锯（第141页）在坐姿中用到了脊柱旋转肌。腹斜肌再次被重点用到，但是协调使用脊柱伸肌是达到平背姿势的关键。身体扭转（第144页）是侧弯加上扭转，适用于拥有一定力量和掌握一定技巧的人。空中瓶塞（第147页）和直臂髋部扭转（第150页）着重于骨盆的扭转而不是上躯干的扭转。骨盆是与地面传递力量的关键部位。虽然骨盆的协调控制训练极其必要，但却经常被忽视。注意，最后两个动作难度很高。错误地进行这些动作或者之前就有背部问题可导致背部损伤。这些动作只有在熟练掌握了相关的准备动作并能够正确运用动作要领，以及征得医生许可的情况下才可以练习。

侧踢

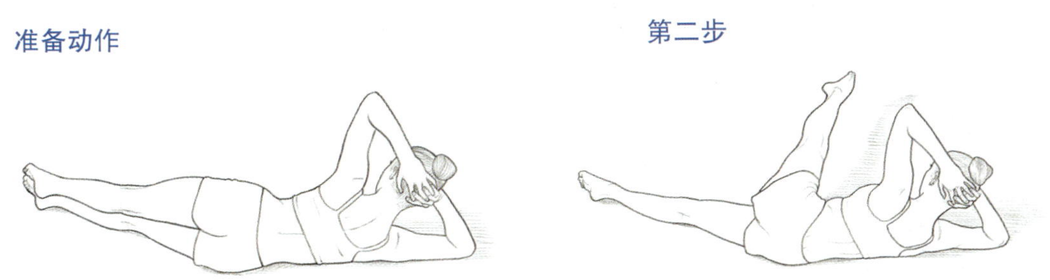

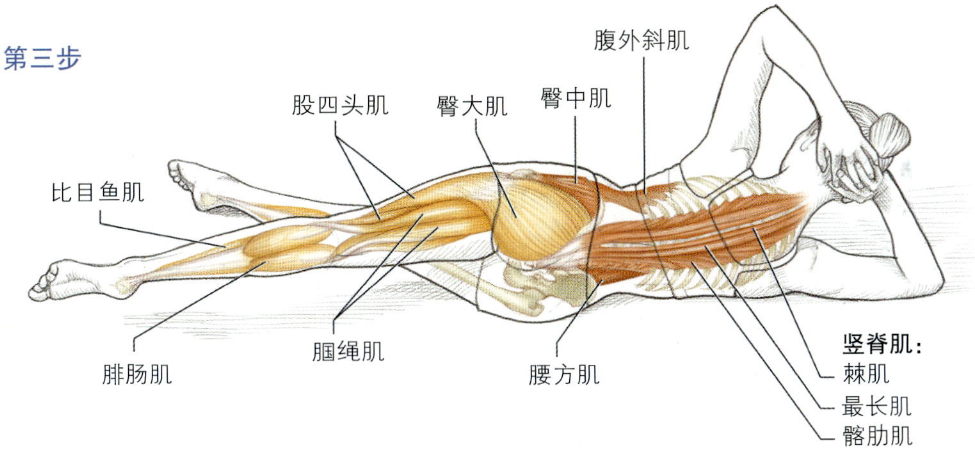

动作要领

1. *准备动作*。身体侧卧，两腿较躯干稍微向前，双脚微微伸绷。双肘弯曲，两手紧扣于脑后，将头抬起来。

2. *吸气*。如图所示，上侧的腿向前伸，然后稍微向后，再缓缓地伸到比第一次稍微远一点的位置。

3. *呼气*。如主要肌肉图所示，收回上侧的腿，稍微前伸，然后缓缓地后伸到比第一次稍远（后）一点的位置。重复上述动作10遍。然后换另外一条腿进行练习。

目标肌肉

脊柱侧屈肌和稳定肌：腹外斜肌、腹内斜肌、腰方肌、竖脊肌（棘肌、最长肌、髂肋肌）、半棘肌、深层脊柱周围肌肉、腹直肌、腹横肌。

髋关节外展肌：臀中肌、臀小肌、阔筋膜张肌、缝匠肌。

辅助肌肉

髋关节屈肌：髂腰肌、股直肌。
髋关节伸肌：臀大肌、腘绳肌。
膝关节伸肌：股四头肌。
踝关节跖屈肌：腓肠肌、比目鱼肌。

技巧要点

- 在准备动作中，用靠近垫子一侧的脊柱侧屈肌将骨盆向胸廓方向上提使腰部离开垫子。尽量在整个动作过程中保持骨盆和胸廓的距离。
- 在第二步和第三步，使用髋关节外展肌使上侧的腿与垫子保持平行，不要让腿落下来。使用髋关节屈肌前伸上侧的腿，使用髋关节伸肌稍微后移上侧的腿。同时，使用伸膝肌保持膝关节伸直，踝关节跖屈肌绷直脚背。
- 在腿部移动时，使用脊柱稳定肌群维持身体侧卧的姿势，限制躯干前后摇摆和转动，倾斜骨盆和弓起背部。在第三步，要有足够的腹肌收缩力量；安全起见，大腿只要稍微后伸以限制骨盆前倾幅度；最大化髋关节屈肌拉伸的动态伸展。
- *想象*。想象腿在髋关节处自由地前后摆动，每次摆到移动范围边界时缓冲一下再继续同一方向的摆动；然后向反方向摆动，同样也要在移动范围边界缓冲一下。整个过程只能稍微带动躯干。

补充说明

侧踢是很好的训练核心稳定性的动作。侧卧时由于支撑面非常狭窄，增加了前后平衡的难度。摆腿增加了身体保持平衡的难度，需要脊柱侧面、前面和后面的肌肉协调收缩保持平衡。如果脊柱和骨盆能保持足够的稳定性，侧踢可增加腘绳肌和髋关节屈肌的柔韧度。采取侧卧姿势时，上侧腿的髋关节外展肌收缩抵抗重力的作用，防止腿下降。侧踢还可增加上述肌肉的耐力和肌力。

变式

为了增加脊柱侧屈肌、肩关节稳定肌和平衡肌的难度可以用肘关节支撑躯干。腿前伸时背屈脚部（踝关节背屈肌）可以增加腘绳肌的伸展度。将呼吸模式改为一次腿的两个方向的运动伴随一次呼吸。

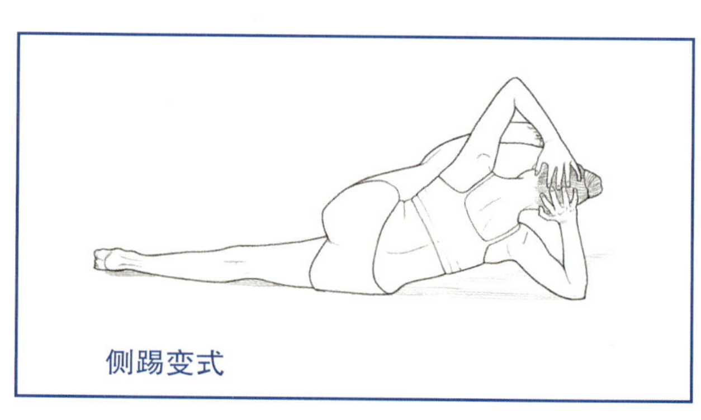

侧踢变式

跪姿侧踢

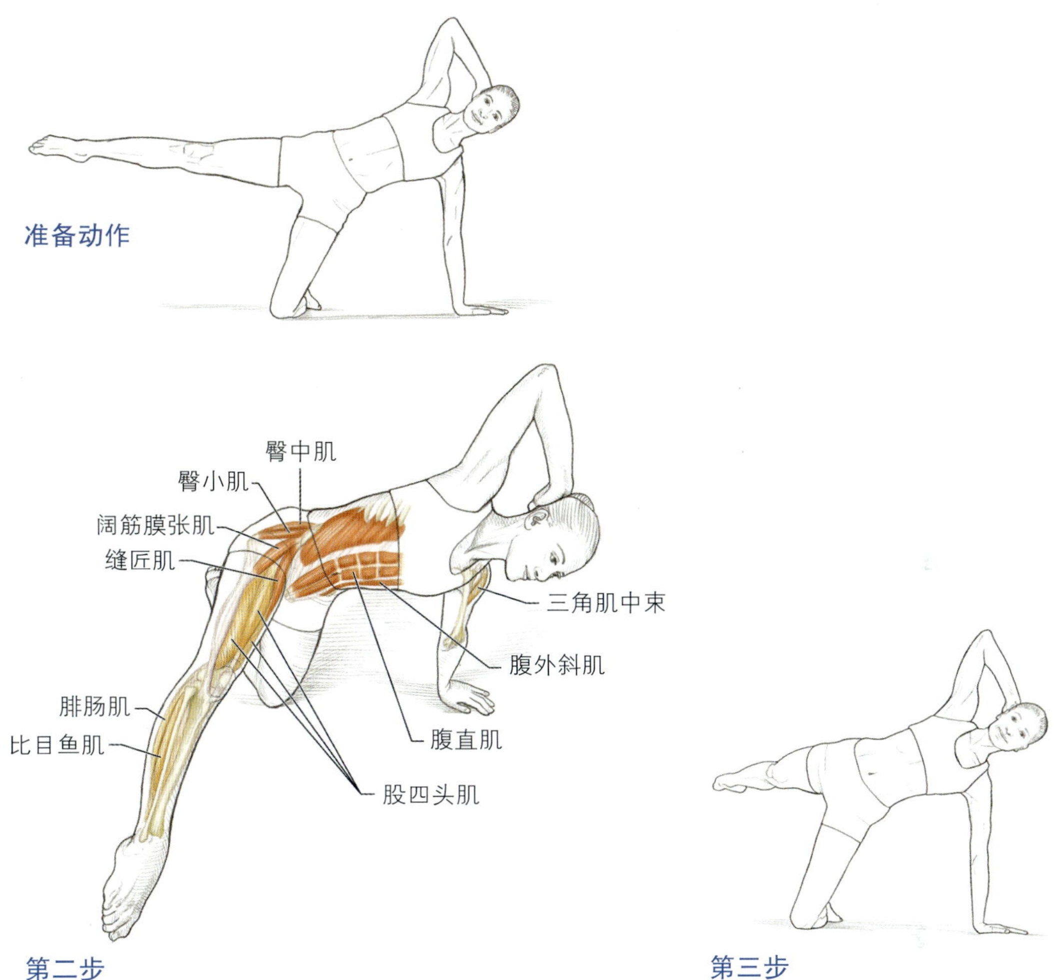

动作要领

1. *准备动作*。跪姿，上身向一侧弯曲。单掌撑垫，手指向外。另一手放在脑后，肘关节朝向天花板。抬高一腿至髋关节的高度。

2. *吸气*。如主要肌肉图所示，前伸抬高的腿。

3. *呼气*。如图所示，后伸抬高的腿。重复上述动作10次。同法练习另一条腿。

目标肌肉

脊柱侧屈肌和稳定肌：腹外斜肌、腹内斜肌、腰方肌、竖脊肌（棘肌、最长肌、髂肋肌）、半棘肌、深层脊柱周围肌肉、腹直肌、腹横肌。

髋关节外展肌：臀中肌、臀小肌、阔筋膜张肌、缝匠肌。

辅助肌群

髋关节屈肌：髂腰肌、股直肌。
髋关节伸肌：臀大肌、腘绳肌。
膝关节伸肌：股四头肌。
踝关节跖屈肌：腓肠肌、比目鱼肌。
肩关节外展肌：三角肌中束、冈上肌。
肩胛下降肌：斜方肌下部肌束、前锯肌下部肌束。
肩胛外展肌：前锯肌。
肘关节伸肌：肱三头肌。

技巧要点

- 在整个动作当中，想着将身体从头到支撑的膝盖形成一个拱门。一只手掌撑于垫子上，肩关节外展肌帮助上抬上背部，靠近垫子侧的脊柱侧屈肌上抬脊柱，髋关节展肌上抬下侧骨盆，帮助身体形成拱形。
- 手掌撑于垫子的同时，用肘关节外展肌伸直肘关节，用肩胛下降肌和外展肌（主要是前锯肌）保持肩胛骨向下指向垫子。
- 腿在摆动的时候保持直线，用膝关节伸肌伸直膝关节，踝关节跖屈肌绷直脚背。
- 注意使用髋关节外展肌维持抬高的腿的适当高度，使用髋关节屈肌使腿前伸，使用髋关节伸肌使腿稍微后伸。
- *想象*。把身体想象成一座拱桥，靠着手臂支撑，摆动的腿并不会影响桥的根基。

补充说明

跪姿侧踢和侧踢有许多相同的好处。因为仅依靠一侧膝关节和手臂支撑，跪姿侧踢更难维持稳定性。跪姿侧踢的躯干呈弓形，增加了靠近垫侧的脊柱屈肌（特别是腹斜肌）的负荷。跪姿侧踢极好地锻炼了支撑手臂的肩关节外展肌和肩胛稳定肌，为接下来的侧弯（第135页）和身体扭转（第144页）打下基础。

变式

练习时，可让支撑的膝关节尽量位于髋关节正下方；为了增加髋关节展肌的负荷可尽量抬高摆动的腿。也可以用侧踢变式中的呼吸模式，即一次腿的两个方向的运动伴随一次呼吸。

侧弯

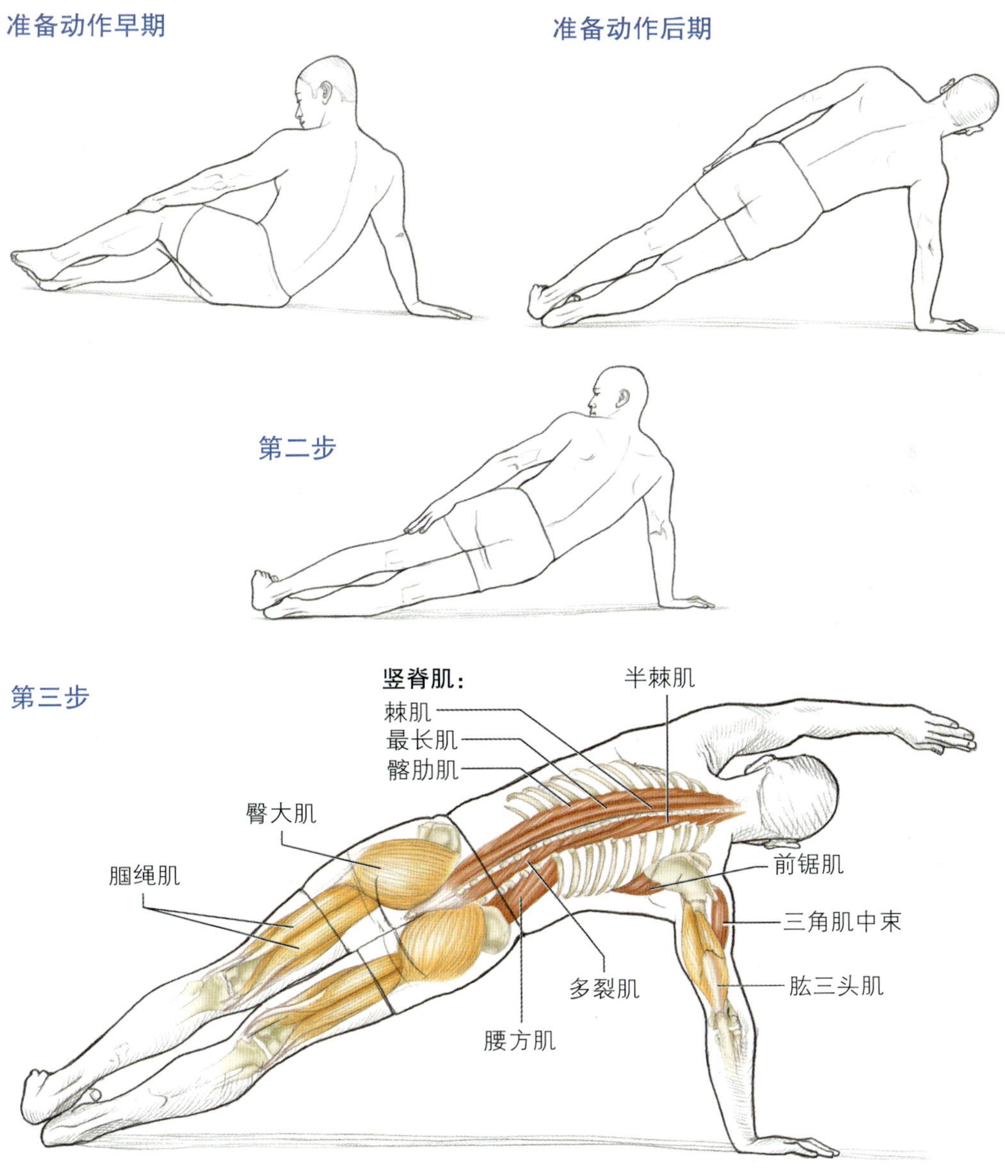

动作要领

1. *准备动作*。坐姿，躯干转至一侧，身体靠单手、骨盆下部和脚支撑。单掌撑于垫子，手指向外。如图所示，双膝屈曲，上侧的手放在上侧的腿上。在这个动作的基础上，将上身抬起，上臂和膝关节伸直，上侧的手臂紧靠身体。

2. *吸气*。如图所示，头扭转到上侧手臂的同侧，躯干下部下降，直到小腿和垫子相碰，保持支撑的手臂笔直。

3. *呼气*。如主要肌肉图所示，将躯干升回准备动作，然后将上侧的手臂伸过头顶，手掌向上，面部朝前。重复上述动作5次，然后屈膝，回到准备动作早期。同法练习另一侧。

目标肌群

脊柱侧屈肌和稳定肌：腹外斜肌、腹内斜肌、腰方肌、竖脊肌（棘肌、最长肌、髂肋肌）、半棘肌、深层脊柱周围肌肉、腹直肌、腹横肌。

肩关节外展肌：三角肌中束、冈上肌。

肩胛下降肌：斜方肌下部肌束、前锯肌下部肌束。

肩胛外展肌：前锯肌。

辅助肌群

髋关节屈肌：髂腰肌、股直肌。

髋关节外展肌：臀中肌、臀小肌。

膝关节伸肌：股四头肌。

肩关节内收肌：胸大肌、背阔肌。

肘关节伸肌：肱三头肌。

技巧要点

- 第一步和第三步的结尾部分，把身体从头到支撑的脚变成拱形：支撑的手臂撑于垫子上，使用肩关节外展肌抬起上背部下侧，使用脊柱侧屈肌抬起脊柱下侧，使用髋关节外展肌抬起骨盆下侧。

- 手掌撑于垫子上时，注意要使用肘关节伸肌保持肘关节伸直，避免伸展过度。同时，使用肩胛下降肌避免肩胛骨底部上抬，通过肩胛外展肌（主要是前锯肌）将肩胛骨伸向垫子。

- 在第三步，将注意力集中在使上身形成拱状和将手像水从直饮水水龙头射出一样伸过头顶。为了加强抬起来的感觉，要注意协调上身拱状的最高点和伸过头顶的手的最高点。头顶的手的动作由肩关节外展肌向心收缩产生，手伸过垂直线后由肩关节内收肌离心收缩控制下降。

- 在第一步和第三步之间，注意上身下降的时候要动作流畅、速度均匀，需用第一点所提及的肌肉，这些肌肉在这里只进行离心收缩。要特别注意使用肩胛下降肌避免支撑的肩膀上抬。上侧的手回到身体侧面和骨盆降至最低点的时间要一致。上侧手臂的动作先用到肩关节内收肌，通过垂直线之后肩关节外展肌离心收缩。

- *想象*。躯干上下移动时，尽量保持身体平坦，好像在两个平行的玻璃之间移动。

使用膝关节伸肌伸直膝关节，使用髋关节伸肌保持髋关节伸展、大腿和骨盆成一条直线。运用腹肌、脊柱伸肌和脊柱稳定肌保持背部平坦，避免骨盆扭转或前后倾斜。

补充说明

侧弯同侧踢、跪姿侧踢相比，整个身体都仅靠一只脚和一只手支撑，因而无论是在侧屈、躯干稳定性，还是在肩膀的使用上，难度都上升了好几个台阶。侧弯特别适合锻炼躯干两侧稳定性和脊柱侧屈肌的肌力。对许多人而言，它最大的好处在于增强肩关节外展肌和稳定肌的力量。在这个动作的几个阶段中，因为重力的原因，会有抬高或内收肩胛骨的倾向。要使用肩胛下降肌（特别是用前锯肌）保持肩关节外展且不上抬，位于中立位。如果力量不足或者协调性欠佳，有可能会出现肩膀不适或肩部受伤。所以，动作幅度不宜过大，能够维持良好的肩关节运动即可，也可使用可选动作。

可选动作

可以在下方的膝关节不离开垫子的姿势下做动作。上抬躯干时靠一只手和下侧的膝关节支撑身体。

变式

如图所示，可以把上侧的脚放在下侧的脚的前面做动作，这样可以增加支撑面，有助于保持平衡。可以在吸气时将身体上抬至侧面支撑的位置，同时上侧的手抬到肩膀的高度（“T”形）。在骨盆抬起和手臂伸过头顶时呼气。再次吸气时回到“T”形姿势；再次呼气时下降骨盆至刚刚碰到垫子。

侧弯变式

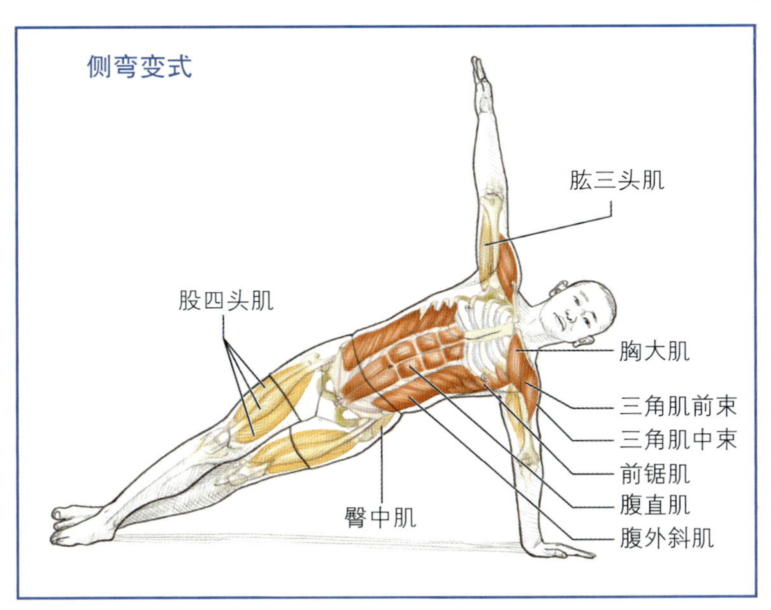

脊柱扭转

准备动作

第二步

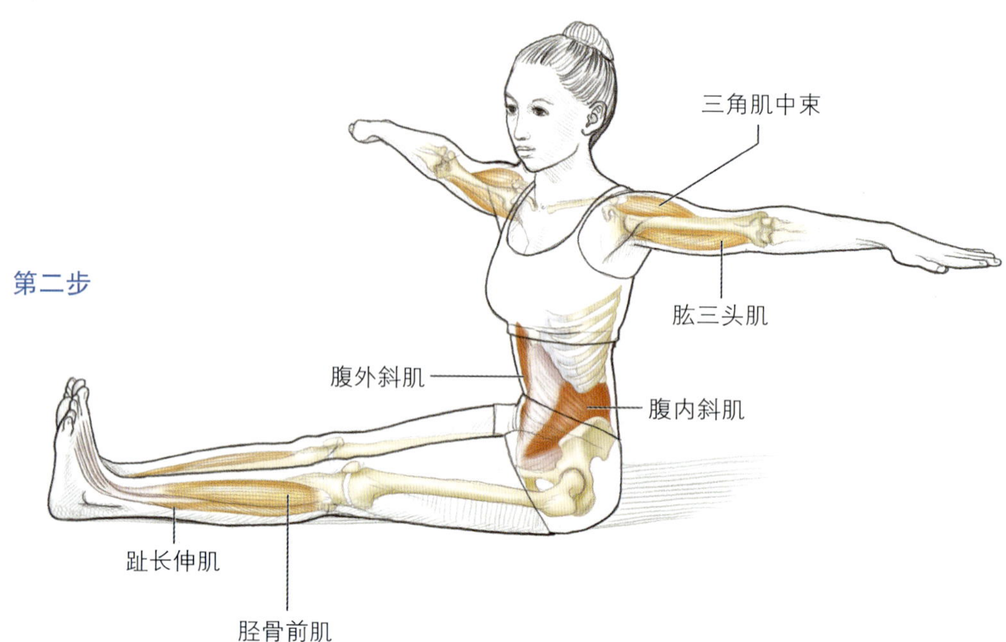

动作要领

1. *准备动作*。坐姿，双腿并拢前伸，双脚背屈。双臂抬至肩膀的高度，向两侧伸直，微微后伸，掌心朝下。

2. *呼气*。如主要肌肉图所示，躯干上部先向一侧扭转，然后再向同侧多扭转一些。

3.. *吸气*。将躯干上部转回中央（准备动作）。

4. *呼气*。躯干上部向另一侧扭转，然后再向同侧多扭转一些。

5. *吸气*。将躯干上部转回中央（准备动作）。每侧扭转5次，共10次。

目标肌肉

脊柱旋转肌：腹外斜肌、腹内斜肌、竖脊肌（最长肌、髂肋肌）、半棘肌、深层脊柱周围肌肉（特别是多裂肌）。

辅助肌肉

脊柱前稳定肌：腹横肌。

踝关节背屈肌：胫骨前肌、趾长伸肌。

肩关节外展肌：三角肌中束、冈上肌。

肘关节伸肌：肱三头肌。

肩胛内收肌：斜方肌、菱形肌。

技巧要点

- 在准备动作，为了在整个动作中在抬起腰背部时保持脊柱垂直，要注意将腹肌向内上方收紧。
- 注意扭转骨盆以上的部位，通过脊柱旋转肌扭转腰背部到头部的脊柱，骨盆保持固定、面向前方。
- 两臂向两侧伸直，使用肩关节外展肌保持手臂在肩膀高度，肘关节伸肌伸直肘关节，从而达到理想的优美线条。同时，使用肩胛内收肌将两侧的肩胛骨向内微微收起。躯干扭转时手臂保持这个姿势。
- *想象*。想象脊柱是向上扭转的，头部随着扭转离天花板越来越近。

补充说明

脊柱扭转比仰卧脊柱扭转（第56页）的好处更多，因为脊柱扭转更加接近每天活动和运动的姿势，如打高尔夫球和网球。而且对抗重力保持身体伸直也是对躯干肌肉的一种挑战。学会使用强大的肌肉群而不是单靠肩膀扭转是这个动作的关键，也为提升运动水平打下基础，并且可避免背部受伤。

坐姿躯干扭转。当采用坐姿上躯干向右侧扭转时，左侧的腹外斜肌和右侧的腹内斜肌为原动肌。但是如果单靠它们扭转，躯干将会同时向前弯曲，因为它们既是脊柱扭转肌又是脊柱屈肌。适当地使用脊柱伸肌才能够保证脊柱的垂直姿势。如下页图所示，这些伸肌，尤其是右最长肌、右髂肋肌、左半棘肌和左多裂肌也协助躯干向右扭转。正确运用这些肌肉才能保证脊柱在扭转中不会前倾后仰。

变式

可以将两臂向两侧伸直，不后伸，肩胛骨保持中立位，掌心朝上，肩关节外旋。此外，每个方向可以采用一次快速呼吸振动两次的方法。

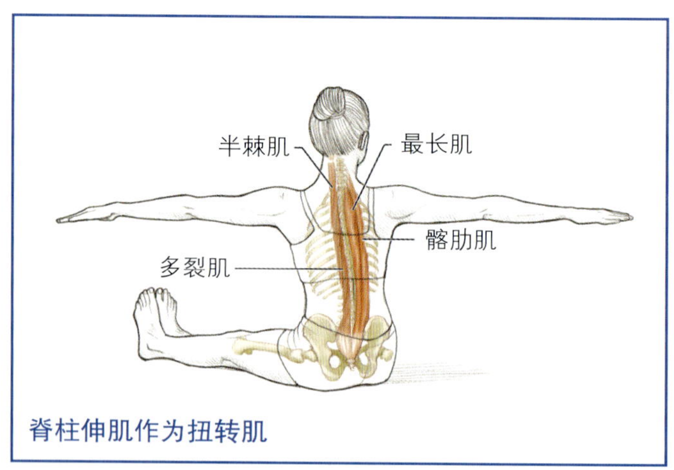

脊柱伸肌作为扭转肌

旋体拉锯

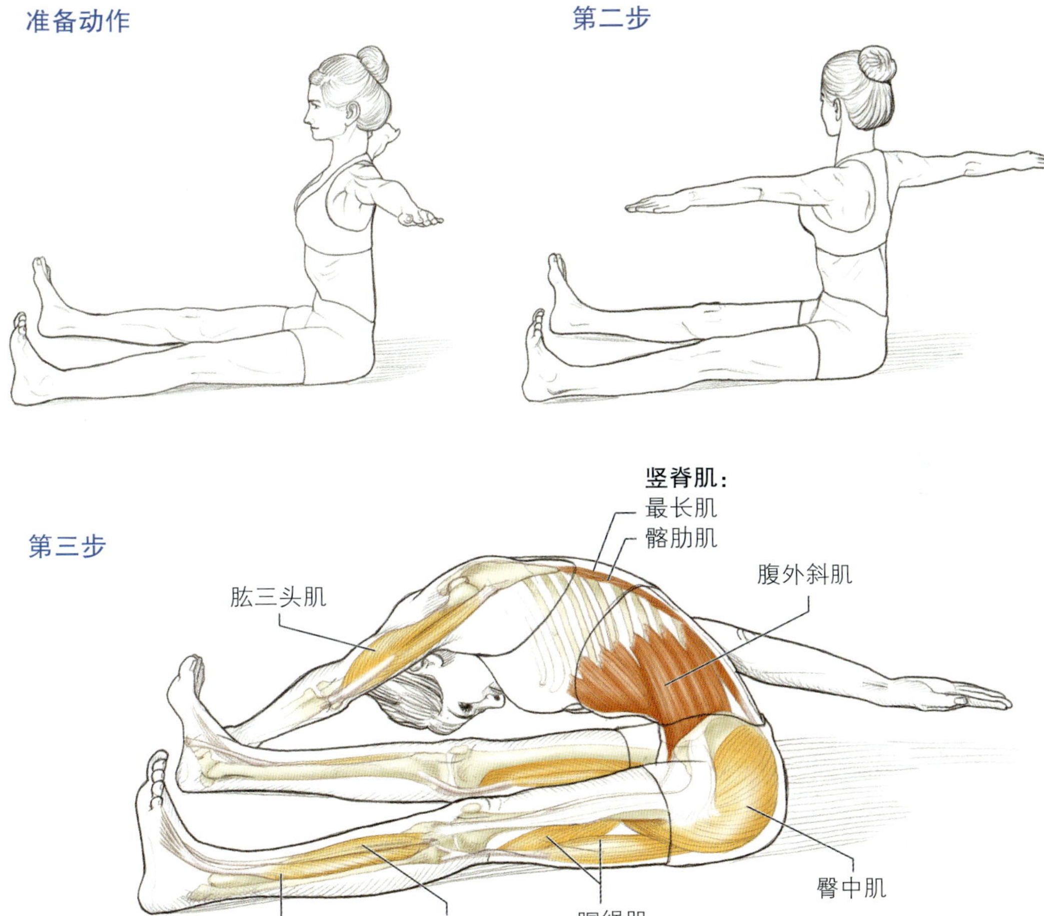

动作要领

1. *准备动作*。躯干垂直而坐，双腿分开略比肩宽，膝关节伸直和双脚背屈。双臂在肩关节水平向两侧伸直，微微后伸，肘关节伸直，掌心朝下。

2. *吸气*。如图所示，向一侧扭转躯干上部，头和脊柱上部向前向下屈曲，手伸到另一侧脚的外侧；如果柔韧性允许，另一只手内旋、后伸、微微上抬。

3. *呼气*。如主要肌肉图所示，在三次像拉锯般前后移动中手臂柔和地前伸。上抬躯干至垂直位置，然后扭转至起始位置。

4. *吸气*。向另一侧扭转躯干上部，然后在这一侧重复第二步的动作。

5. *呼气*。在这一侧重复第三步的动作。每侧动作重复5次，共10次。

目标肌肉

脊柱旋转肌：腹外斜肌、腹内斜肌、竖脊肌（最长肌、髂肋肌）、半棘肌、深层脊柱周围肌肉。

脊柱伸肌：竖脊肌（棘肌、最长肌、髂肋肌）、半棘肌和深层脊柱周围肌肉。

辅助肌肉

脊柱前稳定肌：腹横肌。

髋关节伸肌：臀大肌、腘绳肌。

踝关节背屈肌：胫骨前肌、趾长伸肌。

肩关节外展肌：三角肌中束、冈上肌。

肩关节屈肌：三角肌前束、胸大肌（锁骨端）。

肩关节伸肌：背阔肌、大圆肌。

肘关节伸肌：肱三头肌。

肩胛内收肌：斜方肌，菱形肌。

技巧要点

- 第一步、第二步早期和第四步，请参照脊柱扭转的技巧要点，要注意腹肌和脊柱伸肌的协调收缩，并且保持躯干垂直。

- 在第二步后期和第四步，脊柱伸肌离心收缩，流畅地向下蜷曲脊柱。骨盆面朝前，两侧的坐骨和垫子接触。

- 在第三步和第五步，每次前后拉锯的时候尽量想着将脊柱柔和地拉长一点。注意避免过激的反弹，否则会伤到脊柱。同时，慢慢内收腹肌，避免骨盆前倾。

- 在第二步和第五步，注意力集中在伸向对侧的手臂，特别是其向前移动时，注意使用肩关节屈肌防止下降；另一只手臂内旋的时候，用肩关节伸肌后伸和上抬起。

- 第三步和第五步向上卷起的时候，继续内收腹肌，同时用脊柱伸肌将骶骨以上的椎骨从下往上一块块叠加起来，将脊柱伸直。

- 在第三步和第五步结束时，躯干转回中央，集中注意力尽量上伸头部，这样能轻微刺激脊柱伸肌收缩，不过躯干扭转主要依靠的是腹斜肌。

- 同时将双臂移回准备动作。双臂向两侧伸直，手指微微后压以激活肩胛内收肌，使用肩关节外展肌保持双臂在肩关节水平，肘关节伸肌保持肘关节伸直。

- *想象*。身体扭转的时候，脑海中想象脊椎上部像一个螺丝刀，在松紧桌子上的螺钉时，保持垂直。双腿和骨盆就像桌子保持稳定、不动，只有螺钉和螺丝刀在转动。

补充说明

和脊柱扭转一样，旋体拉锯非常适用于学习如何使用核心肌肉扭转的同时保持躯干垂直。不同的是，在旋体拉锯中，躯干并不是一直垂直，这样在脊柱向下屈曲和向上卷起的时候可以采取坐姿练习脊柱的契合。在坐姿的情况下前屈脊柱，身体处于不平衡的状态，对拉伸腰部和腘绳肌很有效果。

变式

准备动作的时候，改成双臂向两侧伸直，双侧的肩胛骨位于中立位，肩部向外扭转，掌心朝前。如图所示，为了减少拉伸上背部，更多地拉伸腘绳肌，胸椎前伸，髋关节弯曲，坐骨向后，脊柱向前。这个变式中，躯干返回垂直的过程中（第三步和第五步），注重运用的是胸部和髋部的伸肌，而不是一节节的脊椎。

旋体拉锯变式

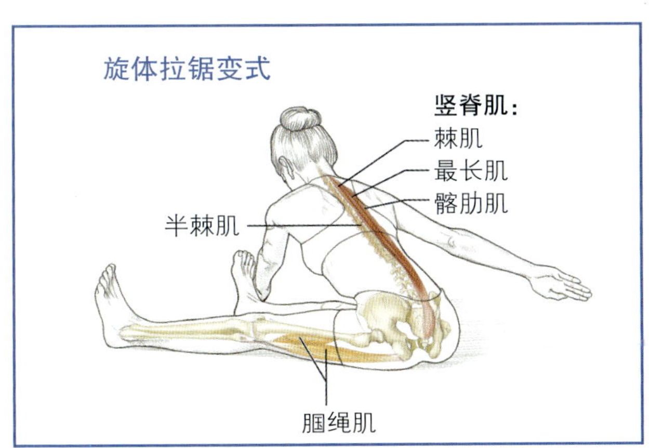

身体扭转

准备动作
胸大肌
腹直肌
股四头肌
三角肌中束
三角肌前束
前锯肌
肱三头肌
腹外斜肌
臀中肌
第二步前面观
第三步
肱三头肌
背阔肌
竖脊肌:
棘肌
最长肌
髂肋肌
臀大肌
臀中肌
腘绳肌
冈上肌
冈下肌
三角肌中束
三角肌后束
小圆肌
大圆肌
前锯肌
第四步后面观

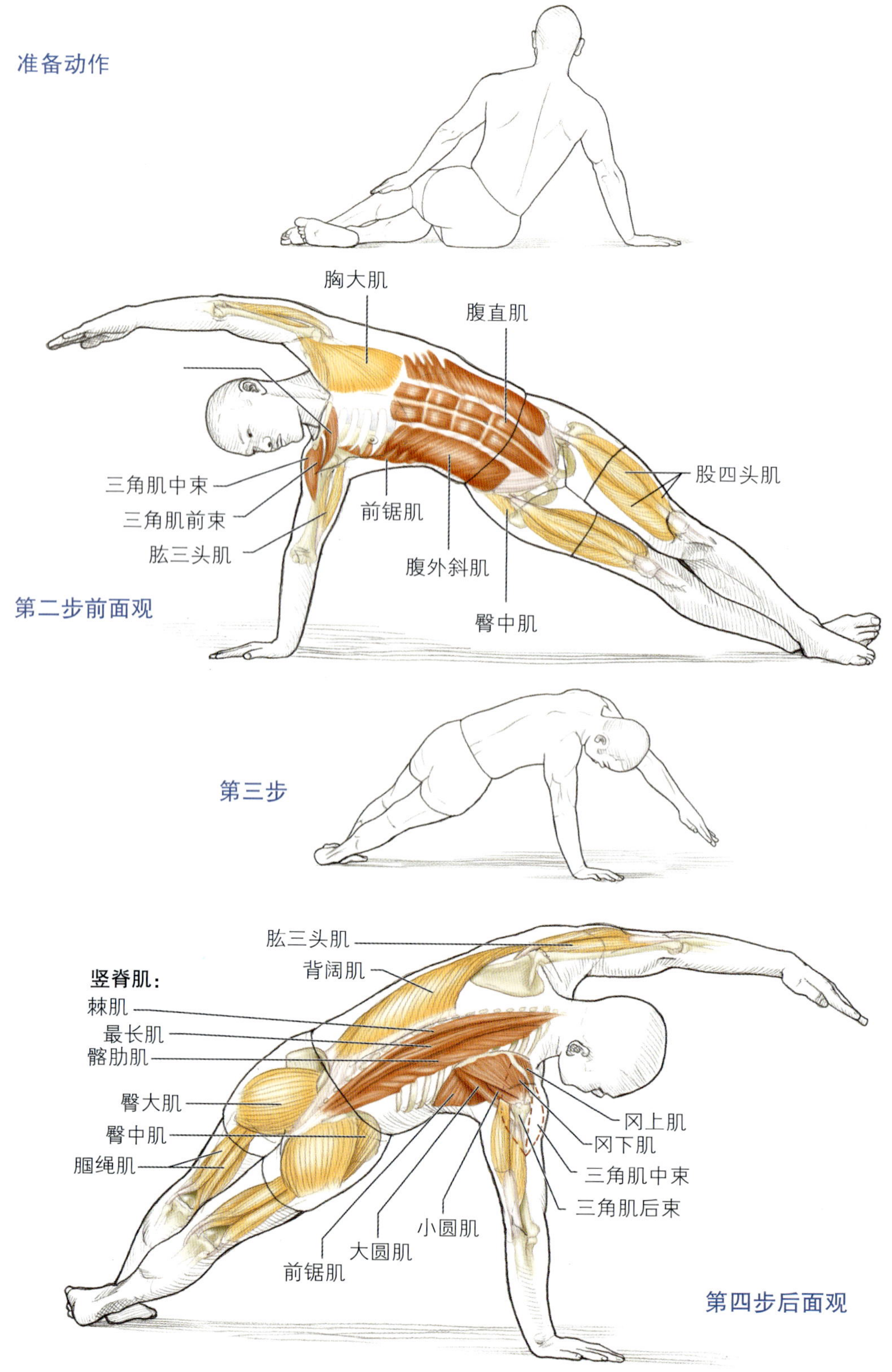

动作要领

1. *准备动作*。坐姿，身体扭转至一侧。靠一只手臂、下侧骨盆和双脚支撑身体的重量（手掌撑于垫子，手指向外，上侧的脚在另一只脚前面）。双膝屈曲，上侧的手置于上膝。

2. *吸气*。如“第二步前面观”所示，躯干向上抬起，同时双腿伸直，上侧的手臂伸过头顶。头部可以面向前方或者微微向下。

3. *呼气*。如图所示，躯干转向垫子。

4. *吸气*。如“第四步后面观”所示，转回第二步的姿势。

5. *呼气*。双膝弯曲，下降躯干，上侧手臂回到准备动作。保持良好的姿势，躯干下降至盆部刚好停留在垫子上。必要的话，躯干下降至垫子刚好能够提供支撑的地步。重复上述动作5遍，然后换另一侧重复。

目标肌群

脊柱侧屈肌和旋转肌：腹外斜肌、腹内斜肌、腰方肌、竖脊肌（棘肌、最长肌、髂肋肌）、半棘肌、深层脊柱周围肌肉、腹直肌、髂腰肌。

肩关节外展肌：三角肌中束、冈上肌，三角肌前束、胸大肌（锁骨端）。

肩关节水平外展肌：冈下肌、小圆肌、三角肌后束、三角肌中束、大圆肌、背阔肌。

肩胛下降肌：斜方肌下部肌束、前锯肌下部肌束、胸小肌。

肩胛外展肌：前锯肌、胸小肌。

辅助肌肉

脊柱前稳定肌：腹横肌。

髋关节伸肌：臀大肌、腘绳肌。

髋关节外展肌：臀中肌、臀小肌。

膝关节伸肌：股四头肌。

膝关节屈肌：腘绳肌。

肩关节内收肌：胸大肌和背阔肌。

肘关节伸肌：肱三头肌。

技巧要点

- 第二步的肌肉使用的细节同侧弯。
- 在第二步，手臂撑于垫子，使用肩关节展肌、脊柱侧屈肌和髋关节外展肌将身体下部抬起，从头到脚形成一个拱形。使用髋关节伸肌和膝关节伸肌伸直双腿并使它们与骨盆成一条直线。

• 骨盆抬起的时候，将上侧的手臂流畅地伸过头顶。先用肩关节展肌将手抬起，手通过垂直线以后，离心收缩肩关节内收肌，以免手臂因重力的作用降得过低。用下侧手臂的肩胛外展肌使肩胛保持展开、控制由于重力而造成的肩胛向脊柱移动的倾向。

• 在第三步，使用脊柱旋转肌使躯干上部转身，面朝下。使用腹斜肌使扭转达到极限，同时竖脊肌离心收缩控制扭转时的重力的作用。扭转结束后，肩关节屈肌和水平外展肌保持上侧手臂悬空，避免其落在垫子上或者身上。

• 在第四步，运用竖脊肌将躯干扭转至另一侧，同时腹肌协助扭转并避免腰背部拱起。

• 在第五步，肩关节外展肌、脊柱侧屈肌和髋关节展肌离心收缩，在身体下降的过程中控制下侧身体。膝关节屈肌渐渐屈曲双膝。这时，支撑手臂的肩胛下降肌要控制不必要的耸肩，同时肩关节外展肌继续、肩关节内收肌开始离心收缩，控制上侧手臂的下降。

• 在整个动作中，下侧手臂提供支撑。肘关节伸肌保持肘关节伸直。随着躯干的扭转，躯干与支撑手臂和重力关系的改变，会用到肩部和肩胛的肌肉，其中肩关节水平外展肌作为主要肌肉在第三步离心收缩，在第四步向心收缩。

• *想象*。想象一只海豚跃出海面，身体呈拱形然后扭转着再次进入水中。然后把这段想象回放一遍。

补充说明

因为增加了扭转动作，身体扭转比侧弯（第135页）难度大。如果不能很好地完成侧弯，就不应练习扭转。虽然《让控制术带您重返生活》一书没有提及身体扭转，但是它经常在各个普拉提学校中以不同的方式被教导。本书的这个版本描述了从侧弯到身体扭转的过程。身体扭转之所以难度高，是因它在各个阶段中用到了大量的肌肉。它的优势在于加强了核心扭转的稳定性，还有肩部主要肌肉的力量和复杂协调能力。在做身体扭转时，一侧的肩部不仅负荷了身体大部分的重量，还需要在负荷的同时进行大幅度的移动。所以只有能够很好地运用肩部肌肉才能够从练习身体扭转中得到好处并避免严重的损伤。

变式

可以在上侧手臂抬到“T”形的情况下练习身体扭转。 在第二步和第四步，手臂与肩部平齐，而不是伸过头顶。随着上侧手臂伸向身体下面，将臀部抬高从而最大化脊柱的扭转，身体呈金字塔形，双腿伸直，胸椎在韧带所允许的情况下尽量拉伸。还可以进一步加大难度，即在整个过程中双膝保持伸直状态，包括上升和下降的阶段中（第二步和第五步）。

空中瓶塞（高阶空中瓶塞）

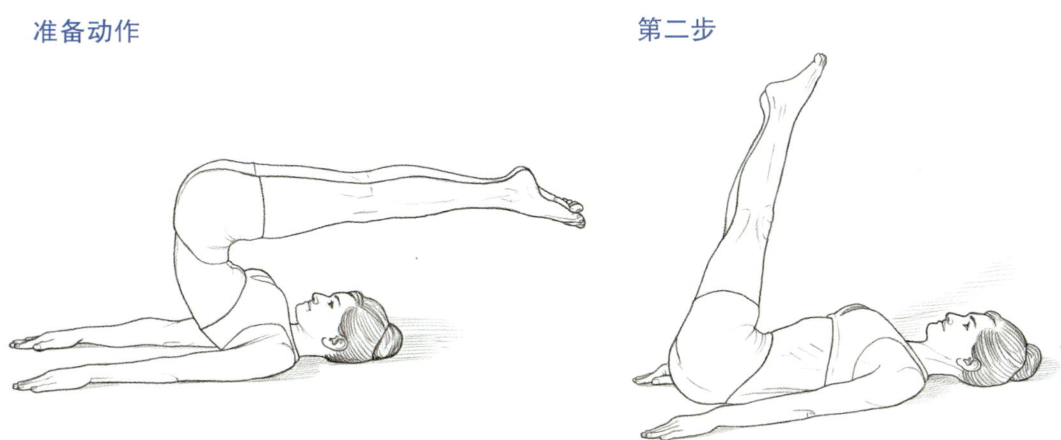

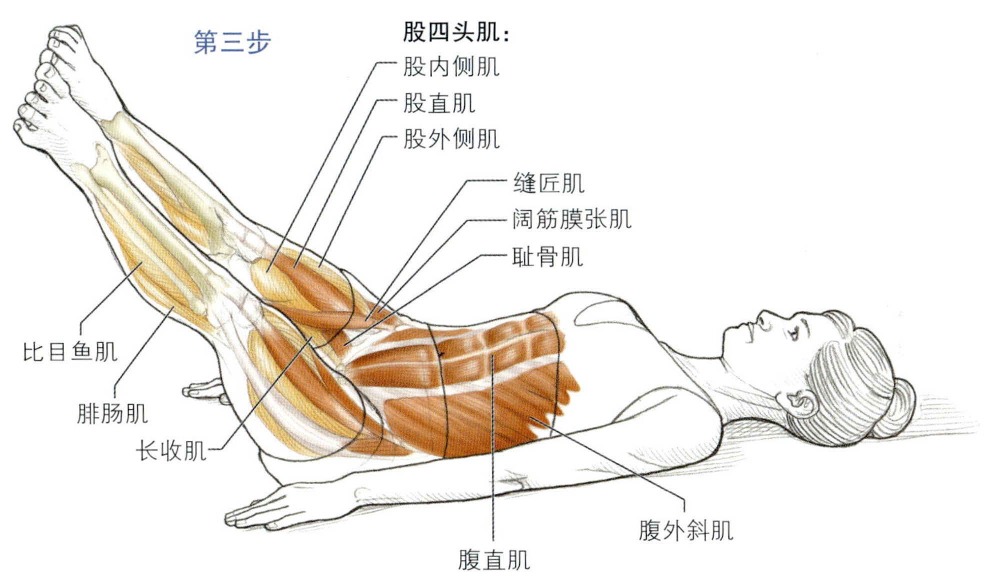

动作要领

1. *准备动作*。先做弓身挺腰式（第99页），双腿伸过头顶，与垫子平行。

2. *呼气*。躯干下部向一侧扭转。如图所示，两腿移向扭转侧，开始下降。

3. *吸气*。双腿画圆下降，通过身体中线，再向另一侧上移（如主要肌肉图所示），然后伸过头顶回到身体中线准备动作。

4. *呼气*。躯干下部和双腿一起向第二步的反方向扭转。

5. *吸气*。双腿画圆下降，通过身体中线，再向另一边上移，伸过头顶回到身体中线准备动作。每侧重复动作3次，共6次；呼气时转换扭转方向。

目标肌肉

脊柱屈肌和脊柱前转肌：腹直肌、腹外斜肌、腹内斜肌.

髋关节屈肌：髂腰肌、股直肌、缝匠肌、阔筋膜张肌、耻骨肌。

辅助肌肉

脊柱前稳定肌：腹横肌。

脊柱伸肌和脊柱后旋转肌：竖脊肌。

髋关节伸肌：臀大肌、腘绳肌。

髋关节内收肌：长收肌、短收肌、大收肌、股薄肌。

膝关节伸肌：股四头肌。

踝关节跖屈肌：胫骨前肌、伸趾长肌。

肩关节伸肌：背阔肌、大圆肌、三角肌后束。

技巧要点

- 在这里采用弓身挺腰式（第99页）中的技术要点，包括第一步中骨盆后倾和接下来脊柱卷曲过程中腹肌的使用。
- 在第二步和第五步，躯干下部扭转的时候，双腿随着骨盆移动，与骨盆前部中线的关系保持不变。
- 在第三步和第五步，髋关节伸肌收缩使双腿画圆下降，当双腿画圆至底部弧线的时候，髋关节屈肌离心收缩控制双腿下降，然后向心收缩帮助其完成画圆的上部。注意画小圆，并且腹肌要充分收缩避免腰背部拱起或者骨盆前倾。
- 双腿画圆的时候，适当的时候将双臂下压以便于肩关节伸肌协助上抬下半身或保持双肩完全贴着垫子。脊柱的扭转是在腋窝水平以下进行的，需要使用脊柱旋转肌，尤其是腹肌。脊柱旋转肌先向心收缩扭转脊柱和骨盆，然后离心收缩控制身体在各个阶段的扭转。
- 在整个过程中，应轻轻地夹紧大腿内侧以激活髋关节内收肌。使用膝关节伸肌保持腿部伸直，踝关节跖屈肌绷直脚背，使腿呈现修长的线条。双腿向两侧画圆的时候，下侧腿的髋关节内收肌协助将双腿保持在所要求的高度。
- *想象*。想象在用脚画圆，运用强有力的核心力量，使骨盆在双腿画圈时维持正确的位置。

补充说明

空中瓶塞采取的是双腿画圆，不是简单地将腿上下移动。其不仅囊括了弓身挺腰式中脊柱的结合和核心稳定性，而且大大提升了难度。将双腿和骨盆移到一侧会使全身都向同侧倾斜，但是扭转时复杂的稳定肌协同收缩使在下身扭转的时候肩膀和上身都紧贴着垫子，并避免了腰背部过度拱起或肋骨向前突出。除了能够增强稳定能力，空中瓶塞还提高了腘绳肌和腰背部的柔韧性。

虽然空中瓶塞有许多好处，但是脊柱扭转和弯曲或伸展的组合却使身体置于非常容易受伤的处境中。除此之外，同弓身挺腰式一样，这个动作要求背部和颈部负重弯曲。只有在适合并且已经能够很好地完成仰卧脊柱扭转（第56页）和弓身挺腰式的情况下才能练习这个动作。

可选动作

可以用骨盆后部不离开垫子、90°（垂直线）处开始和结束画圆代替骨盆离开垫子、双腿过头顶。如果腘绳肌太紧或者想要更容易地保持稳定性，可微微弯曲膝关节。稳定能力提高后，如果您适合做这个动作，可进一步将双腿伸过头顶。

双腿伸过头顶后，如果腘绳肌或者腰背部过紧，微微弯曲膝盖或者让双脚按所需远离垫子从而协助支撑背部和肩部的体重，不包括颈部的重量。

变式

这个动作也可以在开始画圆（上半圆）的时候吸气，在画剩余的部分（下半圆）时呼气。这样做可以刺激深部的腹肌让腰背部紧贴着垫子，避免一个非常常见的错误，即在腿下降向心和离开中心的时候拱起背部。下图是腹肌稳定作用不足和足够的示例。

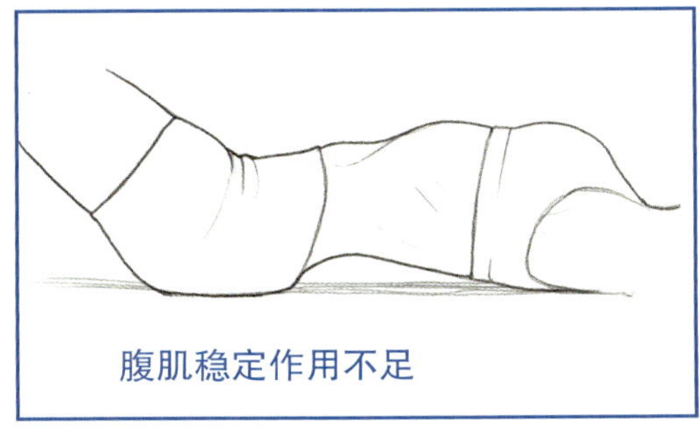

腹肌稳定作用不足

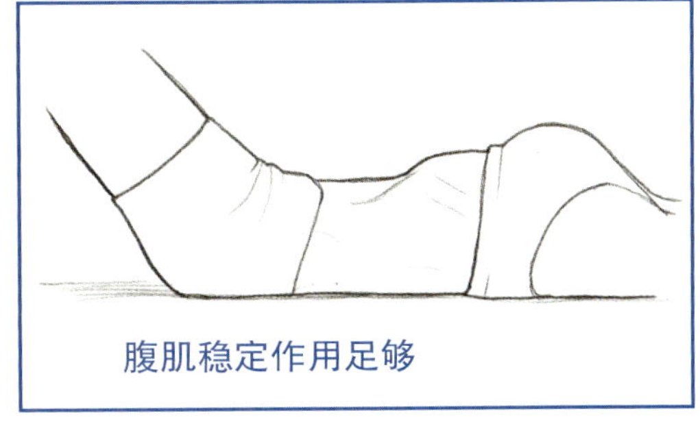

腹肌稳定作用足够

直臂髋部扭转（髋部画圆预备动作）

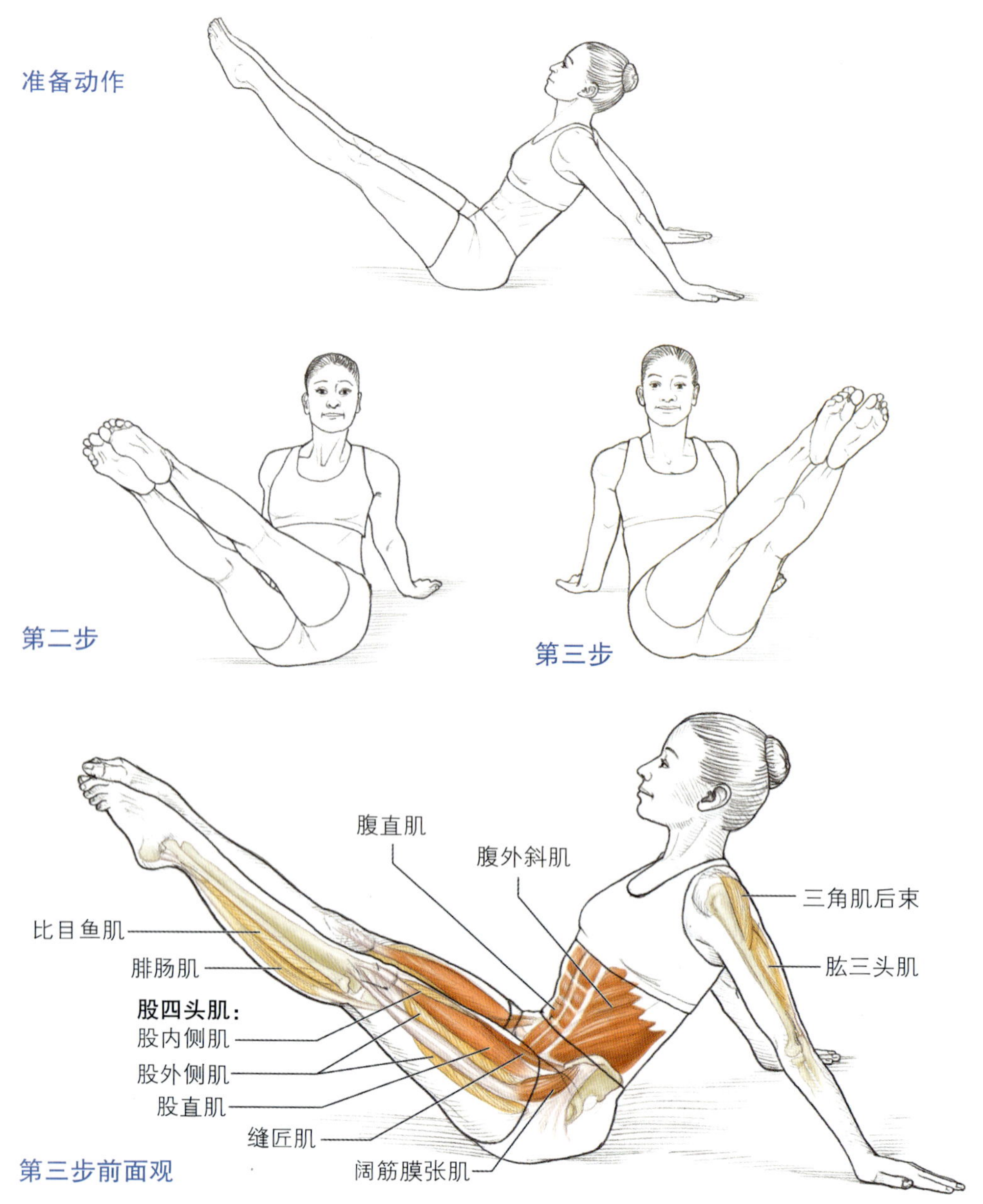

动作要领

1. *准备动作*。双手置于身后，手掌紧贴垫子，指尖向后。身体以坐骨为支点后倾至平衡点，双腿抬起，身体呈“V”形。

2. *呼气*。扭转骨盆。如图所示，双腿移至一侧，然后向下，越过中点。

3. *吸气*。继续画圆。如图所示，双腿向对侧上移，骨盆也移至对侧（第三步前面观）。

然后将双腿和骨盆移回中央，回到准备动作。

4. *呼气*。骨盆和双腿移到第二步的另外一侧，然后向下，越过中点。

5. *吸气*。继续画圆，双腿向第三步的反方向上移，骨盆也移至同侧，然后将双腿和骨盆移回中央，回到准备动作。每侧重复动作3次，共6次。呼气时转换至另外一侧。

目标肌肉

脊柱屈肌和脊柱前旋转肌：腹直肌、腹外斜肌、腹内斜肌。

髋关节屈肌：髂腰肌、股直肌、缝匠肌、阔筋膜张肌、耻骨肌。

辅助肌肉

脊柱前稳定肌：腹横肌。

脊柱伸肌和脊柱后旋转肌：竖脊肌。

髋关节内收肌：长收肌、短收肌、大收肌、股薄肌。

膝关节伸肌：股四头肌。

踝关节跖屈肌：胫骨前肌、趾长伸肌。

肩关节伸肌：背阔肌、大圆肌、三角肌后束。

肩胛下降肌：斜方肌下部肌束、前锯肌下部肌束。

肘关节伸肌：肱三头肌。

技巧要点

- 在准备动作中，让骨盆后倾，使用肩关节伸肌和上脊柱伸肌上抬上背部。运用肩胛下降肌下拉肩胛骨控制肩部伸展末肩胛骨自然上抬。
- 通过脊柱屈肌和脊柱前旋转肌扭转躯干下部，肩部保持面向前。在第二步至第五步，双脚画圆时与骨盆中线的对应关系保持不变。
- 注意用足够的腹部稳定力量，画的圆要足够小腰背部才不会拱起，骨盆也不会前倾。
- 整个动作中，应轻轻地夹紧大腿内侧以激活髋关节内收肌。运用膝伸肌伸直双腿，踝关节跖屈肌绷直脚背，使腿呈现修长的线条。
- *想象*。想象双脚夹着一个激光灯，激光必须一直照在骨盆的中线上，光线向上延展至耻骨联合处。双腿画圆时，双腿相对于骨盆上下移动。骨盆在从一侧移至另一侧时，双腿也要和骨盆一起移至另一侧。

补充说明

直臂髋部扭转和空中瓶塞（第147页）有类似的好处，特别是于复杂的扭转中保持协调。因为采用的是坐姿，所以髋关节屈肌在缩短的姿势中，支撑双腿需要更大的力量、更好的平衡能力，因此直臂髋部扭转的难度更高。虽然在髋关节屈肌力量、腘绳肌和肩关节屈肌柔韧性方面都有着潜在的好处，但这是一个高难度的动作，练习动作应规范，以免腰背部受伤。此外，只能在背部没有禁忌的情况下才可练习这个动作，如果需要可以先练习可选动作。

可选动作

如果腘绳肌太紧或很难保持骨盆和腰背部稳定性，可以微微屈曲膝关节，也可上身更加靠后靠前臂支撑身体。

变式

呼吸的节奏可以反过来，可以在骨盆扭转、双腿移至一侧时吸气，在双腿向下画圆时呼气。这样可提高核心稳定性。

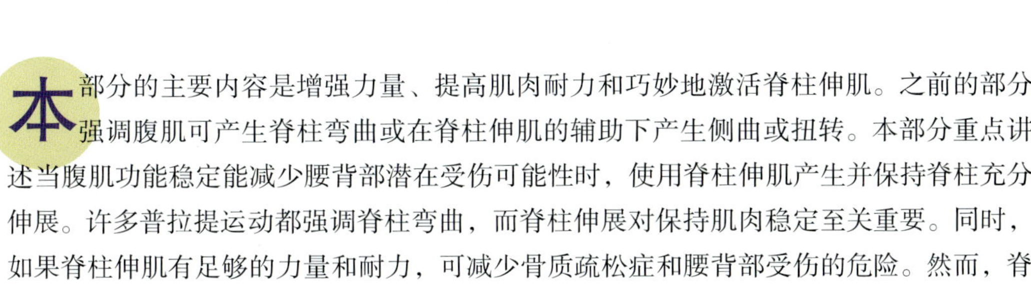

9 强化背部的伸展

本部分的主要内容是增强力量、提高肌肉耐力和巧妙地激活脊柱伸肌。之前的部分强调腹肌可产生脊柱弯曲或在脊柱伸肌的辅助下产生侧曲或扭转。本部分重点讲述当腹肌功能稳定能减少腰背部潜在受伤可能性时，使用脊柱伸肌产生并保持脊柱充分伸展。许多普拉提运动都强调脊柱弯曲，而脊柱伸展对保持肌肉稳定至关重要。同时，如果脊柱伸肌有足够的力量和耐力，可减少骨质疏松症和腰背部受伤的危险。然而，脊柱过度伸展也是易导致腰背部受伤的运动。良好的技术和循序渐进的进程可以减少运动危险，取得锻炼效果。

本部分的第一个动作是其他动作的技术基础。猫背伸展（第154页）是一项简单而实用的练习，强调使用上背部脊柱伸肌产生脊柱伸展，腹肌协同收缩防止腰背部伸展过度。单腿后踢（第156页）中，在一条腿移动的同时协同收缩腹肌和脊柱伸肌保持躯干上部静止不动。难度在于脊柱过伸的同时保持核心稳定性。双腿踢（第158页）不同于单腿后踢的是，当脊柱伸肌作为主要主动肌时，腹肌技巧性协同收缩使脊柱稳固移动，而不是保持躯干静止不动。游泳（第161页）中，当不同侧的手脚上下移动时，需要脊柱轻度过伸。也就是说，游泳是一项新的练习，要在不同侧的肢体移动时保持核心稳定性。

最后两个运动需要在躯干前后摇摆时保持脊柱支持和髋关节伸展。弓形摇摆（第163页）中，手抓住脚有助于在身体摇摆保持脊柱的弓形几乎固定。与之相反，天鹅潜水（第166页）中，手不再抓脚，脊柱伸肌在维持理想的背部弧形方面更为重要。如果练习动作不到位或有背部问题，这些动作易使背部受伤。这些动作应该在已经熟悉相关运动和没有背部不适及禁忌的情况下再尝试练习。

猫背伸展

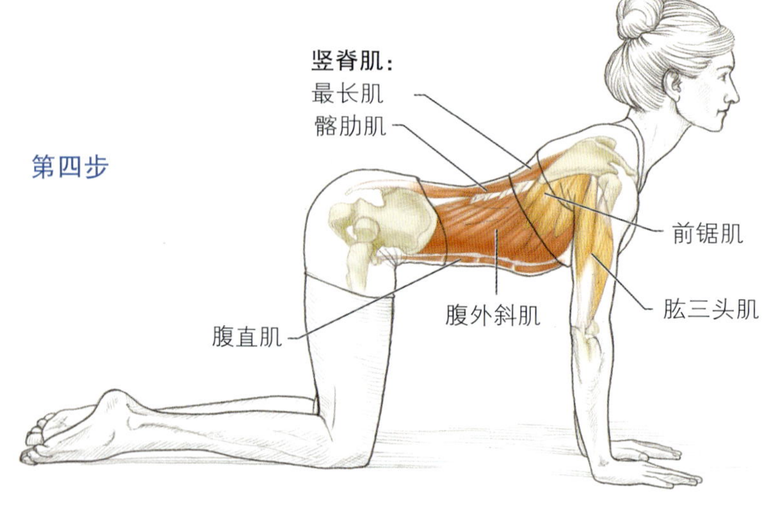

动作要领

1. *准备动作*。跪姿，手臂伸直，与肩膀垂直；膝关节位于髋关节正下方。骨盆和脊柱中立位。

2. *呼气*。如图所示，后倾骨盆，圆形拱起脊柱。

3. *吸气*。回到准备动作。

4. *呼气*。如主要肌肉图所示，伸展上脊柱。

5. *吸气*。回到准备动作。重复上述动作5次。

目标肌肉

脊柱伸肌：竖脊肌（棘肌、最长肌、髂肋肌）、半棘肌、深层脊柱周围肌肉。

脊柱屈肌：腹直肌、腹外斜肌、腹内斜肌。

辅助肌肉

脊柱前固定肌：腹横肌。

髋关节伸肌：臀大肌、腘绳肌。

肩关节屈肌：三角肌前束、胸大肌（锁骨端）

肩关节伸肌：背阔肌、大圆肌、胸大肌（胸骨端）。

肩胛外展肌：前锯肌。

肘关节伸肌：肱三头肌。

技巧要点

• 在准备动作，朝向脊柱内收腹壁，向骨盆上拉腹肌下附着部，力量以刚好维持骨盆和脊柱中立位为宜。

• 在第二步，进一步牵拉腹肌以屈曲脊柱。同时，使用髋关节伸肌和腹肌后倾骨盆，轻拉尾椎骨向下。

• 双手压在垫子上，使用肩关节屈肌轻轻上提上躯干，使用肩胛外展肌向两侧伸展肩胛骨。

• 在第三步，平稳回到准备动作，应离心收缩腹肌。

• 在第四步，使用脊柱伸肌向外向上拉伸头部和上背部。腹肌同时限制骨盆前倾和腰椎过伸。双手用力压在垫子上，使用肩胛外展肌保持两肩胛骨之间的宽度，肩关节伸肌帮助上躯干拱起。

• *想象*。想象腰背部有一只手。第二步重点屈曲腰椎，想象弯曲下脊柱压向那只手。第四步想象上脊柱远离那只手。

补充说明

尽管《让控制术带您重返生活》中不包括猫背伸展，但其是接下来更大难度练习的基础。这项运动的好处不在于增强脊柱伸肌，而是与腹肌协同收缩慢慢激活脊柱伸肌。猫背伸展中，躯干有四个支撑点。在第四步，脊柱伸肌被激活伸展背部，主要伸展胸椎，同时与腹肌协同收缩控制盆骨前倾。在更复杂和需要更大力量的运动中，腹肌收缩保护腰背部是必不可少的。在第二步，脊柱向上圆形拱起能更好地激活腹肌。猫背伸展给脊柱伸肌提供动态伸展，为重在锻炼脊柱伸肌的运动提供有价值的练习。

单腿后踢

准备动作

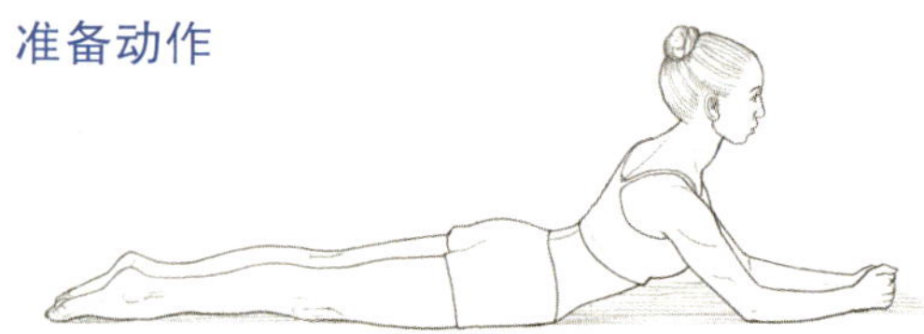

第二步

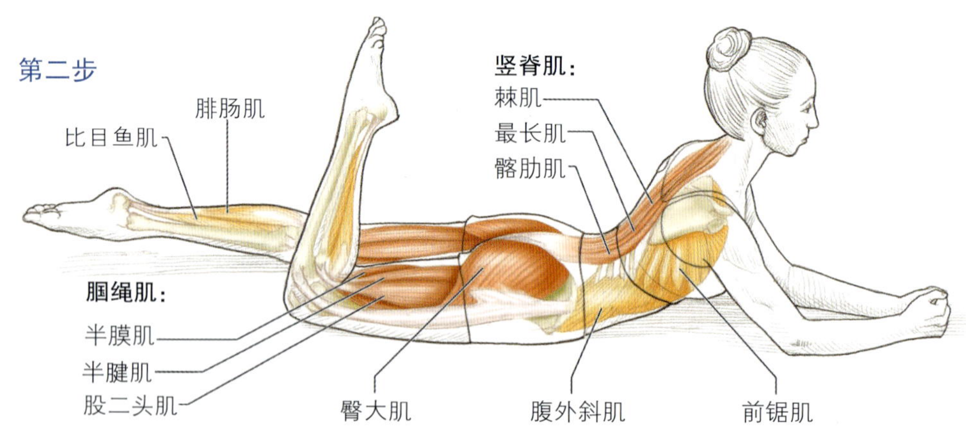

第三步

动作要领

1. *准备动作*。俯卧，前臂支撑上躯干离开垫子。上臂与躯干成约90°角。双手握拳，彼此紧贴置于垫上。双腿并拢，伸直置于垫上，脚背微绷。

2. *吸气*。如主要肌肉图所示，双腿上抬离垫子约2英寸（5厘米）。屈曲一侧膝关节，脚后跟朝向臀部，动作轻快。

3. *呼气*。如图所示，以同样轻快的动作，伸直弯曲的膝关节，同时屈曲另一侧膝关节，另一侧脚后跟朝向臀部。每条腿重复动作10次，共20次。

目标肌肉

脊柱伸肌：竖脊肌（棘肌、最长肌、髂肋肌）、半棘肌、深层脊柱周围肌肉。

髋关节伸肌：臀大肌、腘绳肌（半膜肌、半腱肌、股二头肌）。

辅助肌肉

脊柱前稳定肌：腹横肌、腹内斜肌、腹外斜肌、腹直肌。

膝关节屈肌： 腘绳肌。

膝关节伸肌： 股四头肌。

踝关节跖屈肌： 腓肠肌、比目鱼肌。

肩关节伸肌： 背阔肌、大圆肌、胸大肌（胸骨端）。

肩胛下降肌： 斜方肌下部肌束、前锯肌下部肌束。

肩胛外展肌： 前锯肌。

技巧要点

- 整个运动过程中，应紧紧收缩腹肌。着重于上拉腹肌控制盆骨前倾 [在俯卧背部伸展（第60页）中有更详细的描述]。
- 前臂深压于垫上，这样可在上抬上背部时使用肩关节伸肌和脊柱伸肌。使用肩胛外展肌保持两肩胛骨之间的宽度，使用肩胛下降肌微拉肩胛骨向下。
- 在第二步，使用髋关节伸肌抬双腿至能避免骨盆前倾的高度。整个过程中，双腿的高度不变，并保持双腿并拢。使用踝关节跖屈肌微绷脚背。
- 在第二步后期，使用膝关节屈肌轻快地屈曲一侧膝关节，应注意避免力量和运动范围引起膝关节不适。
- 在第三步，短暂使用膝关节伸肌开始伸直弯曲的膝关节，紧接着离心收缩膝关节屈肌控制由重力产生的膝关节伸直。另一侧膝关节在相应膝关节屈肌的作用下屈曲。
- *想象*。将小腿与膝关节的运动分开，身体其他部位保持稳定不动，躯干平滑屈曲就像是海狮在下压双鳍。

补充说明

单腿后踢是一项有利于稳定核心性的运动，注重于运用脊柱伸肌保持脊柱离开垫子，双臂协助支撑上躯干。腿部运动增加了保持稳定性的难度，也提供锻炼髋关节伸肌力量和耐力的好处，尤其是腘绳肌使腿远离垫子并屈曲膝关节。膝关节的屈曲可使股四头肌紧张，提供动态伸展。腹肌对控制骨盆前倾和阻止腰背部过伸很重要。本部分更大难度动作均需要用到这种保持稳定性的技巧。

可选动作

如果背部不适，可通过把肘关节放远一点或将前额放于手上，控制脊柱伸展的幅度。

变式

可把肘关节放在肩关节正下方，增加脊柱伸展，这样会增加脊柱伸肌和腹肌保持稳定性的难度。

双腿踢

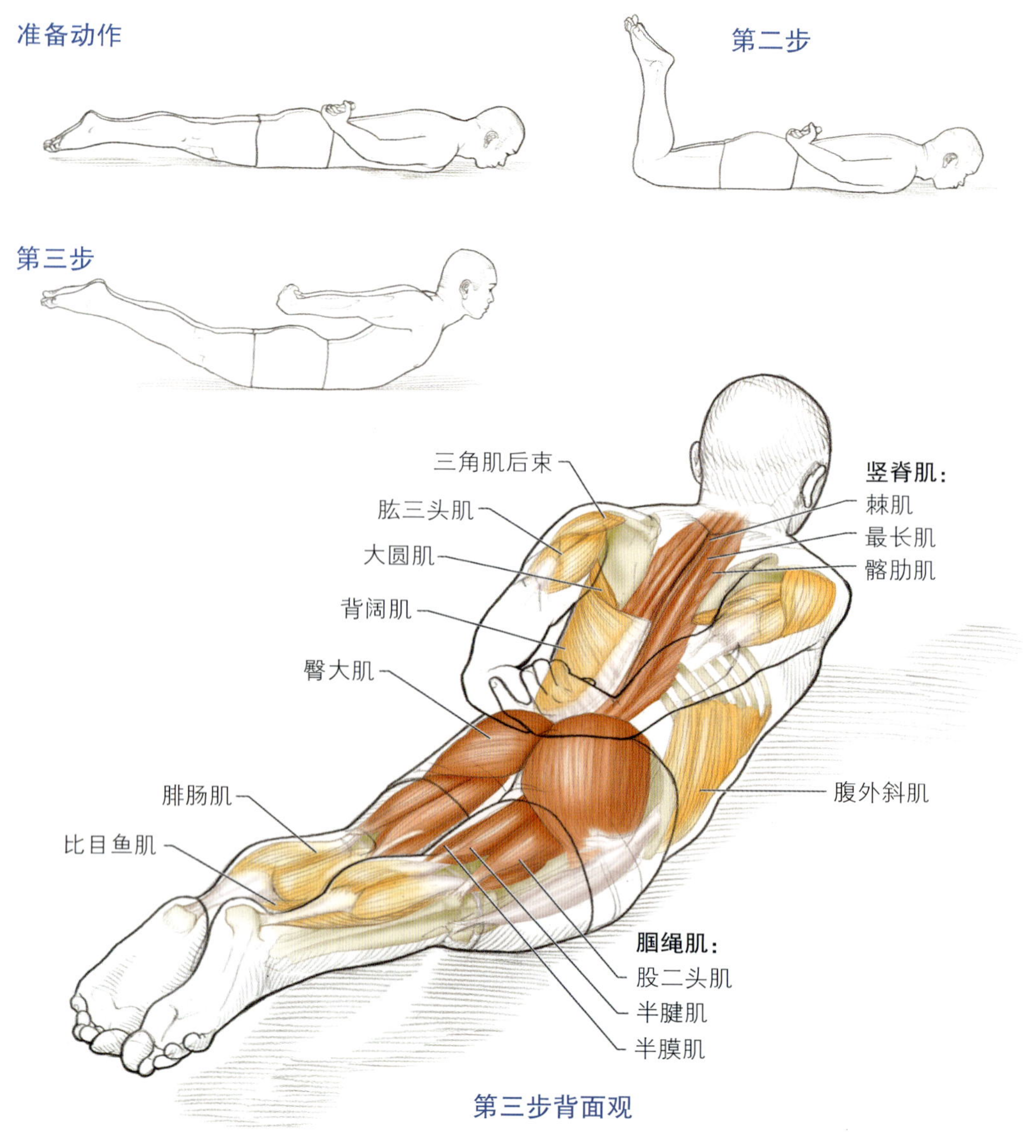

第三步背面观

动作要领

1. *准备动作*。俯卧，下巴放在垫子上。肘关节弯曲，一手握另一手，双手放在背部骶骨上。两腿抬高离垫子约1英寸（2.5厘米），膝关节伸直，脚背微绷。

2. *呼气*。如图所示，轻轻屈曲双膝，脚后跟朝向臀部。

3. *吸气*。如图所示，胸部抬离垫子，肘关节伸直，手背朝后，伸直膝关节，脚后跟上抬。回到准备动作。重复上述动作6次。

目标肌肉

脊柱伸肌：竖脊肌（棘肌、最长肌、髂肋肌）、半棘肌，深层脊柱周围肌肉。

髋关节伸肌：臀大肌、腘绳肌（半膜肌、半腱肌、股二头肌）。

辅助肌肉

脊柱前稳定肌：腹横肌、腹内斜肌、腹外斜肌、腹直肌。

髋关节内收肌：长收肌、短收肌、大收肌、股薄肌。

膝关节屈肌：腘绳肌。

膝关节伸肌：股四头肌。

踝关节跖屈肌：腓肠肌、比目鱼肌。

肩关节伸肌：背阔肌、大圆肌、三角肌后束。

肩胛下降肌：斜方肌下部肌束、前锯肌下部肌束。

肘关节屈肌：肱二头肌、肱肌。

肘关节伸肌：肱三头肌。

技巧要点

- 整个运动中注意向上向内收下腹肌，防止骨盆前倾。
- 在准备动作，使用髋关节伸肌将双腿轻轻抬离垫子，使用踝关节跖屈肌微绷脚背。
- 在第二步，当膝关节屈肌弯曲膝关节时，膝关节应离开垫子。保持踝关节靠拢且脚背绷直，需要时可轻轻将膝关节分开。这样可使小腿和膝关节屈肌自然运动，避免膝关节压力过大。
- 在第三步，膝关节伸肌伸直双腿后，使用髋关节内收肌轻轻并拢双腿，注意绷直脚背以使腿部线条修长。
- 在第三步双腿伸直时，慢慢将胸部抬离垫子，脊柱伸肌控制脊柱从头至尾形成一个弧形。在肩关节伸肌在后背将双臂抬起、肘关节伸肌伸直肘关节的同时，使用肩胛下降肌轻轻下拉肩胛骨。
- 当回到准备动作时，离心收缩脊柱伸肌控制上躯干平稳下降，使用肘关节屈肌弯曲肘关节。
- *想象*。想象躯干和双腿是一个弓，手臂好像弓弦。拉弓弦（手臂）会使弓的弯曲弧度更大且不破坏其完整性。

补充说明

双腿踢和单腿后踢很像。然而，因为手臂不用作支撑，腿部和背部重复抬起，双腿上抬能更有效提高脊柱伸肌的力量和耐力。抬起双腿也能增加腹肌支持躯干稳定性的难度。对有些练习者来说，双腿踢还可动态伸展膝关节伸肌和肩关节屈肌。肩关节屈肌过紧是双腿踢卷肩姿势的常见原因。

变式

在开始做这个运动时把一侧脸部放在垫子上可以避免下巴在垫子上导致的颈部过度受力。当脊柱弯曲时，把头转向中立位，保持头部与躯干弧度在一条直线上。当胸部放下时，把另一侧脸放在垫子上。

游泳

准备动作

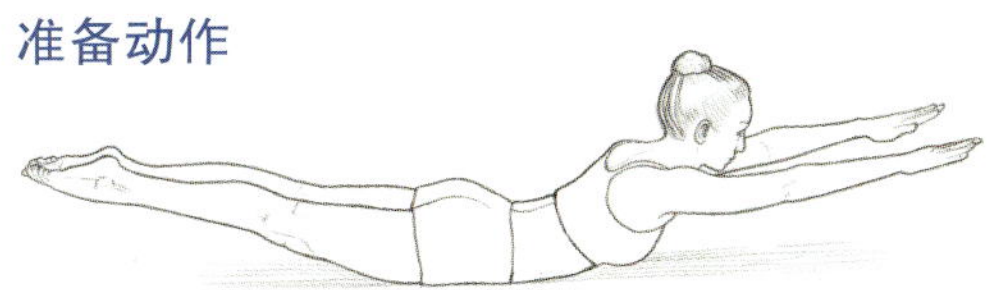

第二步

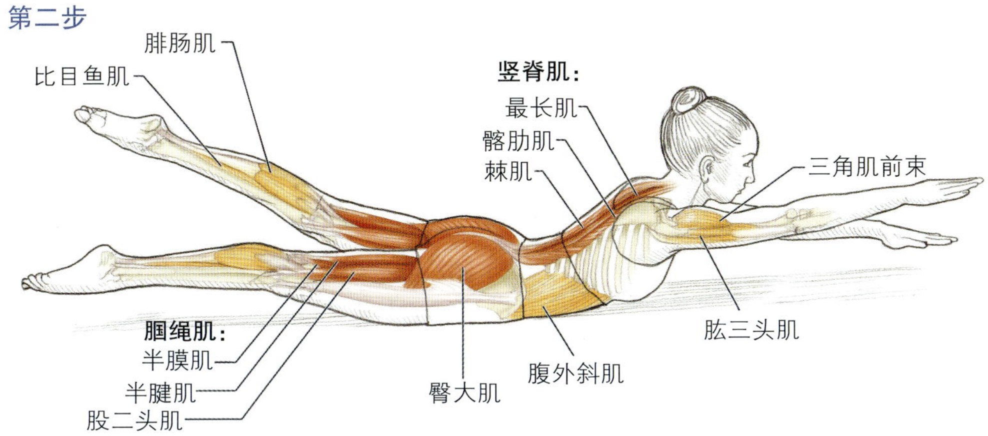

动作要领

1．*准备动作*。俯卧，手臂向前伸直，掌心向下。胸部、双臂和双腿轻轻抬离垫子。膝关节伸直，脚背微绷。

2．如主要肌肉图所示抬起右臂和左腿。

3．当右臂和左腿回到准备动作时，抬起左臂和右腿。连续10次呼吸，转换动作应轻快而流畅。这个动作在《让控制术带您重返生活》中没有呼吸模式，而是自然呼吸。

目标肌肉

脊柱伸肌和旋转肌：竖脊肌（棘肌、最长肌、髂肋肌）、半棘肌、深层脊柱周围肌肉。

髋关节伸肌：臀大肌、腘绳肌（半膜肌、半腱肌、股二头肌）。

辅助肌肉

脊柱前稳定肌：横腹肌、腹内斜肌、腹外斜肌、腹直肌。

髋关节屈肌：髂腰肌、股直肌。

膝关节屈肌：股四头肌。

踝关节跖屈肌：腓肠肌、比目鱼肌。

肩关节屈肌：三角肌前束，胸大肌（锁骨端）。
肩关节伸肌：背阔肌、大圆肌、胸大肌（胸骨端）。
肩胛下降肌：斜方肌下部肌束、前锯肌下部肌束。
肘关节伸肌：肱三头肌。

技巧要点

- 整个运动中，向上向内收缩下腹肌控制骨盆前倾。
- 在第一步，当胸部抬离垫子时，使用脊柱伸肌上抬上背部，通过髋关节伸肌上抬双腿。同时，当肩关节屈肌保持双臂抬起时，利用肩胛下降肌稍微放下肩胛骨避免过度上抬。
- 在第二步和第三步，尽量将肢体向相反方向伸展。肘关节伸肌保持肘关节伸直，膝关节伸肌保持膝关节伸直，踝关节跖屈肌微绷脚背。保持这种伸展，小心协调收缩肩关节屈肌和肩关节伸肌，髋关节伸肌和髋关节屈肌，产生小而快的四肢升降动作。
- *想象*。如同动作一样，四肢动作和游泳时拍水的动作一样。想象骨盆和腰背部被浮板托起并维持稳定，由手臂和腿进行类似于拍水的动作。

补充说明

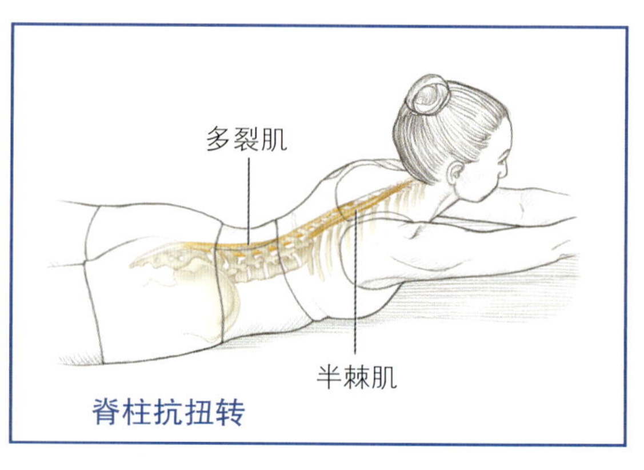

脊柱抗扭转

游泳是一项用不同方法锻炼脊柱伸肌的、有价值的核心稳定性练习。当脊柱伸肌主动收缩使脊柱抬离垫子时，一侧手臂和另一侧腿同时向同一个方向移动。这种四肢运动很重要，被运用到很多基础运动中，如走路和跑步。

脊柱扭转和不同侧肢体运动。当左腿抬高时，会使下肢向左边扭转；当右臂抬高时，会使躯干向右边扭转。为了使身体保持在平衡状态，必须发挥脊柱伸肌的抗扭转作用。例如，左腰多裂肌对抗右腰椎扭转，右半棘肌对抗左胸椎扭转（见上图）。随着四肢运动这些肌肉对抗脊柱扭转。因为脊柱竖脊肌会导致同侧扭转，多裂肌和半棘肌导致对侧扭转，竖脊肌也作用于对侧。因此，游泳能加强躯干扭转时的稳定性。对有些人来说，腿部动作也能增强髋关节伸肌肌力和耐力。

变式

这个运动也可以改成5次转换吸气一次，5次转换呼气一次。这种经典的呼吸模式在百次呼吸（第70页）中也有应用。

弓形摇摆

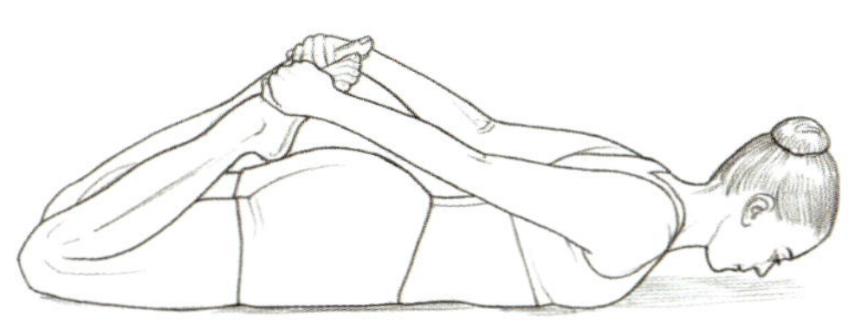

准备动作早期

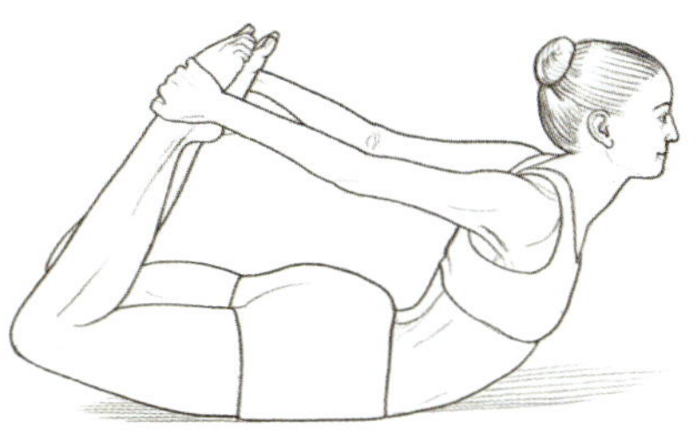

准备动作晚期

第二步

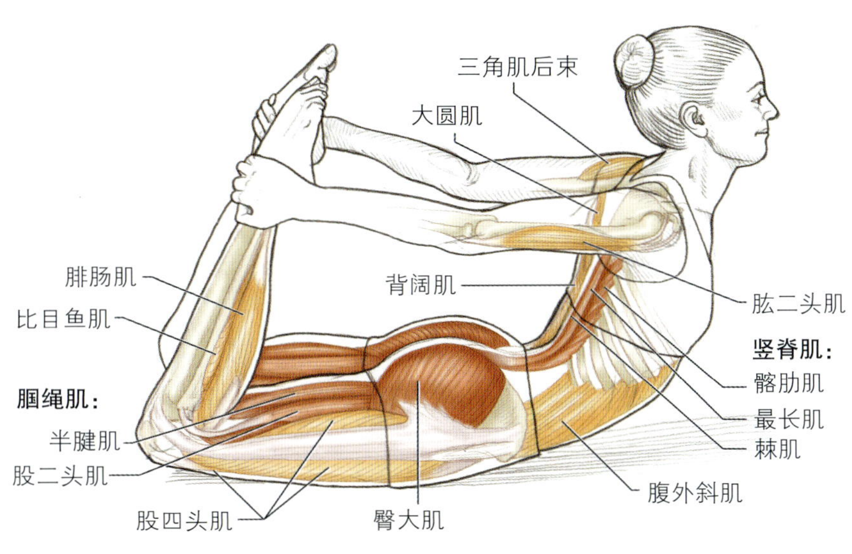

第三步

动作要领

1. *准备动作*。俯卧，双膝并拢、屈曲。如图所示，用手抓住同侧的脚；抬起头、胸和膝关节。

2. *吸气*。如上页图所示，将身体向前摆动。

3. *呼气*。如主要肌肉图所示，身体向后摆动。重复上述动作10次。

目标肌肉

脊柱伸肌：竖脊肌（棘肌、最长肌、髂肋肌）、半棘肌，深层脊柱周围肌肉。

髋关节伸肌：臀大肌、腘绳肌（半膜肌、半腱肌、股二头肌）。

辅助肌肉

脊柱前稳定肌：腹横肌、腹内斜肌、腹外斜肌、腹直肌。

膝关节伸肌：股四头肌。

肩关节伸肌：背阔肌、大圆肌、三角肌后束。

肩胛下降肌：斜方肌下部肌束、前锯肌下部肌束。

肘关节伸肌：肱二头肌、肱肌。

技巧要点

- 整个运动主要靠腹肌支撑，在力所能及的范围内控制盆骨前倾。
- 在准备动作后期，当胸部抬离垫子时，使用脊柱伸肌弯曲背部，使用髋关节伸肌上抬双膝离开垫子。膝关节伸肌控制双脚带动双手远离臀部，手臂轻轻上抬上躯干离开垫子。
- 在第二步开始向前摆动时，使用髋关节伸肌上抬膝关节使其离垫子更远一些，肩关节伸肌向上向前抬起双脚。理想状态下，肘关节伸肌协助肩关节伸肌，膝关节伸肌阻止肘关节屈曲。
- 在第三步，做相反的动作。当脊柱伸肌强烈收缩对抗重力上抬上躯干，双脚向下作用。
- *想象*。想象头、身体和腿形成一个弧形，就像摇椅一样。当椅子向前摇时，重心转移到弧形前面（前胸），弧形后面（大腿）远离垫子。当椅子向后摇时，重心转移到弧形后面（大腿），弧形前面（前胸）远离地面。

补充说明

弓形摇摆的目的和后滚（第89页）一样——滚动时保持身体姿势不变。与后滚不同的是，弓形摇摆的脊柱不是弯曲的，而是伸展的。保持身体弧形需要技巧性地运用到很多肌肉，包括脊柱伸肌和髋关节伸肌，也需要技巧性地运用腹肌来减少腰背部的压力。弓形摇摆只有在熟练掌握本部分前面所讲述的动作之后才可以进行。即使有娴熟的技术，因为这个动作中含有脊柱过伸，所以其也并非适合所有人。尽管弓形摇摆有增强脊柱伸肌耐力和核心稳定性的好处，但当背部不适或者背部不能伸展时也不应该进行这项练习。这个运动中的极限位置也有利于增强肩关节屈肌、髋关节屈肌和脊柱屈肌的动态柔韧性。

天鹅潜水

准备动作
第二步
第二步背面观
三角肌中束
三角肌后束
小圆肌
肱三头肌
冈下肌
竖脊肌：
棘肌
最长肌
髂肋肌
腓肠肌
臀大肌
腘绳肌：
半腱肌
股二头肌
半膜肌
比目鱼肌
第三步

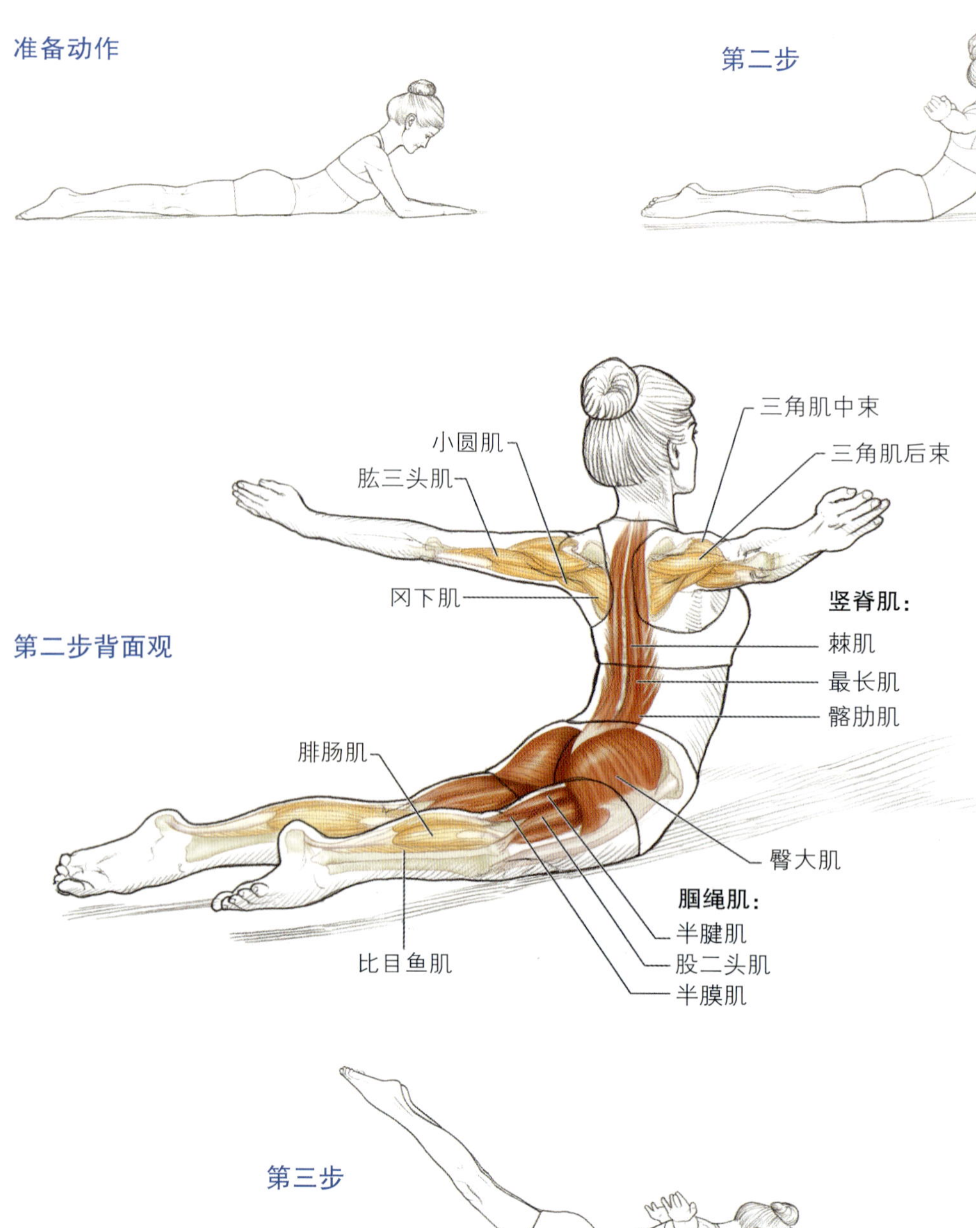

动作要领

1. *准备动作*。俯卧，上躯干抬离垫子，前臂支撑躯干。双臂分开比肩略宽，肘关节位于肩关节前。一手挨着另一手并排放置。双腿并拢向后伸直，脚背微绷。

2. *吸气*。如主要肌肉图所示，当双肘伸直，双臂向外伸展并抬至肩关节高度时，将胸部再抬高一些。同时，双腿抬离垫子。

3. *呼气*。如上页图所示，身体前摆。

4. *吸气*。身体回至第二步所示位置。重复这个动作5次，呼气时向前摆动，吸气时向后摆动。

目标肌肉

脊柱伸肌：竖脊肌（棘肌、最长肌、髂肋肌）、半棘肌、深层脊柱周围肌肉。

髋关节伸肌：臀大肌、腘绳肌（半膜肌、半腱肌、股二头肌）。

辅助肌肉

脊柱前稳定肌：腹横肌、腹内斜肌、腹外斜肌、腹直肌。

膝关节屈肌：腘绳肌。

踝关节跖屈肌：腓肠肌、比目鱼肌。

肩关节水平外展肌：冈下肌、小圆肌、三角肌后束、三角肌中束。

肩胛内收肌：斜方肌、菱形肌。

肘关节伸肌：肱三头肌。

技巧要点

- 整个运动主要由腹肌支撑身体，并在力所能及的范围内控制盆骨前倾。
- 在第二步，当将胸部抬得更高一点时，使用肩关节伸肌上抬上背部，使用髋关节伸肌抬起双腿。
- 在第二步，使用肩关节水平外展肌上抬手臂，然后在肘关节伸肌伸直肘关节、肩胛内收肌内收肩胛骨时，向两侧伸展手臂。
- 在第三步，使用髋关节伸肌将双腿抬得更高一些，将身体重心前移，使前胸贴向垫子。
- 在第四步，做相反的动作——当双腿下降接近垫子（不接触垫子）时，脊柱伸肌收缩抬高背部离开垫子。
- *想象*。像弓形摇摆一样，想象头、身体和大腿形成一个弧形，像一个摇椅，前后摇摆而不是水平摇摆。在天鹅潜水中，也可第三步的时候想象双腿被强大的滑轮拉起，在第四步背部抬高的时候可以想象潜水而背部被拉起。

补充说明

天鹅潜水可增强脊柱伸肌和髋关节伸肌的力量和耐力。当身体前后摆动时，天鹅潜水和弓形摇摆都有前后摇摆时维持脊柱伸展的运动目的，但是天鹅潜水难度更大，因为在天鹅潜水中，双臂不再用于维持想要的姿势。维持天鹅潜水的弧形的姿势，需要更多核心肌肉支持，包括脊柱过伸时脊柱伸肌和腹肌共同收缩减少腰背部的压力。在熟练掌握更简单的运动之后才可以进行这项运动。即使有熟练的技术，因为这个动作中含有脊柱过度伸展，所以其也不适合所有人。如果背部有禁忌证则不应进行这项运动。即使符合练习天鹅潜水的条件，也应先从可选动作开始练习，或者从小范围的动作开始运动。天鹅潜水的极限姿势有利于增强髋关节屈肌和脊柱屈肌的柔韧性。

动作说明

在第二步，双臂全伸直或部分伸直放在垫子上，以帮助胸部离开垫子。在第三步，弯曲肘关节以帮助放下胸部。

变式

在第二步，可用双臂伸直过头顶代替向两侧伸展，并在身体摆动时保持双臂伸直过头顶的姿势（下图）。保持双臂伸直过头顶的姿势增加脊柱伸肌的难度，身体前后摆动时有助于身体维持更长的弧形。

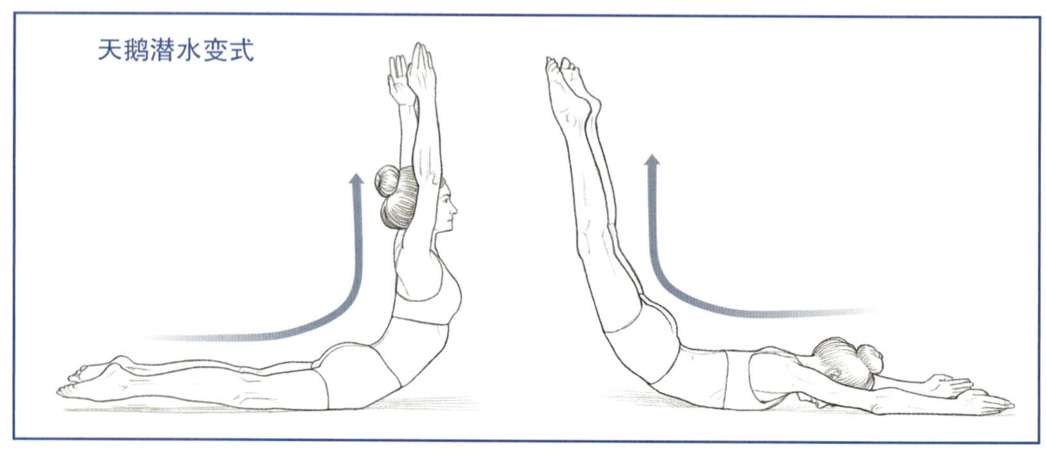

10 制订普拉提练习计划

是开始练习的时间啦！要想有所收获，持续不断地练习非常重要，每一阶段都制订合适的计划有助于获得最大的成效。制订计划必须考虑很多因素。有的因素每天都在变化，而有的则保持不变。应该考虑的因素包括身体类型、既往受伤史、禁用药物、年龄、性别、健身水平和运动技能。明智地选择运动类型可以在最大化获得效果同时减少受伤的风险。

制订普拉提练习计划的方法有很多。约瑟夫・普拉提设计了一个特别的运动顺序，沿用至今。其他的方法与约瑟夫・普拉提基础方法只有部分相似。给全身普拉提垫上操设计一套标准的、科学的、有原则的计划是非常具有挑战性的，因为很多练习的中心基于力量中心，这也是普拉提的核心。提高肌肉平衡，循序渐进、流畅而持续的运动结构很重要。此外，结构也可提供创造性的环境。

制订计划时还应考虑计划的目的主要是针对增强肌肉力量还是耐力。针对耐力的计划可以设计一系列低阻力高重复性的运动。在垫子上，阻力仅来自于体重和重力，除非使用阻力环和弹力带（circles and bands）这样的小型器械。与此相反，力量训练计划需要较少的重复，但是肌肉负重更大，持续在肌肉疲劳临界点运动必须在下次运动之前有2~3分钟的恢复时间。

一个阶段运动的频率和持续时间也受很多因素影响，包括目前的健身水平、技能水平、健康程度和计划。一旦开始，通常每周练习2~3次，每次20~60分钟。如果想更有效率，可以延长时间至90分钟，并提高频率。记住，短时间运动比完全不做运动好。如果时间有限，如工作繁忙、外出旅行，可缩短练习时间，但不要忘记日常练习安排。

表10.1、表10.2和表10.3是不同阶段普拉提练习计划模板，这个顺序中有些运动能提高肌肉的力量而有些运动能提高肌肉耐力。注意普拉提运动设计之初是为了提高协调能力，如脊柱关节契合性和核心稳定性。这些运动中的负荷不足以带来很多力量训练，所以这些运动可以穿插在力量训练恢复之间。

表 10.1 基础普拉提练习计划

运动	页码	程度	重复	备注
骨盆卷动	46	基础	5 次	
卷腹抬起	48	基础	10 次	
仰卧抬腿	50	基础	每条腿 5 次	连续
仰卧脊柱扭转	56	基础	每侧 5 次	交替
侧卧提腿	52	基础	每侧 10 次	连续
俯卧背部伸展	60	基础	5 次	
单腿画圈	64	基础	每条腿 5 次	交替
百次呼吸	70	中级	10 次呼吸	采用可选动作
后滚	89	基础	10 次	
脊柱伸展	87	基础	5 次	
肩桥	112	中级	每条腿 5 次	采用可选动作，连续
单腿伸展	73	基础	每条腿 5 次	交替
旋体拉锯	141	中级	每侧 5 次	交替
脊柱扭转	138	中级	每侧 5 次	交替
侧踢	131	基础	每条腿 10 次	连续
单腿后踢	156	中级	每条腿 10 次	交替
猫背伸展	154	基础	5 次	
平板抬腿	124	中级	每条腿 5 次	采用可选动作，交替
游泳	161	中级	10 次呼吸	
海豹拍鳍	91	中级	5 次	采用可选动作

表10.1、表10.2和表10.3中的运动来自于每一部分，包括基础动作、腹肌运动、脊柱关节运动、桥式运动、身体每侧运动和背部伸展。运动前热身包括增加体温，缓慢增加心率的运动，如快步走和健美操。常规热身运动之后，基础运动之后的特殊热身运动在第4部分有描述。特殊热身运动是一系列准备动作，为接下来的运动做准备。热身运动不仅是生理上的准备，还是心理上的，也是将注意力从外部转移到内部的过程，可为整个运动定下基调。

腹肌运动是计划的重要部分，是拥有强大、运行良好的力量中心的关键。腹肌运动也借助脊柱关节。在《让控制术带您重返生活》一书中，约瑟夫·普拉提写到："如果30岁时，您的脊柱就僵硬不灵活，那么您已经老了；如果60岁时，您的脊柱依然灵活，那么您仍然年轻。"

桥式运动通常要用到髋关节伸肌、脊柱伸肌和肩关节伸肌来保持必要的平衡。基础运动（热身运动）和腹肌运动主要使用屈肌，因此桥式运动是肌肉力量和运动方向的转变。由屈肌运动到伸肌运动或由伸肌运动到屈肌运动是普拉提的一个重要特点。无论是日常的、娱乐的，还是专业的运动，身体两侧的锻炼很重要。最后，脊柱伸肌应该运用到每个训练计划中。人们总有些姿势或脊柱方面的问题，如圆肩、上背部虚弱。强壮的背部能改进不平衡和由此带来的不良后果。

表 10.2　中级普拉提练习计划

运动	页码	程度	重复	备注
骨盆卷动	46	基础	5 次	
卷腹抬起	48	基础	10 次	
仰卧抬腿	50	基础	每条腿 5 次	连续
仰卧脊柱扭转	56	基础	每侧 5 次	交替
侧卧提腿 侧卧抬腿	52 54	基础 基础	10 次 10 次	同一侧；换侧重复
卷腹旋体	58	基础	每侧 5 次	交替
俯卧背部伸展	60	基础	5 次	
单腿画圈	64	基础	每条腿 5 次	交替
百次呼吸	70	中级	10 次呼吸	采用可选动作
引体屈身	66	中级	5 次	
脊柱伸展	87	基础	5 次	
后滚	89	基础	10 次	
肩桥	112	中级	每条腿 5 次	连续
单腿伸展	73	基础	每条腿 5 次	交替
双腿伸展	78	中级	10 次	
分腿滚动	96	中级	5 次	
旋体拉锯	141	中级	每侧 5 次	交替
脊柱扭转	138	中级	每侧 5 次	交替
弓身挺腰式	99	高级	6 次	采用可选动作
单腿后踢	156	中级	每条腿 10 次	交替
侧踢	131	基础	每条腿 10 次	连续
双腿踢	158	中级	10 次	
猫背伸展	154	基础	5 次	
平板抬腿	124	中级	每条腿 5 次	交替
游泳	161	中级	10 次呼吸	
跪姿侧踢	133	中级	每条腿 10 次	连续
“十”字交叉	81	中级	每条腿 5 次	交替
背撑式抬腿	121	高级	5 次	采用可选动作
海豹拍鳍	91	中级	5 次	

表 10.3　高级普拉提练习计划

运动	页码	程度	重复	备注
骨盆卷动	46	基础	5 次	
卷腹抬起	48	基础	10 次	
仰卧脊柱扭转	56	基础	每侧 5 次	交替
卷腹旋体	58	基础	每侧 5 次	交替
侧卧提腿 侧卧抬腿	52 54	基础 基础	10 次 10 次	同一侧；换另一侧重复
俯卧背部伸展	60	基础	5 次	
单腿画圈	64	基础	每条腿 5 次	交替
百次呼吸	70	中级	10 次呼吸	
引体屈身	66	中级	5 次	
后滚	89	基础	10 次	
脊柱伸展	87	基础	5 次	
分腿滚动	96	中级	5 次	
肩桥	112	中级	每条腿 5 次	连续
单腿朝天	75	中级	每条腿 5 次	交替
双腿伸展	78	中级	10 次	
旋体拉锯	141	中级	每侧 5 次	交替
脊柱扭转	138	中级	每侧 5 次	交替
弓身挺腰式	99	高级	6 次	
倒置平衡	106	高级	每条腿 3 次	交替
单腿后踢	156	中级	每条腿 10 次	交替
双腿踢	158	中级	6 次	
猫背伸展	154	基础	5 次	
空中剪刀	115	高级	每条腿 5 次	交替
倒踩单车	118	高级	每条腿 5 次	交替
“十”字交叉	81	中级	每条腿 5 次	交替
空中瓶塞	147	高级	每侧 3 次	交替
折叠刀	108	高级	5 次	
直臂髋部扭转	150	高级	每侧 3 次	交替

续表

运动	页码	程度	重复	备注
平板抬腿	124	中级	每条腿 5 次	交替
伏地挺身	127	高级	5 次	
游泳	161	中级	10 次呼吸	
跪姿侧踢 侧弯	133 135	中级 高级	每条腿 10 次 每侧 5 次	同一侧；换另一侧重复
“V”形悬体	83	高级	5 次	
背撑式抬腿	121	高级	每条腿 5 次	交替
回力镖式	102	高级	每条腿 3 次	交替
蟹式	93	高级	6 次	
弓形摇摆	163	高级	5 次	
海豹拍鳍	91	中级	5 次	

计划模板提供了不同水平和每一部分中合适的运动。练习应从基础级别开始，要适合当前的健身水平和健康状态。避开不适合自己的运动和令自己感到不适的运动。在做新运动或者更高级运动之前要热身。随着能力的提升，慢慢增加到中级水平直到高级水平。当您有所进步，控制能力提升后，可增大活动范围尝试多样化动作。在普拉提里，做更难的动作不等同于需要更大的力量（增加阻力），而是增加神经肌肉协调性和周期。记住，这个过程需要花费时间和做很多的练习。不要做得匆匆忙忙，这个过程本身很有价值和益处。把它看作一段生命的旅程和追求幸福的一部分。

练习者也许需要用到很多有挑战的运动包括变式，但不要把自己限制在这些变式里面。必要的话，寻求专业建议为自己找到一个最佳运动方式。创造变式需要有人体学、运动学的知识，对疾病和身体禁忌的意识，以及丰富的创造力。因此，无论练习者的水平多高，都强烈推荐跟着老师练习，并定期自我练习。

最后，记住以上计划只是示例。应该反复实践，熟练掌握并享受这些练习最终完全融入，让练习保持新鲜感、挑战性和趣味性。

参考文献

[1] CIIPPINGE K. Dance anatomy and kinesiology. Champaign, IL: Human Kinetics, 2007.

[2] LSACOWITZ R. Pilate. Champaign, IL:Human Kinetics, 2006.

[3] PILATES J, MIllerl W. Return to life through contrology. Miami:Pilates Method Alliance, 2003.

[4] AMERICAN COLLEGE OF SPORTS MEDICINE. ACSM's resource manual for guidelines for exercisete testing and preion. Philadelphia : Lippincott WIlliams & Wilkins,2010.

[5] AXLERR C, MCGIN S.Low back Ioads over a variety of abdominal exercises: Searching for the safest abdominal challenge. Medicine & Science in Sports & Exercise,1997, 29 (6):804–810.

[6] Balanced Body Pilats. Pilates origins . Available: www. pilates. com /BBAPP/V / pilates/origins-of-pilates. html .

[7] BRIGGS A, VAN DIEËN J, WRIGLEY T, et al.Thoracic kyphosis affects spinal loads and trunk muscle force. Physical Therapy,2007, 87(5): 595–607.

[8] CARPENTE D, GRAVES J, POLLOCK M, et al.Effect of 12 and 20 weeks of training on Iumbar extension strength(abstract).Medicine & Science in sPortS & EXercise(supplement),1990,22 (2) : S19 .

[9] CLIPPINGERL K. Complementary use of open and closed kinetic chain exercises. journal of Dance Medicine and science, 2002, 6(3) : 77–78 .

[10] COOLS M, WITVROUW E, DECLERCQ G, et al. Scapular muscle recruitment patterns : Trspezius muscle Iatency with and without impingement symptoms. Amelican journal of Sports Medicine,2003, 31 : 542–549 .

[11] CSIKSZENTMIHÁLYI M. Flow: The psychoIogy of optimal exPelience. NewYork: Harper & Row,1990.

[12] DE TROYE A, ESTENNE M, NINANE V, et al.Transversus abdominis muscle function in humans . journal of Applied Physiology,1990, 68 (3):1010–1016.

[13] FIETCHER R. Personal communication regarding percussive breathing. 2010.

[14] FRIEDMAN P, EISEN G. The Pilates method of physical and mentaI conditioning . New York: Warner Books,1980.

[15] GALLAGHER S, KRYZANOWSKKA R. Pilates method of body conditioning. Philadel-phia: Bainbridge Books, 1999.

[16] HAMILL J, KNUTZEN K. Biomechanical basis of human movement. Philadelphia: Lippincott WIlliams & Wilkins,2009.

[17] KENDALL F, MCCREARY E, PROVANCE P. Musdess:Testing and function. Baltimore: Williams & Wilkins,1993.

[18] KJNCADE J, DOUGHERTY M, CARLSON J, et al. Factors related to urinary incontinence in community-dwelling women. Urologic Nursing,2007, 27(4):307–317 .

[19] KINCADE J, DOUGHERTY M, BUSBY-WHITEHEAD J, et al.Self-monjtoring and pelvic floor muscle exercises to treat urinary incontinence. Urologic Nursing, 2005,25 (5) : 353–363 .

[20] KREIGHBAUM E, BARTHELS K.Biomechani: A qualitative approach for studying human movement. Boston:Allyn and Bacon,1996.

[21] LEVANGIE P, NORKIN C. Join struchure and function: A comprehensive analysis. Philadelphia: Davis,2001.

[22] MARIEB E, HOEHN K.Human anatomy and physiology. New York: Pearson / Beniamin Cummings,2006.

[23] MOORE K, DALLEY A F.Clinically oriented anatomy.philadelphia: Lippincott wilams iams & Wikins,1999.

[24] MOSELEY M, JOBE F, PINK M, et al. EMG analysis of the scapular muscles during a shoulder rehabilitation program.American journal of Sports Medicine,1992,20(2) : 128–134 .

[25] OTIS C. Kinesiology:The mechanics and pathomechanics of human movement. Philadelphia: Lippincott Williams & Wiikins,2009.

[26] RICHARDSON C, HODGES P, HIDES, J. Therapeutic exerclse for lumbopelvic stabiliza.London: Churchill Livingstone,2004.

[27] SAPSFORD R, HODGES P. Contraction of the pelvic floor muscles during abdominal maneuvers.Archives of Physical Medicine and Rehabilitai on,2001,82:1081–1088.

[28] SILERL B. The Pilates body. New York:Broadway Books,2000.

[29] WILMORE J, COSTILL D.Physiology of sport and exercise. Champaign, IL:Human Kinetics, 2004.

动作名称索引

脊柱功能性训练

训练核心肌群的侧面动作

强化背部的伸展

*：为《让控制术带您重返生活》中未出现的动作名称。

作者简介

瑞尔·艾萨考维兹(Rael Isacowitz)居住在俄勒冈州的胡德里弗(Hood River),是一位在国际上享有盛名的普拉提实践者和老师。他有超过30年的普拉提经验,是国际性研讨会、大学和工作室的杰出教练和导师。

瑞尔·艾萨考维兹在以色列的温盖特学院获得教育学士学位,并在英国的萨里大学获得舞蹈艺术硕士学位。他曾和无数的奥运选手、许多专业运动员和舞蹈者一起工作。

瑞尔·艾萨考维兹早年跟从艾伦·赫德曼(Alan Herdman)学习普拉提,此后他跟其他的普拉提第一代弟子(俗称长老)学习,他们包括凯茜·格兰特(Kathy Grant)、罗恩·弗莱彻(Ron fletcher)、罗曼娜·克雷扎诺夫斯卡(Romana Kryzanowska)、伊芙·金特里(Eve Gentry)和洛利塔·圣·米格尔(Lolita San Miguel)。瑞尔在普拉提领域的成绩归功于这些人的启发和友谊。

瑞尔·艾萨考维兹已经掌握了所有等级的普拉提练习,并因为他独特的运动能力和对教学的热情,以及身体、思想、精神的结合而深受瞩目。1989年,他成立了国际身体艺术与科学组织(BASI普拉提),这个组织现已成为世界上一流的普拉提教育机构。现在,BASI普拉提分布于约20个国家。

瑞尔·艾萨考维兹还编写了普拉提的权威著作(《普拉提》,运动人体科学出版社),出版了一系列关于普拉提器械的训练手册,录制了DVD,设计了创新性的Avalon设施,并且开发了普拉提整合运动(plates interactive)软件。他是几个出版社的长期作者。他的工作充满了激情和创造性。对瑞尔·艾萨考维兹来说,普拉提教学是他得到的最好的礼物。

卡伦·克利平格（Karen Clippinger）居住在加利福尼亚的长滩，是加利福尼亚州立大学的一位教授，教授舞蹈基础解剖和体位。她同时也在 BASI 普拉提工作，教授普拉提证书课程。除此之外，她为 BASI 普拉提和其他主要机构教授继续教育课程。

卡伦·克利平格拥有运动学硕士学位。她致力于把解剖和生物力学知识更通俗地传递给人们，帮助人们更全面地了解自己的身体、改善技巧、预防伤害。她的书《舞蹈解剖和运动学》是最好的证明——这本书把科学知识和实践进行了有机结合，是作者智慧的结晶。

在加入学术界前，卡伦·克利平格在洛马林达大学医学中心和几家华盛顿西雅图的运动医学诊所作为临床运动学家工作了 22 年。她曾经同上百位专业舞者和精英运动员一起工作过，为美国举重联合会、美国竞走队、西北太平洋芭蕾舞团（Pacific Northwest Ballet）和加利福尼亚州体能和运动委员会（California Governor's Council on Physical Fitness and Sports）顾问。那时，她即被普拉提极大的多功能性和可以为不同能力的人带来极大的利益而着迷。

卡伦·克利平格是著名的普拉提、舞蹈、解剖和生物动力学的讲演者。她在美国、澳大利亚、加拿大、英国、日本、新西兰和南非等国家做过超过 375 场演讲。她曾经做过四年《塑造》（*Shape*）杂志运动专栏作家。

主译简介

王会儒 上海交通大学教授、体育系副主任、硕士生导师。主要从事太极拳、瑜伽、武术等民族传统体育与健康促进的研究工作。

他于2014年在上海体育学院获得教育学博士学位，是上海市精品课程“瑜伽与健康”责任人。2005年，他被公派至印度进修瑜伽，获得印度政府颁发的瑜伽教练员证书；2013年至2014年，赴芬兰于韦斯屈莱大学访问学习。他编写了学术著作《强直性脊柱炎的功能锻炼》，精品课程教材《瑜伽与健康》，教学片《风湿免疫疾病功能锻炼之太极篇》，科普著作《活力十分钟——新编办公室工间操》《体育生活20招》等，这些著作均已出版；在《中华物理与康复医学杂志》、《中国运动医学杂志》、《中国康复医学杂志》、*Evidence-Based Complementary and Alternative Medicine*（SCI期刊）等国内外核心期刊发表多篇学术论文。

王会儒受邀担任上海交通大学安泰管理学院MBA国际班、总裁班的太极拳与养生、茶道与养生课程主讲嘉宾；为陶氏化工、上海贝尔－阿尔卡特等公司主讲瑜伽、传统养生锻炼等；在上海有线电视台《卫生健康》《金色》栏目演示自己编创的“健身五禽戏”“都市太极养生操”“晚间能量修复瑜伽”“晨练舒展操”等节目，连续播放达3年之久，广受好评。